台州学院 2022 年升格专项项目成果

项目编号：T2022010315

基于复式理论的间接请求话语构建心理模式研究

邱天河◎著

张新杰◎译

郑州大学出版社

图书在版编目(CIP)数据

　　基于复式理论的间接请求话语构建心理模式研究 / 张新杰译；
邱天河著. -- 郑州 : 郑州大学出版社, 2022. 9(2024. 6 重印)
　　ISBN 978-7-5645-8862-5

　　Ⅰ. ①基…　Ⅱ. ①张…②邱… 　Ⅲ. ①心理语言学 - 研究
Ⅳ. ①H0

中国版本图书馆 CIP 数据核字(2022)第 111268 号

基于复式理论的间接请求话语构建心理模式研究
JIYU FUSHI LILUN DE JIANJIE QINGQIU HUAYU GOUJIAN XINLI MOSHI YANJIU

策划编辑	刘金兰	封面设计	苏永生
责任编辑	秦熹微	版式设计	苏永生
责任校对	王晓鸽	责任监制	李瑞卿

出版发行	郑州大学出版社	地　　址	郑州市大学路 40 号(450052)
出版人	孙保营	网　　址	http://www.zzup.cn
经　销	全国新华书店	发行电话	0371-66966070
印　刷	廊坊市印艺阁数字科技有限公司		
开　本	710 mm×1 010 mm　1 / 16		
印　张	16.25	字　　数	294 千字
版　次	2022 年 9 月第 1 版	印　　次	2024 年 6 月第 2 次印刷

书　　号	ISBN 978-7-5645-8862-5	定　价	78.00 元

本书如有印装质量问题,请与本社联系调换。

序言

语言交际中用来表达间接请求的方式有很多,主要的类型有两种,直接请求和间接请求,其中间接请求是语言交际中的间接言语行为。在不同的语境下,同一话语可以表达不同的言语行为,同样,同一个言语行为可以由多种不同的话语来实现。有的时候,我们不是直接表达出我们想要表达的思想,而是通过暗示的方式来实现;而有的时候,我们又可能会通过微弱的赞许来表达一种批评的观点;还有些时候,我们的评论可以作为话题转移的标志,所有这些行为都是间接言语行为。但是这些话语和言语行为之间的联系并不是非常的清晰,间接言语行为的构建是不是由说话者实现的,这个问题的答案至今还不是很明确。它关涉的核心问题是心理语言学和认知语言学方面的问题。

该书主要从心理语言学视角对间接请求的心理认知构建过程进行了深入探讨,因为以往从心理语言学方面对请求间接性进行的研究很少。该研究发现,成功的交际涉及表达间接意义的能力,而这种能力的表达方式能够被听话者直接或者间接地识别出来。有些间接意义是由听话者识别出来的,有些却是听话者不顾说话者的意图自己推断出来的。有些可以很快地识别出来,而有些却很缓慢和间接。前者可能出现在规约性的间接请求中,后者可能出现在非规约性的间接请求中。还有一些间接意义可能需要更多的认知努力,故如果没有在大脑中进行长时间的推理和深层的思考是很难识别出来的,因此,间接意义的识别和理解是很复杂的。正是这种复杂性激起了作者对这一现象的研究。本人做了一些实验,并借助语用学、心理语言学和其他学科的理论和模式作为理论框架,采用一个基于复式理论的跨学科的方法来进行研究,这个理论框架可以深入地研究间接请求是怎样构建的这一问题。同时,该研究还可以为话语分析、语篇语言学研究、词汇语义构建、构式化、语法化等领域研究的深入发展提供有益的参考。

目录

第 1 章 | 绪论

1.1　引言

　　语言交际中,用来表达请求的方式有很多,主要有直接请求和间接请求,其中,间接请求是语言交际中的间接言语行为。在不同的语境下,同一话语可以表达不同的言语行为,同样,同一个言语行为可以由多种不同的话语来实现。有时候,我们不是直接表达出我们想要表达的思想,而是通过暗示的方式来实现;而有时候,我们又可能会通过微弱的赞许来表达一种批评的观点;还有些时候,我们的评论可以作为话题转移的标志。所有这些行为都是间接言语行为。但是,这些话语和言语行为之间的联系并不是非常的清晰,间接行为的构建是不是由说话者实现的,这个问题的答案至今还不是很明确。

　　也许我们已经注意到,人们经常提出关于间接言语行为的问题,但是,说话者是怎样决定采用哪种言语行为的,对于这个问题我们却知之甚少。比如,当有人说"你能把车停到那边吗?"这句话的时候,这种话语的形成是否涉及说话者决定选择间接请求言语行为的问题? 又如,"这里很冷",对于听话者来说,这一话语是不是一种间接请求? 请求他去关上窗户而不仅仅是对房间温度作出评价? 令人吃惊的是,对间接性言语行为的研究,除了从哲学和语言学的方面相关研究,很少有人用实证方法对于间接言语行为构建过程中所涉及的心理认知因素作出心理语言学或跨学科研究。

　　因此,以往从心理语言学方面对请求间接性的研究很少。但是,很明显的是,成功的交际涉及表达间接意义的能力,而这种能力的表达方式能够被听话者直接或者间接地识别出来。有些间接意义是由听话者识别出来的,有些却是听话者不考虑说话者的意图自己推断出来的。有些间接意义可以很快地识别出来,而有些却很缓慢和也很间接。前者可能出现在规约性的间接请求中,后者可能出现在非规约性的间接请求中。还有一些间接意义可能需要更多的心理认知努力,因此,如果没有在大脑中进行长时间的推理和深层的思考是很难识别出来的。因此,间接意义的识别和理解是很复杂的。正是这种复杂性激起了作者对这一现象的研究。本人做了一些实验,并借助语用学、心理语言学、认知语言学和其他学科的理论和模式作为理论框架,采用一个基于复式理论的跨学科的方法来进行研究,这个理论框架可以深入地研究间接请求是怎样构建的这一复杂的心理认知问题。

1.2 研究目的

认知心理学研究表明,社会交际中产生的信息的内容会受到说话者心理认知计划的影响,而心理认知计划是由说话者的工作记忆所激活的。有关学者认为,这些计划是有层次性的,因为它们包含多个层面的认知表征。学界普遍认为,在这些计划中的高层面上,说话者主要表达一个或多个交际意图或目标(O'keefe and Shepherd,1987;Dillard,Segrin and Harden,1989;Eysenck and Keane,1995 等),同时,也表达一些与完成这些意图或目标有关的情景特征(Leichty and Applegate,1991;Meyer,1994 等)。近年来相关学者对于间接请求构建的认知过程所做的研究表明,在高层面上,认知表征是由图式或原型构建起来的,而这些图式或原型是某些请求情景类型所特有的(Meyer,1990;Canary and Smith,1994 等)。

认知心理学研究还表明,计划表征的第二层面比最高层面要具体,而且在许多语言产出的模式中都是存在的(Bock,1982;Berger,1988;Levelt,1989;Green,1994)。这个层面确定了一个或多个言语行为以及每个言语行为命题内容的概念表征。例如,一个即将作出请求的说话者可能会激活包含三个言语行为的计划:一个解释行为、一个请求行为和一个许诺行为。但是说话者在发出请求之前是如何决定在他的计划中包含哪个言语行为的?因为缺乏实验证据,从许多方面来讲,我们是很难充分理解这一决定是如何进行的。

请求目标及其情景特征是由图式或者原型构建起来的(Meyer,1990;Cody,Canary and Smith,1994 等),这一观点提示我们,激活是从一种独特的情景图式中扩展而来的,它也许会使某些类型的言语行为变得更容易被理解。以往的研究说明,在此层面上,请求所指定的内容通常包含一个规约的语言机制,比如关于听话者能力的请求(Frank and Clark,1985;Gibbs,1986

等)。实际上,这些研究是和语用原则紧密相关的。但是到目前为止,还没有心理语言学家从语用方面来解释请求的内容。

因此,对于这种计划的构建方式,我们提出了以下三个问题:第一,说话者是怎样决定要包含哪个言语行为的? 第二,言语行为的顺序是如何决定的? 第三,说话者是如何决定使用哪一种语言机制的? 正如上面提到的那样,第一个问题是一个复杂的认知和心理的问题,到目前为止还没有足够的证据能够证明,因为缺乏充足的理论构想和适当的实证研究设计,很难将其解释清楚。因此我们的研究只集中于剩下的两个问题上(是什么决定了说话者请求行为的顺序和是什么决定了说话者间接请求中语言机制的使用)。我们设计了两个实验,主要从实证和理论两个方面来论证我们的研究目标即间接请求的构建,从而尝试解决以下问题:

(1)一些语用原则和因素是否可以被用来解释间接请求计划的原始表征。

(2)计划目标是否促使说话者从言语行为序列中选择其请求行为。

(3)在间接请求中,请求的内容是否采用了某些语言机制。

(4)最后,本研究的第三个目的是有关当请求行为进入具体计划阶段时,是什么使一些可以从工作记忆中选择的请求成为规约性的间接请求,而另外一些成为非规约性的间接请求? 我们做了另外两个实验来尝试揭示以下问题:

第一是在特定的语境中,对信息源障碍的描述使得一些正在进行的请求成为规约性间接请求,而另一些却不能;

第二是在特定语境中,面子威胁行为的程度是否能够使说话者选择的某些礼貌原则适合规约间接请求,而另外一些原则则不适合。

1.3　基本原理描述

我们把间接请求作为本跨学科研究的对象,是期望把语用学和心理语言学两个学科的相关理论组合成一个综合的理论框架来指导本研究。这里我们只简要地阐述本跨学科多理论研究采用的理论,在第三部分我们还要具体地进行阐述。

1.3.1　跨学科研究的动机

间接请求被选为本研究的对象是因为从来没有学者从跨学科的角度对

其进行详细研究。我们知道,对间接请求的理解是很复杂的事情,至今几乎没有任何模式和理论能够对间接请求进行详细解释。语用学主要集中在语言方面的和哲学方面的研究,而心理语言学则主要集中在心理实验的研究上。这些学科中所采用的方法是完全不同的,而且学科之间也很少有关联,其结果就导致了某些领域从来没有人研究过。例如,语用学,心理语言学,以及其他相关学科里从来没有人研究过构建间接请求的原始表征。有鉴于此,我们才决定采用跨学科的方法来探讨有关间接请求方面的问题。

1.3.2 语料收集

初步对相关文献进行研读可以看出虽然许多学者从心理语言学、跨语言学、哲学、语用学、二语习得、语言教学和计算学方面等对间接请求做过相关研究,但是从跨学科的理论框架下,对英语本族语者所产出的间接请求的构建过程还无人进行过实证研究。本人在英国里丁大学学习期间,对相关文献进行了研读,并尝试收集各种语料,来准备本跨学科研究。如果本研究能从跨学科方面对间接请求的研究作出哪怕是一点点的贡献,都将是对我这段时间语料收集的肯定。

1.3.3 采用不同学科的理论做指导

把间接请求作为本研究对象的最重要的原因是出于对有关理论的一种关注。在对相关文献做了研读之后,我们发现,有许多学者从语用学和其他学科对语言的间接性做了理论研究,并作出了相当大的贡献。虽然从心理语言学方面也有许多实证研究,但是并没有人对间接请求的构建做过深入的调查研究和理论性的描述。因此我们相信,基于复式理论的间接请求的跨学科的研究将会弥补这一不足之处。本研究的结果可能会对这种言语行为的心理认知过程及其跨学科的发展作出一定的贡献。

在仔细阅读相关文献之后,我们发现一些语用学、心理语言学和一些其他学科中的某些理论可以结合起来作为本研究的理论框架。我们把 Brown、Levinson(1987)的面子威胁理论,Level(1989)的语言交际模式,Færch、Kasper(1983,1986)的言语产出模式,Meyer(1994)的言语行为构建过程概念和 Gibbs(1981,1986)的障碍假设等结合起来构建了本研究的理论框架,采用跨学科的基于复式理论的方法进行研究。

1.4 本书结构

本书的内容包括三部分共六章。第一部分共三章,为第 1 至 3 章。第 1 章对本研究做了概括性的介绍,简单地描述研究目的、研究问题和选择这一研究对象的理论基础。第 2 章主要对相关文献做了综述,包括研究间接请求时所采用的理论,一些心理语言学和其他学科方面的实证研究以及它们与本研究的关系。第 3 章是理论框架部分,主要讨论了理论背景、存在的问题及其我们采用这种基于复式理论的跨学科的研究的原因。第二部分分为两章,为第 4 章和第 5 章,第 4 章详细地描述在对间接请求进行研究过程中不同的研究设计和方法论问题。第 5 章主要是四个实验的设计,范畴类型的选择,对所有变量进行分析并讨论主要的研究结论。第三部分只有一章,是第 6 章。这一部分,主要讨论和总结研究结果,也强调了本研究所作出的贡献,同时,指出本研究的不足和应用,并为后续研究提出了一些建设性意见。

第 2 章 | 文献综述

2.1 引言

要对间接请求方面的文献进行概述,我们需要首先对言语行为理论进行分析,而对言语行为理论的探讨激发了我们对间接言语行为的研究,同时,也就促进了对间接请求的研究。对言语行为研究领域做了概括性的回顾之后,我们发现对间接言语行为的研究已经有很多。其中,请求行为一直是许多哲学家和语言学家们关注的焦点,主要原因有二:第一,其形式、意义、请求类型及其它们之间的关系是非常复杂的;第二,在进行语言选择时话语交际双方所涉及的社会地位是极其重要的(例如,Blum-Kulka,1991;Blum-Kulka and Olshtain,1984,1986;Rintell M,1989;weizman,1989,1993等)。

对间接请求发展的研究可以追溯到英国普通语言哲学家 John Austin,我们要感谢他为我们带来的言语行为理论。Austin(1962)认为,我们总是在"以言行事"。在以言行事中,一个说话者可能执行包括言内行为、言外行为和言后行为在内的多种行为。虽然 Austin 为这些行为取的名字很难理解,这些行为本身的概念却是很简单的,它们之间是相互联系的。所有的这些行为都被叫作言语行为(Seale,1969;Cole and Morgan,1975)。从那时起,大部分研究都集中在言外行为和言后行为。根据 Seale(1975),言外行为和他所谓的言外之意是完全不同的。他把言外之意划分为五个主要类型:断言类、指示类、承诺类、表述类和陈述类等。虽然 Searle 的分类存在一些问题,但是却是被大家广泛地接受的分类方法。

如果根据言语行为的结构和功能之间是否存在直接或间接的关系来划分的话,言语行为还可以分为不同的类型。直接言语行为可以被定义为"说话者要表达的意义就是他话语意义"的行为,而间接言语行为是说话者"表达的意义不仅仅是他话语意义"的一种行为(Searle et al.,1980)。比如,在

"你能帮我一个忙吗?"这个话语中,就实现了两个言语行为:一个是直接言语行为,就是对听话人能否帮助的能力的一种疑问,另一个是间接言语行为,就是请求别人帮助的行为。

但是,在有些情况下,间接意义经常被使用,以至于不需要推断就可以构建暗含的意图。这种言语行为叫作规约性间接言语行为,他们和那些需要推断的言语行为,也就是非规约性间接言语行为是有区别的(Barron,2002)。例如,当 Jean 问 Paul"你能够着盐巴吗?"的时候,她似乎是要问他是否有能力够到盐巴,也似乎想要请求他递给她盐巴。在传统的界定中,这个问题是一个直接的言语行为,而请求是一种间接言语行为。

间接言语行为有许多类型,而间接请求是其中被广泛研究的一种。Searle(1979)把请求定义为说话者让听话者做某事的一种企图,它可以分为一系列指令。当我邀请你做某事的时候,可能是一种非常谦逊的企图,而当我坚持让你做某事的时候,可能会是一种很粗鲁的企图。这些指令体现了说话者想要引导听话者追求一个目标所作出的努力,一般来讲,这个目标就是说话者的目标。Bach、Hamish(1982)又把请求分为不同的种类,例如,让别人做某事,获取信息,引起别人注意,取得别人同情,等等。但是,它们都包含让别人做某事的请求。请求是言语行为的一个典范,它一直是言语行为理论中的主题之一,可以被分为直接请求和间接请求两种类型。

间接请求是以直接请求为前提的。对于人们避免使用直接请求的原因,Leech(1983)和 Brown、Levinson(1978,1987)都做过表述。根据他们的研究,直接形式似乎本质上是不礼貌的,是容易对面子构成威胁的行为。Leech(1983:108)认为间接发话行为会更礼貌些因为它们增强了选择的程度,削弱了话语强制性。Brown、Levinson(1987)认为,言语行为的强加程度和面子威胁程度越大,说话者就越倾向于使用间接策略。因此,我们可以这样讲,言语行为表达的间接性体现了说话者为了使威胁最小化而作出的努力。但是,必须指出的是,Leech(1983:108),Brown、Levinson(1987)认为,间接性是说话者为了避免给听话者造成威胁而可以使用的几种策略之一。

2.2　言语行为

众所周知,言语行为理论是在 20 世纪 30 年代出现的,是对逻辑实证主义者的哲学传统和语言意义的实证主义的一种回应(Levinson,1983:227)。这个理论最初来自 Austin 20 世纪四五十年代的著作中,主要是为了理解言语行为的。这个著作是在 1962 年出版的,名为《怎样以言行事》。他的思想在 Searle(1969,1979)的言语行为理论中被进一步系统化,但是,遗憾的是,Searle 的理论掩盖了 Austin 最初的一些看法。因此,Austin 理论的社会基础受到了 Strawson(1964)的挑战,实质上是被直接抛弃,因为 Strawson 提倡把 Austin 的与风俗习惯相关的、规约化的、和与文化相关的言语行为观点转变为 Grice(1975)的交际意图和理性决定意义的概念化这一观点。

Austin(1962:52)最初使用"言语行为"一词来指称一个话语或者话语所在的整个情景。如今,言语行为一词被用来指称"言内行为"。实际上,我们会发现言语行为、发话行为、发话力、语用力等不同的词,虽然使用不同的术语的理论立场可能有所不同,但它们都用来指代这同一种现象(Thomas,1995)。

2.2.1 Austin 对言语行为的分类

Austin(1962)认为,在以言行事中,说话者在发出某个言语时,同时也在执行一些行为,这些行为的共同特征是具有某些特定的力量。这些行为包括三种语言行为:

(1)言内行为,或者说是说话的行为,又被分为三种。1)发音行为:发出某些声音的行为。2)交感行为:发出属于某种词汇,符合某种语法的词的行为。3)表意行为:通过给这些词赋予或多或少固定意义和所指,使用这些词的行为。毋庸置疑,这些行为并非互不包含的。实际上,它们和语言分析里的语音层面、形态结构层面和语义层面是相一致的。

(2)言外行为,也就是直接或者含蓄地说出的话语,通过某些规约的力量所执行的一种行为。Austin 认为,要执行一种发话行为也就同时执行了言外行为。例如,在执行一个言内行为时,说话者会执行一种诸如提问或者回答问题,提供信息或者警告,陈述结论或者目的,说出一个句子,呼吁,描述行为,等等,还有许多其他的行为,因为还有许多其他的言语功能。Austin 把执行的这种行为称为表达意图,把它的功能称为言外之力(言外之意)。

(3)言后行为,也就是基于听话人,说话人或者其他人的感觉,思想或者行为而产生的一种结果性的行为,这种行为也许正是他们的规划,意图或预期要产生的结果。

也就是说,在发出某个话语时,我们不仅仅说出了关于世界的某些东西(言内行为),而且也执行了一种行为(言外之意),这种言外之力是我们有意要对听话人产生的一种效果(言后行为)。言外之意是言语行为的中心,它本身被称作"言语行为"。

2.2.2 Searle 的言语行为理论

Searle(1969)的言语行为理论反映了他对 Austin 的著作的一种系统化，正如 Levinson(1983)描述的那样，这是以僵化 Austin 的理论为代价的。事实上，从某种程度上来讲，Austin 的理论和哲学上真值和意义客观化原则是相违背的，Searle 的这种系统化实际上是试图让前者和后者保持一致。Searle(1969)从理论方面指出，说某种语言是一种涉及规则支配的行为。因此，这种语言理论就成了行为理论的一部分。

Searle(1969)区分了任何一种言语的系统结构中的两个要素：命题指示符和言外之力指示符。言外之力指示符说明命题是如何被理解的，也就是这个话语有什么言外之力。这些言外之力指示机制(IFIDs)包括 Austin 所说的表述动词，词序，重音，语调模式，标点和动词的语态。和 Austin 一样，Searle 也承认在许多言语情景下，决定话语的言外之力的是语境而不是其他明确的言外之力指示符。

在这一点上，Searle(1979)区分了句子的字面意义和说话者本意两者的区别。在下列情况下可以看出两者的异同：当说话者说出了某个言语，他的意义不仅是话语的意义，还包含有其他的意义，也就是说，说话人说出一种包含言外之力指示机制的话语时，其目的还为了执行另外一种附加的言外行为。而且，这种话语的言外之力似乎是取决于说话者的意图和语境。另外，虽然某些话语看上去似乎是在执行一种行为，但实质上，它们却被规约地用来执行某种言外行为。

从经验主义的观点来看，Searle 的言语行为中有两个有趣的地方值得我们注意。第一个是 Searle 在语言分析中的理想化观念，用他自己的话就是"简单地说，我只是处理那些简单的和理想化的情况。这是构建理想模式的方法之一，它和大多数的科学理论构建方法是相似的……没有抽象和理想化，就没有系统化"(Searle,1969:56)。这里他讲得很明确，而且也是很重要的一点，即语言分析应该遵守其他科学研究的范式，比如物理科学等，其研究的对象应该是一个理想模式的典范。第二个就是，他指出了言外动词和言外行为的混淆之处。正像他提到的那样，"我们说，言外行为是自然的概念类型，我们不应该，运用像假定我们普通语言中命名和描述动植物的表达方式是和自然生物种类完全一致的那样的观念，来假定我们普通的语言动词在其语义连接点和表达言外之意的概念场分开"(Searle,1979:ix-x)。

还有很重要的一点需要指出，那就是继 Searle 之后，Grice(1975)的交际合作原则中也试图将言语行为进行分类。他对言语行为的研究主要集中在交际的规约和意图上。因此,言语行为理论的发展并没有解释言语行为执行时的文化特殊性或者现实的社会构建过程。

2.2.3 言语行为的进一步发展

随着言语行为的进一步发展,出现了一系列的问题。这里,我们只简要地回顾其中的两个:表述假设以及规约性和意图性。

2.2.3.1 表述假设

认为在一个话语中不管存不存在一个明显的表述分句,我们都应该按照表述分句来分析言外之力的假设就是表述假设。表述假设还指企图从一个句子的内在结构来分析言外之力的尝试(Horn,1988:135)。我们可将其看作是把 Austin(1962)的言语行为观点按照规约性方式极端形式化的一种观点。从实证的观点来看言语行为的话,这个假设的意义在于,虽然这个假设作为对言外之力的一种语言学解释是站不住脚的,但是它揭示了我们言语行为中概念化的一个很重要的方面,即在人们的言语行为后面是人们的交际意图。虽然这种意图一方面来讲,并非总是通过语言表达出来,另一方面,没有听话人的配合,这种意图就不会实现,但是从言语行为的认知解释来看,这并不影响其和认知的相关性。

有学者(Lakoff,1972;Ross,1970;Sadock,1974 等)主张每个句子的内在的语言表征和它的上一层分句一样,都包含一个以第一人称单数作主语的表述性动词。这种主张在 20 世纪 70 年代的句法学家和生成语义学家中非常流行,但是之后,表述假设受到了句法学,语义学和语用学界人士的攻击。和表述假设中表述动词是更高层面的主动词的假设相反,他们认为这种动词可能会在下层分句中出现(Anderson,1991;Fraser,1974 等)。

但是这种假设不能解释当下属分句中而不是上层分句中出现表述性动词的现象。从这一点来看,如果每一个句子在它们的内在结构中都存在一个表属性分句,那我们仅从它的表层结构是不能识别表述分句的内容的。而且,还有许多的话语的言语行为是通过间接方式实现的,因此它们执行的言语行为是和它们的形式是完全不相关的,因此用这个假设就无法解释。面对这些问题,我们可以很明显地看出,表述假设从句法层面,语义层面和语用层面来看都是站不住脚的。

2.2.3.2 规约性和意图性

规约性和意图性贯穿于言语行为的许多研究中,它们强调语言和习俗背景、说话人的角色以及言语行为的协商性等方面的内容。从实证的观点来看,这具有很重要的意义,因为它强调言语行为的典型性。

有学者批判 Austin(1962)的有关执行言语行为时的规约性的观点是不够权威的,甚至是互相矛盾的(Sadock,1988)。这主要是因为 Austin 的研究刚开始主要集中在言语行为中的一部分,即规约行为和规约的语言表达方式上。Austin(1962)抛弃了有关表述性话语和命令行话语的区别,赞同话语的言外之意,认为言外行为是一种规约性的行为,而言后行为不是规约性的行为。这说明 Austin 所说的言外之意可能实际上指的是言后行为中不出现的规约,而不是指语言形式和言外之力之间的系统的关联的规约性。

说到有关规约概念,Strawson(1964)认为,除了话语意义中涉及的语言规约之外,言外行为的规约并非其本质属性,因为有些言外行为是规约的,而有些却不是。Strawson(1964)引用格莱斯的话,认为言外行为是说话人通过让听话人识别出说话人想让听话人作出某种回应的意图的方式,从而让听话人作出某种回应的意图。有趣的是,Searle(1975)在他随后的作品中,通过从字面和习语意义解释间接言语行为,企图把规约和意图两个概念混在一起。

关于指令行为,他认为,间接请求能够体现出两种意义,因此,它们的间接请求力是无可争辩的。Searle 从认知的观点认为,习语性,作为一种会话原则和语言间接性的先决条件,通过逐渐的积累过程成了规约性的来源。而且,Searle 认为礼貌是间接请求的最主要的动机。礼貌形式根据不同的文化而有所不同,从这一点来看,不同的语言中有可能采用不同的习语形式来间接地表达请求。

实际上,Morgan(1978),从本质上主要是反驳 Searle(1975)的理论的,他明确地反对规约性的间接言语行为就是习语这一观点。他认为,像"您能把盐递给我吗"这个话语是很容易和"他踢翻了水桶"这样的习语区别开的,因为前者因其字面意义而被当作一个请求,而后者则不是。他还在会话含义的基础上,扩大了规约性语言表达方式的范畴。他还特别区分了语言规约和用法规约,认为用法规约在意图和表达方式之间有明显的关联。

正像 Searle(1975)提出的那样,意图性不仅仅是间接言语行为中会话含义和规约性的基础。实际上,它也是有关语言意义和人类思维功能的一种影响很大的假设。为了实现某种意图,我们必须要执行一种行为。那么,行为就变成了实现这种意图的条件。意图又可以从心理状态方面分为信仰、愿望和目的等。这样看来,我们认为五个基本的言外行为(断言类、指示类、许诺类、宣言类和表述类等)应该是来从人类思维的某个层面得来的,而且应该从人类思维的某些方面来分析它们。从对待言语行为的心灵主义者看来,意图预设了一种有关说话人计划和听话人期待的规律性和一致性的等级,这种说话人计划和听话人期待是和心灵主义者的传统相一致的。意图是一种理想化了的模式,在这种模式中,意图状态和言外行为之间的因果关系是以某些规约为基础的。

规约和意图在分析言语行为中起的作用,特别是在间接言语行为中所起的作用已经表明,在分析言语行为时,言语行为的社会特征或者其社会文化相对性这些问题并没有提及。而且,我们并没有系统地建立起意图心理状态和具体言语行为之间的一致关系,我们在相关文献中注意到了这个问题,而传统的言语行为理论在这些文献中从许多方面受到了诸多批判。

2.2.4　更多学者对言语行为的解释

Austin(1962)和Searle(1975)认为,言语行为是受语用原则支配的,而其他学者却注意到不同的文化和语言中,言语行为的概念化和语言化是不甚相同的(Green,1975;Wierzbicka,1985)。Brown、Levinson(1978)和Leech(1983)提出,执行言语行为的模式是遵循合作原则和礼貌原则的。Searle(1975)和Morgan(1978)一方面将间接指示类行为和说话者意图结合起来,另一方面将其和推理相结合,来研究了间接指示类言语行为。

但是,Davison(1975)指出,间接指示类行为涉及在说话者意图和预期的听话人反应之间存在冲突的情景下,和听话人即时的、个人相关的命题。除了Davison,其他的学者也强调言语行为的交互性。Sbisà(1995)试图重新将Austin的言外行为类型(断言类、指示类、承诺类、表述类和陈述类等)看作是传统的影响交际者相互关系的类型。Hancher(1979)介绍了一种合作性言外行为的分类,这种分类特别涉及交际者双方作出的交互性贡献,比如,合同中的卖和买。Van Dijk(1979)认为语用连接词,比如"but"和"so"等,作为一种言语行为衔接机制,经常用来对交际对方作出的言语行为作出间接的评价或者回应,他的研究引起了我们对言语行为序列的交互类型的关注。

最近,Blakemore(1993)宣称,一种语言使用理论必须说明说话者能够执行的言语行为的类型,以及能够成功执行一个特定的行为的条件。他认为,言语行为的分类在交际中起着极其重要的作用,这样,一个话语交际的内容就属于一个特定的言语行为类型(或者具有一种独特的言外之意)。Hornsby(1994)认为,在分析言语行为时,特别是言外行为时,相互性应该代替规约性,来试图重新定义言外行为。同时,她把言外行为看作是社会实践的组成部分,并进一步假定言外行为和行为是有因果联系的。

按照这个想法,Grundy(1995)认为言语行为可以被看作是一个语用原型现象,他们的看法是对语言形式和功能之间存在——对等关系这种观念的一种挑战。他们认为,作为一个话语的句子功能是完全取决于基本的语用现象,以及话语本身是如何和世界相联系的。同时,Thomas(1995)识别并启发性地论证了言语行为的可协商性。在她的分析中,她利用语用矛盾的概念来论证听话者对于言语行为的成功与否起着重要作用。

她进一步提出,在实际的交际中,说话者双方都相互容忍来自交际者对方话语中的不确定性,并对其采取相应的合作态度。正是因为这个原因,她总结说,一个精确的语用学理论应该在描述性术语上精确地塑造这种不确定性。更重要的是,从实证主义者的角度,Croft(2004)提出了一个以实证为基础的言语行为的认知模式,在这个模式中,他把听话人的回应也考虑进去,因此这个模式本质上是互动的。他的这个模式也承认,语言形式的规约性反映语言的功能,或者换句话说,语言形式的规约性决定着句子的命题内容。

从另一种观点来看,在交际中需要引起注意的是,说话者要想得到自己对听话人期望的反应的话,就需要和听话者竞争控制程度。Talmy(2003)用"动力学"的概念阐述了语言行为模式的这一问题,这个概念是对物理学、心理逻辑学和社会领域都实用的概念。相同的观点在关联理论中也更加透彻地反映出来。Sperber、Wilson(1986,1995)认为,识别说话者执行了哪种言语行为并不是理解话语的必要前提。在他们的分析中,说话人的话语并没有明示出言外行为,对言外行为的识别通常在特定的语境中对话语理解的结果。

所有这些学者对言语行为的描述已经证实,在分析言语行为时,互动性是一个关键的概念。很明显,这也是言语行为理论在社会语用学中被怀疑的又一个原因。但是,认知语言学家似乎对这个问题有不同的看法。Croft(2004)以认知语言学原则为基础,认为语言的编码意义是由构成对话的最小单位的说话者和听话者的成对话语所决定的。相比之下,在关联理论的术语中,言语行为是话语认知过程,因而,听话者的角色只是以说话者的话语为向导,还原说话者意图。

2.3 间接言语行为

对言语行为的表述性假设的研究使得语言学家(Sadock,1970,1972)对某类型的话语产生了好奇。比如"我想让你现在布置桌子",这一话语的句法形式和其明显的言外行为并不一致。这种不一致现象使表述假设产生了一个问题,因为表述假设的支持者们认为,话语的言外之意是和其内在的句法结构相一致的,话语的表层形式和言外之意是以独特的方式相联系的。面对这个问题,他们试图对这种结构的句法进行分析,以和表述性假设保持一致,但是他们发现自己的分析是复杂奇怪的,句法方面是几乎不能支持的(Sadock,1970;Heringer,1972)。

而 Sadock(1972)和 Searle(1975)则认为,这种句子类型是言语行为习语的代表,或者是那些言外行为和其句法形式没有固定关联的言语形式。而 Gordon、Lakoff(1975)把这种类型的句子的祈使意义解释为是一种会话含义。所有的这些研究都有一个缺点,因为他们都不能区别不同的间接言语行为。根据 Searle(1975)的研究,当"一个包含一个言语行为指示标志的句子"被用来"另外执行其他的言语行为"的时候,间接言语行为就产生了。因此,间接言语行为的实现方式有很多,不同的实现形式就产生了不同的间接言语行为理论。

2.3.1　有关间接言语行为的三个主要理论

Searle(1975)认为间接言语行为产生的问题是一个说话者如何说出并表达一个意义,同时还表达其他意义的问题,因为意义除了包含让听话人理解说话人话语意图之外,更重要的是听话人在他(她)听到的和需要去理解的话语包含其他意义的时候,怎样去理解这个间接言语行为。有关间接言语行为这个重要的哲学问题的理论有三个:Gordon、Lakoff(1975)的会话假设理论,Morgan(1978)的使用规约理论和最近的 Levinson(2003)的会话分析理论。

2.3.1.1　Gordon、Lakoff 的会话假设理论

Gordon、Lakoff(1971)在第一次解释间接言语行为时,认为有一套会话假设存在,即:

a. SAY (a,b,WANT (a,Q)) * → REQUEST (a,b,Q)

b. ASK (a,b,CAN (b,Q)) * → REQUEST (a,b,Q)

c. ASK (a,b,WILLING (b,Q)) * → REQUEST (a,b,Q)

d. ASK (a,b,Q) * → REQUEST (a,b,Q) where Q is of the form FUT (DO (b,R))

所有这些假设都是从字面意义到字面意义运作的,在这些假设中,输入的是一个话语的字面意义〔如果我们假定(和事实相反),话语的逻辑形式包

括标明他们执行的行为的字面行为的表述性的前提的话〕,输出结果是可能会被我们称之为"表述性逻辑形式",这种逻辑形式决定着话语的言外之意。

Gordon、Lakoff(1971)的基本的观点是,如果说话者的话语蕴含一个箭头左侧的命题的话,就会蕴含一个箭头右侧的逻辑形式的命题。例如,如果有人说"我想让你把它拿到这里",就蕴含一个"我请求你把它拿到这里"的命题。Gordon、Lakoff 用星号来表示这种假设取决于说话人和听话人双方都意识到,蕴含这些假设中的箭头左侧的命题的话语的说话者表达的不仅仅是这些话语的字面意思,但他们并没有具体讲到如何才能够使双方达到这种共识。

Gordon、Lakoff 理论的主要的优点是能够解释某些重要的语义普遍性。根据 Gordon、Lakoff(1971),如果一个话语能为请求提供一个恰当的条件,就能够用来执行间接请求。Gordon、Lakoff 的理论的这一特点在 Geis(1995)的动态言语行为(DSAT)理论中得以保留并被进一步归纳。在人工智能方面,也被广泛用来进行话语的理解(Allen,1983;Cohen and Perrault,1979;Perrault and Allen,1980)。但是 Gordon、Lakoff(1971)的理论中也存在一些缺点。

正像 Morgon(1978:278)提出的那样,Gordon、Lakoff(1971)的理论的最大的缺点就是,有一些话语类型,它们在语义上和规约性请求形式非常相似,但却似乎不具备间接言语行为的功能。也就是说,就像本人前文指出的那样,Gordon、Lakoff(1971)的理论不能区分不同类型的间接言语行为。

2.3.1.2 Searle 和 Morgan 的使用规约理论

Searle(1975:76)的句法分析比 Gordon、Lakoff(1971)的更加深入。对于 Searle 来说,某些形式已经"被规约性地作为间接言语行为的标准的习语形式。在保留字面意义的同时,它们还会成为规约性的用法,比如,作为请求的礼貌形式"。关于这种看法有两点值得一提。第一,这些形式本质上是习语性的或者口语的,但并非习语。第二,我们所讨论的这些形式都是礼貌形式。但是 Morgon(1978:278)在进一步深化 Searle 的观点过程中认为,这些形式只有在话语和它们的言外之意的蕴含关系中断时才会发生。而且,只有说话人在某种场合下使用一种特定的方式(说了某件事)来达到某种目的(某种愿望)时,两者之间的关系模糊不清的时候,两者关系的中断才会发生。

Morgan(1978:278)的研究是令人信服的,根据他的研究,蕴含关系的中断一定是在出现规约性的表达方式时发挥作用的那个机制,习语产生的过程有三个阶段:在第一阶段,就话语的意义在衡量言外之意时所起的作用上来讲,蕴意是依附在话语意义之上的。在第二阶段,虽然原则上蕴意依然是可衡量的,但蕴意已经直接和一个特别的句子或者句子形式联系在一起。

在第三阶段,蕴意和话语意义之间的关系丢失(也就是说,蕴意不再是可衡量的了),而且蕴意和句子或者句子形式之间的联系变得完全规约性了。但是,在间接言语行为发展过程中,在 Morgon 的三个阶段看法之后,Lyron(1984)模仿 Morgon 的方法,又提出了间接言语行为的二分法分类。

他认为,像"这儿很冷"和"我想知道几点了"等"具有完整的直接的字面用法,无须分阶段,而且当它们被用作间接言语意义时,我们认为所表达的言外之意完全要依赖字面内容。在同一轮话语中,听话人并不用规约性地或者自动地计算这些句子的间接意义;这是多种语境因素所决定的"。(Lyron,1984)

Searle(1975:76) 和 Morgan(1978:278)采用的方法与 Gordon、Lakoff(1971)采用的方法相比较的主要优点在于,Searle(1975:76) 和 Morgan(1978:278)看到了话语使用和其形式之间的关联,因此,他们的方法可以分辨不同间接言语行为。但是,他们的主要问题是,不同的礼貌的请求形式有很多,它们各自都有不同的产出规则,因为它们具有因形式不同而不同的特点。因此,他们的方法会忽视 Gordon 和 Lakoff 意识到的普遍性这一重要的问题。另外一点,和 Gordon、Lakoff 一样,Searle 和 Morgan 也都没能详细地解释他们所描述的规约性是怎样依赖语境的。

2.3.1.3 Lenvinson 的会话分析理论

根据 Morgon(1975),形式的中断就会引起推理过程的中断。Levinson(1983)认同这一看法,但是他是用一个完全不同的中断过程来解释的。在以下的会话中:

S:Have you got Embassy Gold please?

H:Yes,dear(provides)——Levinson(1983:361)

他认为,第一个话轮中的"Have you got Embassy Gold please?"这个句子,是一个请求,其中丢弃了请求过程中四个请求序列中的第二和第三个话轮。我们知道,四轮请求序列,以一般问句开始,询问听话者是否拥有一个想要的物品,这是很正常的。但是,在 Levinson 看来,通过丢弃第二和第三个话轮,从四轮序列变成了二轮序列,很明显,只有在第一轮话语的听话人具备完全理解话语所需的特别领域知识时,这种中断现象才会发生。Levinson(1983)认为,一个有四个话轮的对话包含两个序列——一个请求前序列和一个请求序列。但是,正如 Jacobs、Jackson(1983)观察到的那样,Levinson 的理论只能解释很少的经典间接请求形式,不能解释像包含四个话轮这样的间接请求。

事实上,Levinson(1983)的理论能解释的范围是非常有限的,因此,是不能和 Gordon、Lakoff(1971)以及 Searle(1975)和 Morgan(1978)他们的解释相提并论的。但是,Levinson 的做法对我们是有启发的,那就是,他尝试用更加普遍的会话实践的方法来解释间接言语行为。

2.3.2 间接言语行为的两种规约

间接言语行为的两种规约的理论是由 Morgan(1978)提出的,在考虑了 Gordon、Lakoff(1975)以及 Sadock(1974)和 Searle(1975)对间接言语行为的分析后,Morgan 的最初的倾向是反对 Searle 的观点的,因为其没有抓住要领,赞成另外两人之中的一个。但是,他逐渐地又回到了 Searle 的观点上,并且试图详细描述他对 Searle 的观点的理解。他通过区分两种和语言有关的规约,语言规约和用法规约,来解释"Can you pass the salt?"这个句子以及其他相似的一系列的句子,他认为这些句子是规约性的,但不是习语。语言规约能够引起句子的字面意义,用法规约是为了某种意图,控制具有字面意义的句子的使用。

Morgon(1978)首先回顾了像"Can you pass the salt?"这种表达方式中所涉及的问题的本质,讨论了语言学中语用学的角色,最后引出"自然性"和"规约性"是截然相反的。他描述了两种语言规约的区别,提出了一个描述不太常见的规约模式,解释了"Can you pass the salt?"这个句子的规约性,最后用大量的例子总结规约的各种不同的子类型。

根据 Morgon(1978)的观点,"自然的"是指可以合理地推断出的说话者有意要表达的那种信息(的一部分)。但是,这种推断不是直接建立在任何形式的语言规约基础之上的,而是建立在对理智的行为,世界知识等的假设之上的。而"规约的"通常是指语言形式与具有任意性的以及有关语言知识的字面意义这两者之间的关系。我们从"狗"这个词不能推断出它是用来指称一种特定的动物,我们只是知道(也许不知道)它是英语中一种共时的任意性事实。

这种知识是关于英语规约的知识,它们构成了语言知识本身的全部或者一部分(Morgan,1978:268)。事实上,他是说间接言语行为严格地讲有两种规约,语言的规约和在某些情况下语言使用的文化的规约。前者构成了语言,而后者是有关文化(行为举止,宗教,法律等)的问题,而不是语言知识本身。

　　作为最初对规约的研究,Morgan(1978)认为用法规约包含三种因素:场合,意图和方式。对方式的描述越详细的时候,用法规约就越接近表达字面意义的语言规约。当意图和方式之间的联系变得模糊的时候,两者之间的关系就被重新理解为是完全任意的。这时,用法规约就被重新理解为语言规约。

　　Morgan(1978)把有关字面意义的语言规约和用法规约两者分得很清楚。他按照场合—意图—方式链条这一方式作出的用法规约的描述性模式中可以解释用法规约向语言规约的一系列的转变。他的模式还涉及了一些实例,在这些实例中,意图—方式之间的联结丢失的要比其他的情况下丢失的要多些,因此在这些例子中,两者的关系更具有任意性。因此,说话者不仅知道"Can you…?"具有某种字面意义(语言规约),他们还知道使用"Can you…?"是一种标准的间接表达请求的方法(用法规约)。这两种规约都需要听话人能够理解使用这一表达方式的意图。

　　根据 Davis(1998)的理论,他把间接意义的规约分为两类:用来表达思想的一阶语义规则和二阶语义规则。一阶规则是使用句子直接地表达某种思想的规约,二阶原则是间接表达方式的规约,是通过由一阶原则所表达的思想来表达更深层的思想。二阶规约原则在 Davis 看来,还指用来表达间接意义的蕴意规约(Davis,1998:158)。但是,对于间接言语行为规约,Davis 并不认为它是一种蕴意。会话含义和间接言语行为都是通过一个独特的言语行为来实现的,这一点两者是相似的,因此,他认为我们应该用相似的解释方法来解释这两种现象。的确,格莱斯的理论已经认定,间接言语行为是通过会话原则生成的,也是因为会话原则才得以解释的。

　　其他的学者比如 Sadock（1972,1974:88）,Searle（1975:269）,Cole(1975),Green(1975),Nunberg(1981),Leech(1983:26),Horn(1984:29;1989:344),Wierzbicka(1985),Fasold(1990:155)等,都不支持间接言语行为的规约,但是他们是以一个和一般意义几乎没有任何关系的规约概念为基础的,一般意义认为词语的意义和其发展的驱动力都是规约的。

　　Wierzbicka(1985)的结论是"对言语行为的研究中遭遇了一种令人吃惊的民族优越感"(1985:145);Searle(1975)则坚持认为,间接言语行为的主要动机是礼貌;Horn(1989:388)认为,只有当会话含义被规约化时,才可以用"元语言否定"来取消会话含义。但是,到目前为止,只有 Morgon(1978)提出的间接言语行为的两种规约一直得到大家的认可,而且得到越来越多的支持。

2.3.3 间接言语行为的三个特点

正如 Thomas(1995:119)讲的那样,"我们认为间接性是所有语言中使用的一个动机性的策略。间接语言是有意图的,因为使用间接语言是危险的,而且要付出代价的,因此说话者在使用间接言语时一定是有一些交际意图的。直接和间接的区别不是绝对的,只是程度的问题而已"。根据 Thomas(1995:119)的观点,LoCastro(2003:120)提出了间接言语行为的三个特点。

第一是意图性。只考虑言语行为中有意图的间接语言是很重要的,从语言表达不精确或者表达错误中而感知的间接语言不在我们对间接性的研究范围之内。

第二是危险性和代价。言语行为中的间接语言可能需要更多的认知处理。听话人一般可能会认为这些间接语言有特殊的用意并会去探索之。从心理语言学方面来讲,这就需要听话人花费更多的时间;英语中的一个被动句比一个主动句需要花费更多的认知处理时间。另外,就是危险性,因为听话人有可能会误解说话人的意图。也许在这点上,LoCastro 的观点是不正确的,他认为理解一些被动句并非就比理解一些主动句花费更长的时间,间接言语行为中的被动态是否需要更多的时间,LoCastro 并没有详细地解释这一点。

第三是直接和间接量表。一旦说话者选择了间接语言,在计算其间接性时就会涉及一系列的参数:说话人和听话人之间的相对权势,社会距离,强加的程度,权利和义务,参与者参与互动的程度,等等。LoCastro(2003:121)进一步指出,所有这些参数都是相对的,而且在互动的过程中它们是互相协商的。语码和元语言方式,特别是通过韵律,表明了说话者的选择(说话形式、敬语、间接言语行为、被动句、套话、缓和方式等)。

实际上,LoCastro(2003)认为间接性是一个程度问题,听话者为了探索话语意义而进行的推断的数量会因为语言形式、话语的语境以及和间接言语有关的社会和文化规范的不同而不同。LoCastro 详细描述了间接言语行为的很重要的问题,而这是许多其他的学者所没有发现的。

2.3.4 使用间接言语行为的六个意图

一个直接言语行为在结构和交际功能上是匹配的,恰恰相反,间接言语行为的结构和言语行为是不匹配的。另外,在认知加工中的代价和被误解的危险使得说话人和听话人在有特定的意图时,才会使用间接言语行为。LoCastro(2003)归纳了间接言语行为的六个意图。

第一,说话人的交际目标可能是冲突的。因此,交际者就希望能够避免直接的表述。听话者可能对直接言语不是很敏感的,最受欢迎的策略就是暗示或者模糊事实。

第二,如果间接言语行为在过去曾经使用过,那么就没有改变的动力了。以工具理性为基础,在特定的文化中,不管间接性是不是一个人的会话风格或者喜欢的交际风格,为了实现其交际目标,他都会使用间接言语行为。

第三,使用间接言语行为时,如果受到了听话人的挑战,这时就会给说话人留出退路。间接言语是一种可以否认被理解的意图,可以避免冲突,使说话人逃脱话语责任的表达方式。

第四,使用间接言语被认为是礼貌的,虽然研究者在这一点上的看法有分歧。Thomas(1995:119)把规约间接言语行为和会话间接言语行为看作是一个实现交际目标的策略,比如维护面子。Brown、Levinson(1987)认为言语行为的间接程度是和面子威胁的程度成反比的。这样的结果就是,面子威胁程度越大,使用的语言间接性就越大。

第五,使用间接言语行为是为了娱乐。它可能会具有创造性而且是好玩的。同时间接言语还可能使说话人可以评价听话人对其话语意义理解的程度。

第六,使用间接言语有关的意图是一个获取或者维持权利的策略。它可以排除在交际中不能分辨说话者意义的参与者。

需要指出的是,Brown、Levinson(1987)认为,规约性的间接言语行为实现了消极礼貌的目的,因为它满足了说话者用直接言语(非模糊不清的)来公开表达其冲突的愿望,同时,又相对尊重了听话人消极面子需要。

2.4　间接请求

间接性一直是研究请求行为的中心话题之一。讨论间接请求就表明直接请求是存在的。直接请求不需要解释,除非有某些重要的原因,说话者是不会使用直接请求的。Leech(1983:108)认为,间接发话行为似乎是更加礼貌的,因为它增加了可选择的程度,减弱了话语力量。Brown、Levinson(1987)认为,言语行为强加程度和面子威胁的程度越大,说话者选择间接策略的可能性就越大。因此,可以说实现言语行为所使用的言语表达的间接性显示了说话人为减少面子威胁,维护听话人面子所作的努力。

我们可以看出,间接请求是日常言语交际中非常重要的一部分。许多学者从不同的方面对其进行了研究:比如哲学方面(Goffman,1971;Gordon and Lakoff,1971;Jefferson,1972;Green,1973,1975;Sadock,1974;Cherry,1988;Christian,1980;Edmondson,1981;Leech,1983;Dascal,1983;Brown and Levinson,1987;Mey,1993;Turner,1996 等),语用学方面(Owen,1983;Koike,1989;Garcia,1993;Yli-Yokipii,1996;Bargiela-Chiappini and Harris,1995;Paulson and Roloff,1997;Barron,2002;Upadhyay,2003;Hernández and Mendoza,2002 等),跨文化交际方面(Walters,1979;Wierzbicka,1985;Rintell and Mitchell,1989;Weizman,1989;Blum-Kulka and House,1989;Faerch and Kasper,1989;Koike,1994;Yeung,1997;Wei,1998;Lwanga-Lumu and Christine,1999;Reiter,2000;Economidou-Kogetsidis,2002;Fukushima,2000 等),中介语学习和二语习得方面(Kitao,1995),外语教学方面(Andrew,2000),计算语言学方面(Perrault and Allen,1980;Applet,1985;Kautz,1992 等),心理语言学方面(Clark and Lucy,1975;Munro,1979;Clark and Schunk,1980;Gibbs,1981,1983,1985,1986,1987;Francik and Clark,1985;Holtgraves,1992,1994,1997;Holtgraves,Srull and Socall,1989;Grabowski-Gellert and Winterhoff-Spurk,1989;Holtgraves and Yang,1990,1992;Stemmer,Giroux and Joanette,1994;McDonald,1998;Brownell and Stringfellow,1999;Kelly and Barron,1999 等)。

Dascal(1983:158)总结了交际中使用间接语言的动机。他首先指出"间接表达方式代价很高而且有一定风险。对于说话人和听话人来讲,都需要更多的处理加工时间,间接表达式是以假定说话人和听话人都精通某种相当复杂的一套机制,而且对许多特定的假设有共同的看法为先决条件的,因此,这就会使误解的风险变大"。他在结论中提出了这个问题:"为什么即便对交际者的交际效率并没有好处,说话人还要花费这么多额外的努力和冒这么大危险(去使用间接表达)?"(ibid:159)。

Dascal(ibid:159)阐明了间接语言的动机来回答这个问题:1)没有其他选择,说话人只能间接地表达。2)说话者可能有一个相当明确的想法需要表达,但情况不允许他直接表达给听话人(例如,社会禁忌);间接表达是最好的选择,因为在这种情况下,没有其他的办法。3)间接性是一种使说话人表达某事的同时,又避免了承担(完全)话语责任的一种办法。4)间接表达用来维护面子。通过阅读相关文献,我们发现许多学者对间接请求从不同的方面做过许多的研究。在这一部分,我们的文献综述将从以下六个方面进行:哲学、语用学、跨文化交际、二语习得和英语作为第二外语的教学、计算语言学、心理语言学等。

2.4.1 哲学方面

在哲学方面,Goffman（1971）,Gordon、Lakoff(1971),Jefferson（1972）,
Green（1973,1975）,Sadock（1974）,Cherry（2988）,Christian（1980）,
Edmondson(1981),Leech（1983）,Dascal（1983）,Brown、Levinson（1987）,
Meyer(1993),Turner(1996)等学者对间接请求做过研究。这些学者研究的
中心话题集中在请求的定义和澄清请求这两个方面。

2.4.1.1 请求的定义

早期从哲学方面对请求的研究主要局限于它的描述和分类上。根据
Blum-Kulka、House 和 Kasper(1989)的描述,请求可以被看作是为了制造某
个事件或者改变某个事件而发起的言语行为。从表达说话人对听话人预期
行为的期望这方面来看,它们属于事件前行为。在自然发生的言语中,请求
行为总是以一个请求序列的方式出现的。这种序列包含了一个主行为(请
求)以及一些可有可无的开放性因素和(或者)辅助性话步。

Barron(2002)认为,我们可以从合适条件方面对请求行为进行描述。换
句话说,请求是一种言语行为,用来表达说话人想让听话人做一个对说话人
有利的行为 X 的意图。除此之外,就话语的互动结构而言,Barron 的研究把
请求看作始发行为,而不是满足行为(例如接受提议等)。作为反对行为的
请求,比如拒绝邀请就是其中的一个例子,也是其研究的中心话题。

请求作为始发行为,是一种事件前行为,因为它们表达了说话者想让听
话人作出某个行为的愿望(Leech,1983:27)。除此之外,未来行为的本质可
能是言语的(例如,请求指导)或者是非言语的(例如,请求借钱),而且可以
推测出是要立即发生(现在)还是在未来某个时间发生(后来)(Edmondson,
1981:141)。

因为说话人有强加说话人意愿自由的愿望,因此,请求行为并非支持听
话人的(Edmondson,1981:25)。Goffman(1971:145)认为,请求行为是向一
个潜在的被冒犯的人获取一种许可,而这种许可则是让潜在被冒犯的人做
一件可能是违反自身权利的事情。

相似地,Brown、Levinson（1987:66）把请求描述为一种面子威胁行为
(FTAs),因为在请求中,说话人限制听话人行为的自由,这样就威胁了听话
人消极面子需要。除此之外,虽然主要影响的是听话人,但是某种程度上,
如果听话人拒绝满足说话人的请求,那么说话人的请求行为也威胁了自身

的积极面子。这就意味着拒绝者有可能不接受或者不喜欢请求者(Mey，1993：72)。

反过来讲，一个请求行为同样可以作为一个积极的礼貌策略，并可以维护积极的面子，因为通过表达一个请求，说话人证明了他/她相信听话人是一个值得信赖的人(Turner，1996：4)。但是，要想使交际取得成功，一定要维护面子，避免冲突，而且要发出的请求一定要通过适当的社会认可的方式进行。

在请求行为中，这是通过间接性以及内部外部的修饰来完成的。间接语言的使用可以给人一种这样的效果，那就是，听话人似乎有自由来确定顺从或是不顺从这个请求。至于修饰符号，可以通过减弱对听话人的强加程度，以及削弱话语的消极影响从而使请求变得更加柔和，使用礼貌标志语"请"就是一个很好的例子。

根据 Goffman(1971)的研究，如果不作出请求的话就会产生冒犯行为，因此请求行为的发生主要是为了消除冒犯行为。当这种观点应用于 Goffman 所特别关注的请求类型，即侵占别人领域时，是有些道理的。例如，请求借别人的东西时，就把冒犯别人财产的行为转换成了一种可接受的行为。但是，用同样的方式去看待另一种请求时却并非易事，因为要是没有请求的发生的话就根本不会有冒犯的发生。

Owen(1983：22)特别指出"请求是一种补救措施，但是这种补救方式存在于请求的方式中；和某些不太礼貌的请求相比，而不是和完全没有请求的情况相比，一个即时的礼貌请求可以看作是一个补救措施"。因此，Goffman(1971)和 Owen(1983)对请求的描述有相似的地方，也就是请求从某种程度上来看是一种补救措施。

2.4.1.2 澄清请求

Christian(1980)把澄清请求定义为一种获取信息的特殊类型的请求，似乎是要指出一个在处理先前的话语时出现的问题。这在 Gervey(1973)的研究中被认为是偶然的询问，而在 Jefferson(1972)的描述中是分岔序列的一部分。澄清请求经常是以问题的方式出现的。对请求类型的研究中并没有专门处理澄清请求。语言学方面的文献中，大部分处理的是某种行为请求(Green，1973)。对待获取信息的请求时并没有特别提到澄清请求的分类。

学者们要么将其归入一个更广的范畴，要么就根本不提及(Sadock，1974)。Cherry(1976)研究了在儿童的发展过程中，成人的澄清请求的作用，他详细地介绍了澄清请求的功能。Cherry 把这种请求叫作一个会话机制，这种会话机制的作用是,使说话人在会话中引起别人产生误解(Cherry,1976:22),Cherry 同时也观察到,一个包含这种请求类型的话语序列并不会影响话题,或者改变话轮序列。

Cherry 的讨论仅局限于重复的问题,要么是听话者请求重复,要么是听话人重复话语或者话语的一部分来断定其理解的正确性。Garvey(1977)也研究了一些包含澄清请求的言语事件,但是也有一些具有其他功能的问题。Garvey 详细地研究了 Cherry 所谓的偶然询问,并对这一范畴进行了分析,讨论了其在儿童发展过程中某些方面的问题。

澄清请求的概念最主要的特点就是,它标志着在处理先前话语时,也许是听时,也许是理解时出现的一些问题。它在交际中起到一种分岔序列的作用,正像 Jefferson(1972)研究的那样,澄清请求是对正在发生的行为的一种打断,而这种行为可以随后重新开始而不会改变话题或者话轮序列。作为一种偶然性的询问,在 Gervey 看来,澄清请求是建立在前面的话语基础上的,因此其在话语中的位置是受到限制的。

根据 Christian(1980)的研究,澄清请求和其他类型的请求有某些共同点,但是在某些方面又是有差异的,这就使得它们在分类中被和其他的请求混在了一起。像一般的请求一样(Gordon and Lakoff,1971;Green,1975),它们是以说话人期望这种请求发生为前提的。和信息请求一样(Sadock,1974),这种期望的行为在大多数情况下是一个提供某种信息的言语的回应。但是,依赖先前话语的结果就是,澄清请求在以下三个方面是一种特殊的信息请求(Christian,1980:132)。

第一,信息请求在话语中的位置相对自由,只是在恰当性方面有一定的限制(话题和话轮限制等)。澄清请求受的限制却要大得多,因为他们必须紧跟在被质疑的话语之后。第二,在提出信息请求时,说话人认定听话人是可以提供其需要的信息的,这种信息通常是非特定的。而在提出澄清请求时,对听话人的知识的认定是具体的,而且是以听话人提出被质疑的话语这一事实为基础的。第三,在形式蕴含方面,澄清请求和其他请求在功能上有一个区别。当发出请求时,间接语言是经常被使用的,礼貌是其主要的原因。信息请求可以用诸如"你知道现在几点了吗"的形式来表达,其直接关心的信息是时间,而不是听话人的知识。而澄清请求并不涉及这类间接语言,因为听话人被认定为是乐意回答说话人的问题,因为说话人刚刚说过这句话而且期望能被理解。

2.4.2 语用学方面

Owen(1983:22)认为,语言学家已经对请求的形式做了大量的研究,特别是从言语行为方面。有些学者从语用方面对间接请求做了研究,他们分别是, Owen（1983）, Koike（1989）, Garcia（1993）, Yli-Yokipii（1994）, Bargiela-Chiappini、Harris（1995）, Paulson、Roloff（1997）, Yang（2000）, Barron（2002）, Upadhyay（2003）, Hernández、Mendoza（2002）等。他们研究的中心话题主要是请求策略和反应策略,请求形式和语言变异,以及请求形式和礼貌等。

2.4.2.1　请求的提出策略及其反应策略

Garcia(1993)研究了秘鲁西班牙语的男性和女性在参与以下这两种言语事件时使用的策略:服务请求及其对此请求的回应。他区分了不同性别之间的相似和不同之处。在区分秘鲁说话者使用的策略时,Garcia 使用了Blum-Kulka 等(1989)的模式,区分了主行为和辅助性话步的,在分析的时候,还使用了 Brown、Levinson 的礼貌策略的框架。他分析了秘鲁西班牙语者在以下三种情形下的角色扮演交际:1)当一群参与者请求服务时;2)当第二群参与者接受服务请求时;3)当第二群参与者拒绝服务请求时。

Garcia(1993)认为,在提出请求时,秘鲁西班牙语者都更喜欢表达对交际对方的顺从和尊敬而不是表达团结友好。这反映了一种他们不愿强加的愿望。而且,女性表现的尊敬程度更高一些。当接受请求时,和顺从礼貌策略相比,他们更倾向于使用巩固礼貌策略。这就表明,当回应请求时,秘鲁西班牙语者倾向于和交际者建立一种友情。在提出请求时对礼貌策略的偏爱和顺从及其在接受请求时对礼貌策略的巩固和他们在拒绝邀请和接受邀请时的情况是一样的。

在第一种情形下,可能是因为拒绝和请求都会对交际者的消极面子造成威胁,这时,表达尊敬和顺从从而避免冒犯和(或者)强加是有必要的。在第二种情况下,因为接受请求和邀请都不会威胁交际者的消极面子,但是相反,会满足其积极面子,因此,秘鲁西班牙语者会很自然地选择巩固礼貌策略。虽然男性和女性参加者之间是有差异的,但这种差异并没有达到统计学意义。从某种程度上说,他的研究结果并不能代表所有的西班牙语者,只能说明,对我们理解秘鲁西班牙语者喜欢的语用规则时是有帮助的。

2.4.2.2　请求形式和语言变异

Yli-Yokipii(1994)使用双语语料库对商务信函进行了实证研究,令人信服地证实了,在真实生活语境下,请求的形式和功能方面存在的明显的不一致现象,而这种不一致导致了对请求的定义和描述方面的困难。他发现,在书面的商务语言中,倾向于通过命令和问题来实现请求的功能,而且主要的结构形式是陈述句。他(她)认为,写信人似乎想避免直接的词汇句法形式,而更喜欢模糊的请求模式,这种行为表明了人际关系和语境有意识或者无意识地影响了写信人的修辞选择,写信人喜欢使用一种多层次描述性的句式来表达请求,这种句式能够解释请求的形式和功能特征。

Bargiela-Chinappini、Harris(1995)研究了商务信函的请求中可能出现的语言差异,这些请求中的语言差异是因为受到了人际关系中的权势、社会距离、强加程度,尤其是地位等变量的影响。他们指出,这种差异在语篇中请求的位置,内部结构(成分的数量),尤其是写信人词汇和句法的选择中是显而易见的。地位和权利间微妙的关系使我们在寻找请求形式被弱化的原因时造成了一些困难,在语言礼貌的动机方面,主要考虑的是请求强加程度而不是地位(Hope Gonzales et al.,1990)。他在两种主要的文本文献(亲属关系型和例行的信函)中,发现了句法、词汇和结构等的差异。这种发现似乎可以支持 Holtgraves、Yang(1992)提出的礼貌的非累积模式,在他们的模式中,权利、地位、社会距离和强加程度在许多不同的请求类型中并非独立变量。

2.4.2.3　请求形式和礼貌

Koike(1989)认为,礼貌请求时使用条件句和说话者说话时的现在时态有关系的。他的研究指出,在现在,将来和条件句这些选项中,表达请求的最可能的形式就是条件句。条件句表达了一种离说话人发话时间最远的一个时间框架,从听话人而非说话人的观点来看,他认为这是更加礼貌的。也就是说,这些请求都是以听话人为导向的,表达了听话人处于一种更高的控制地位来决定是否要满足这个请求,因此,他认为比那些以说话人为导向的,或者表达说话人需要或者从说话人的观点出发的请求要更加礼貌一些。

他的研究中引用了许多时间和人称指示来支持他的观点:离指示中心的距离越远,礼貌的程度就越大,从双方的关系到说话人自我指示中的言外之意的程度就越小。事实上,Koike 在请求的分类中对礼貌程度进行了解释,认为其和离说话人的指示中心的距离是有关的。

Paulson、Roloff(1997)研究了请求中使用的语言对理解请求的方式和对请求的拒绝的影响程度。他们进行了一个实验,在这个实验中,他们设置了请求的形式和内容,实验表明,有描述障碍的请求形式比没有描述障碍的请求形式更加规约和礼貌,遭遇的拒绝也比那些没有描述障碍的请求遭遇的更加礼貌。而且,当请求内容有具体的时间时,比没有具体时间时拒绝者生成的障碍要更加不确定。相反,时间模糊的请求会比时间具体的请求遭遇到更加确定的障碍。他们还指出,在拒绝中的面子工作的多少并没有受到请求形式的影响,而和请求的内容多少有些关系。

Upadhyay(2003)通过对尼泊尔语中自然发生的语料中的请求行为的分析,研究了间接语言和礼貌的关系。其结果证明,间接语言形式(包括规约的间接语言)在某些语言中是一种可以执行请求行为的方式,但是间接语言形式和礼貌之间的关系并非普遍的。换句话说,他们认为的间接语言形式是一种表达请求行为的方式,这一观点可以在尼泊尔语和其他包括英语在内的语言中找到实证支持。

但是,如果认为间接语言形式和礼貌之间的关系是普遍的的话,将会出现很多问题,因为,他们的研究结果并不能证明这种关系。在他的这个研究中,在表达语言礼貌中起重要作用的,是尼泊尔语中的形态变异,这也正是尼泊尔语和其他语言不一样的地方。因此,不能认为间接语言形式和礼貌之间的关系具有普遍性。

2.4.3 跨文化交际方面

从文献综述中,我们已经发现许多学者 Walters(1979)、Wierzbicka(1985)、Rintell、Mitchell(1989)、Weizman(1989)、Blum-Kulka、House(1989)、Faerch、Kasper(1989)、Koike(1994)、Yeung(1997)、Wei(1998)、Lwanga-Kogetsidis(2002)、Fukushima(2000)等从跨文化角度对间接请求进行了大量的研究。他们研究的主要是跨文化言语行为实现项目(CCSARP)中本族语者(NSs)和非本族语者(NNSs)使用的 13 种语言及其语言变体中的请求行为。

2.4.3.1 跨文化言语行为实现项目中的请求

跨文化言语行为实现项目(CCSARP)是由 Blum-Kulka 等在 1982 年发起的,它是一个由许多国家的研究者进行国际合作的引人注目的项目。其团队成员构建了一个理论和方法论的框架来收集两种言语行为(请求和道歉)的跨文化交际对比语料,同时也是一个对语料的编码系统。他们对收集的由本族语者及非本族语者使用的十三种语言及其语言变体进行了分析。

研究语料有丹麦本族语者语言,三种英语的方言(美式英语、澳大利亚语和英语)、加拿大法语、德语、希伯来语和阿根廷西班牙语等,以及从丹麦、德国和美国的非本族语者收集的英语,从丹麦非本族语者收集的德语,从以色列非本族语者收集的希伯来语等。这些语料是通过话语补全测试(DCT)来收集的,DCT是一个包含16种情景的对话手稿,其中请求和道歉的情景各8个。

DCT的目的是用来解释言语行为实现形式的差异的,这些差异是由社会距离和社会优势所决定的,因此设计的16种情景代表了这两种变量组合的所有的可能性。在给受试者简单地介绍了这些情景后,其中每个情景中都对场景、参与者的社会距离以及相对地位等做了具体地设置,要求受试者就像身处每个情景中一样,作出他们在这些情景中的反应,给他们提供了一个简短的话语框架,包括听话人的反应,让受试者来填空。根据需要,把问卷翻译成他们所研究的各种语言,转换为目标文化中的社会和语用体系。

这个项目的最重要的结果之一就是,在所有研究的语言中,人们都偏爱对规约性间接请求策略的使用(例如,我能借你的钢笔吗?你介意载我一程吗?)。几乎没有使用非规约性的间接请求,也就是说,很少有暗示(例如,我昨天没能来开会;我好像错过了最后一趟火车)。Blum-Kulka(1989)总结说,这些发现能够证明规约性间接请求是普遍存在的这一观点,规约性间接请求具有的是共同的语用特点,而不是在不同语言和文化中,形式和用法之间的对等关系。

在这个项目中,Rintell、Metchell(1989)的研究是非常重要的,因为,他们的研究似乎证明了,这个测试中受试者所作出的反应都和口语反应具有可比性。这就使其实质性结论更加具有说服力。但是,Rintell、Mitchell使用的DCT的形式和这个项目中其他人对语料收集形式不同,其他人都忽略了听话人的反应,这也许可以解释为什么Rintell、Mitchell的结论和Beebe、Cumming的结论不同了。

但是,有趣的是,在语料中的确出现了暗示,虽然出现的频率是很低的(Weizman,1989)。因为这个项目中的数据揭示了人们广泛使用规约性间接请求,因此,听话人的反应对数据的影响这个问题是值得关注的。还有一个值得注意的问题,就是此研究中对请求的反应模式可以和人类学研究中的反应模式是一致的。Blum-Kulka、House(1989)指出,他们能够证明CCSARP数据中的请求策略的使用与人类学研究中从希伯来语者收集的数据中的请求策略的使用是非常相似的。Blum-Kulka、House对五种情景下的五种语言组语料中的请求策略进行的分析,证明了不同策略和话语修正机制下交际的复杂性。Blum-Kulka、House展示了理解这种反应所遇到的问题——这是和口语以及书面语都相关的问题。

跨文化言语行为实现项目所使用的方法对辨别模式化情景下作出的固有的反应方面是非常有用的。把本族语者和语言学习者的反应做对比后，数据表明这些情景下数据是非常令人关注的。学习者对另外一个文化中社会相关因素缺乏经验的话，就意味着他们不可避免地会作出像他们母语中一样的公式化的反应。Faerch、Kasper(1989)和 Rintell、Mitchell(1989)都认为二语学习者的反应趋势比本族语者的反应趋势要宽泛一些。

Faerch、Kasper(1989)认为，这种反应应该被看作是积极的而不应该被看作是一种缺点。学习者把他们的意义表达出来是为了避免误解。这是一种值得关注的建议，而且，语言学习者在 Rintell、Mitchell(1989)的角色扮演中的表现和这个很相似，这就可以说，他们的观点是和真实语料符合的。事实上，对于学习者来讲，角色扮演和自然的交际之间的差别并没有像对本族语者来讲那么大，至少，在他们有能力能够熟练地分析话语情景之前是这样的。书面数据可以帮助我们评价哲学家们对有关生成间接请求和暗示的条件的直觉。

Blum-Kulka 的分析支持了 Searle 的规约性间接请求的理论，但是在细节上存在一些不同之处。并非所有的规约性间接语言都是以一种 Searle 所认为的方式和前提系统地相联系的。例如，"你为什么不……?"在英语中可能会引出一个请求，但是在希伯来语中却不能。同样地，Weizman(1989)用三种不同的语言对请求暗示做了一些启发性的讨论，这在理论语用学中是一个被广泛研究的话题。他对请求暗示的分类区分了不同类型的暗示及其透明度，并在语料中对这种分类作了测试。

这就引起了对使用暗示的原因的讨论。她的结论是，暗示具有很强的可以否定的潜势。这样，暗示就使参与者避免被拒绝，正像 Blum-Kulka 和 House 指出的那样，人们通常都不喜欢拒绝别人。所有的这些原因归纳起来，使得暗示在某些语境和文化中成了一种有吸引力的选择。但是，我们可以看出，暗示并不总是能发挥它们的优点，它们是最不经常使用的请求策略。Weizman 把这归因于暗示的低效率——人们可以忽略暗示。但是，这个发现至少可以通过方法论得以解释。在假设的情景下，反应者不能依赖面部表情或者语调等因素来清晰表达其意义，而又必须写出答案，因此他们更可能是简要直接地去表达。

跨文化言语行为实现项目中对请求策略的编码方案是一个包含 9 个等级的直接性量表。从最直接(0)，或者语气诱导(例如，把你的笔记给我)，到最不直接(09)，或者温和的暗示(例如，我昨天没赶上上课)。规约性间接策略(07)被归入初步询问中，例如，我能借你的笔记吗? 你介意把你的笔记借给我吗;其他的类型包括施为句(02),例如,我要向你借你的笔记;障碍性施为句(03),例如,我讨厌向你借笔记;义务陈述(04),例如,你应该把你的笔记借给我;愿望陈述(05),例如我想让你把笔记借给我;建议性句式(06),例如,把你的笔记借给我怎么样;以及强烈的暗示(08),例如,我昨天没能来上课,因此我没有记笔记。跨文化言语行为实现项目对请求的发现之一就是,人们普遍使用规约性间接请求,因此我们可以看出,跨文化言语行为实现项目中,证明请求策略似乎对请求的直接性和间接性程度并没有影响这个观点是有道理的。

Blum-Kulka 等(1989)指出,在言语行为的研究中,有必要通过扩大研究的语言和文化范围从而抛弃英语文化的优越感。他们认为,跨文化言语行为实现项目做到了这一点,但是,虽然此项目已经对有关语言、文化和社会交际的请求的研究提供了有价值的信息和启发,其中依然有明显的西方偏向。所有被研究的语言和语言变体(除了希伯来语)都是日耳曼语系或者罗马语系,所有研究的文化都是西方文化,或者是严重受西方文化影响的文化。

其另一个问题是话语补全测试(DCT)的局限性,因为这个项目中的语言只和英语有关,或者也有其他的语言。这是一个严重的缺陷。也许在其他的语言和文化背景下会产生不同的结果,也就是说,听话人的角色被感知的方式可能会不同,因而就会影响到产生的数据。正像 Wolfson、Marmor 和 Jones(1989)评价的那样,"众所周知,对人类行为的研究是'有弹性'的,需要使用多种方法来实现其效度,以便使我们的分析更有预测性和普遍性"。作为理解和描述请求的一个循环的多维的研究方法,跨文化言语行为实现项目已经作出了很大的成就。

2.4.3.2 Reiter 对英国英语和乌拉圭西班牙语中的请求(间接请求)的研究

Reither(2000:35)认为,请求是一个典型的冒犯听话人领域,限制其行为自由并威胁其消极面子的言语行为。他把请求分为两部分:核心请求或者叫作主行为,以及次要因素。他指出前者是执行请求功能的主要话语,可以不需要次要因素而单独使用。

Reither(2000)从跨文化视角对英国英语(BE)和乌拉圭西班牙语(US)中的请求进行了研究,他设计了12个角色扮演情景来获得请求语料,并根据编码方案中不同的维度对这些公开角色扮演情景中获得的语料中的每一个反应进行单独的分析。他的研究中在以下方面有几点重要的发现。

第一，从英语和西班牙语的句法方面看，请求可以通过祈使句、反问句、否定问句和陈述句实现。在英语中，直接祈使句被认为是适合命令和指示的句子结构（Lyons,1968:307），而在表达请求的时候是不适合的或者根本就无法接受的。但是，在西班牙语中，祈使句不仅仅可以用来表达命令和指示，还被用来表达希望、欲望和愿望，而且它们被用来表达请求的概率比在英语中要大。对于疑问句，英语中有更多的模式结构，而在西班牙语中，他们基本上是固定使用现在时态的陈述或者是条件结构。因此，西班牙语中用疑问表述请求时，从字面上翻译成英语时，听上去好像是信息请求，因而失去了其请求力。应该注意的是，现在时态的陈述结构在英语中只有在否定时才被用作请求，在两种语言中，都可以用陈述句来表达请求。

第二，核心请求或者主行为的后面通常是有次要因素相随的。这些因素，不会改变请求命题的内容，但是会减轻或者加重话语力量。

第三，这个研究证明，和其他的请求策略相比，乌拉圭人和英国本族语者都倾向于使用规约性的间接请求，此研究还证实了在请求选择方面存在着跨语言的区别。虽然在英国英语和乌拉圭西班牙语中，大多数的规约性间接请求是以听话人为导向的，但是，乌拉圭人似乎不太把听话人作为行为者，降低了其强制性水平。

第四，此研究揭示了乌拉圭人使用的直接请求的层次比英国人使用的层次要高，而且在语言的直接性和社会地位之间存在负相关关系。英国人采用一种更高层次的非规约性间接请求，而这在乌拉圭西班牙语中是很少出现的。乌拉圭人不顾面子损失，使用强加程度高的请求。这似乎证明了交际者双方共享的事实信息不仅让使用高层次的直接请求成为恰当的请求，而且这可能是对方所期望的。

第五，在同性交际中，英国男性使用的请求行为似乎是由交际者双方的社会地位促成的，而乌拉圭男性的这种行为是由双方的社会距离促成的。很明显，和英国男性相比，乌拉圭男性更认为直接请求在许多情况下是合适的。对于在同性别女性交际中，英国女性和乌拉圭女性使用的语言行为似乎既不受到社会距离也不受到社会地位的影响。乌拉圭女性，和男性一样，比英国女性使用更高层次的直接请求。在同性别交际中，这种请求的直接性比英国男性和乌拉圭男性使用的层次要低。在异性交际中，乌拉圭人比英国人使用更多的强加性请求。

第六，在英国的同性交际和异性交际之间，对非规约性间接请求似乎没有显著的区别，而且乌拉圭女性在和异性交际时，采用了稍微间接的策略。因此可以看出，乌拉圭女性在和其他女性交际时更直接，当和男性交际时更间接。

依据请求的外部修正因素,使用最频繁的修饰方式从强到弱的顺序依次是:原因,修饰语,解除防备,询问和取得预先承诺。英国人在角色扮演中不仅使用高层次的修正语,而且使用的频率很高,这从内部修正方式的使用中可以反映出来。乌拉圭人对内部修正方式的使用比英国人的频率要低,这就使乌拉圭人在作出请求时显得不犹豫。请求策略,内部和外部修正方式的使用似乎说明了,和英国人相比,乌拉圭人更少地考虑消极礼貌,在乌拉圭西班牙语中对高层次的直接请求的使用似乎比在英语中更加合适。

2.4.3.3 Fukushima 对英语和日语中请求(间接请求)及其反应的研究

Fukushima(2002)从英语和日语的跨文化差异方面详细地描述了请求及请求反应,特别是非公开请求及其反应。从三个变量可以看出英语和日语中的请求存在明显的差异。这三个变量是:说话人和听话人的权势、说话人和听话人之间的社会距离以及请求行为的强加程度。Fukushima 指出,一些跨文化的区别导致了英国人和日本人在作出非公开请求及其反应时所选择的策略有所不同,因为这三个变量对选择礼貌策略有重要的影响。

在这三个变量中,强加程度的影响是最大的。强加程度这个变量和请求及其反应中对非公开策略的选择之间成正相关。在以下三种情况下,日本人采用的请求策略比英国人更加直接:1)说话人比听话人的权势大,2)强加程度低,3)说话人和听话人的社会地位平等。在日语中,日本人在这三种情况下采用的直接请求策略被认为是适当的。日本人会根据情景采用直接请求策略和规约性的间接请求策略,而在所有这些情景下,英国人采用规约性的间接请求策略更加频繁一些。

对请求策略的选择结果部分地证明了 Brown、Levinson(1987)的把英语和日语文化归入消极礼貌文化的分类是正确的。这一结果也证明了日本人对不同的请求策略的区分比英国人要详细一些。这就提示我们,可以通过详细地描述英国文化和日本文化的区别,来对 Brown、Levinson 的文化分类做一些修改。反应策略中对非公开请求策略的选择结果说明,日本人比英国人的选择要更加细心,而且它为英国文化和日本文化在请求及其反应中对非公开请求的使用这方面的研究提供了一些实证数据。

Fukushima(2002)试图运用和拓展 Brown、Levinson(1987)的礼貌理论来分析在两种不同的文化背景下请求及其对非公开请求的反应。这个实证研究是基于 Brown、Levinson(1987)的理论,它主要是研究在两种不同的文化语境下的对比情景中,英国人和日本人的请求及其反应中对非公开请求策略的运用。通过认真对受试者和话语情景的可比性的控制,Fukushima 试图避免前人研究中的局限性,即没有精确地控制受试者的可比性和情景的可比性。

Fukushima 采用了一种可以优先考虑选择策略的启发性的程序,这样就避免了以倡导者为中心时可能产生的问题,特别是在跨文化交际语境中产生的问题。这个研究结果部分地证明了 Brown、Levinson(1987)对英国文化和日本文化中礼貌策略的分类是可行的。除此之外,这一结果还显示了英国人和日本人在请求和反应时对非公开的策略的选择有显著的差异。

基于这两者之间的差异,Fukushima 建议改进 Brown、Levinson(1987)的分类,因为 Brown、Levinson 并没有从日语中收集语料。通过对日语语料的收集,他的研究把 Brown、Levinson 的理论拓展到一种他们的研究中没有提到的文化中。的确,英国人和日本人在请求反应中对非公开请求策略的选择上存在的区别用 Brown、Levinson 的分类方法是不能充分地解释的。Fudushima 试图采用其他的方法来解释,个人主义/集体主义这种文化维度似乎提供了一个解决的办法。

从揭示英国人和日本人在请求策略的选择的显著差异这一方面来看,Brown、Levinson 对英国和日本文化的二元分类需要在两种文化的差异方面作出更详细的说明。根据 Fukushima 的研究结果,日本人对请求策略的选择的差异比英国人的要大。这个差异可以用英国文化和日本文化中的个人主义文化和集体主义文化来解释。和处于个人主义文化中的人相比,集体主义文化中的人更多地关注语境,对他们来讲,团体内和团体外的概念之间有严格的区别。

这种区别可以证实 Fukushima 的研究是可靠的,他的研究结果启发我们,按照文献中通常描述的那样,把日本人看作是"间接的"或者日本人的交际是很"含蓄的"这种观点是不恰当的。相反,认为日本人对语境的反应要比英国人的反应更敏感才是更恰当的。换句话说,日本人更加关注双方的差异和社会距离等方面,正是在这种基础上去区分不同的请求策略。

Fukushima 的研究中有一个重要的方面应该指出来,就是他的研究中的受试者,这些受试者通过请求及其回应中的非公开请求的策略对三个变量作出了评定,这三个变量是:说话人和听话人之间的权利区别,说话人和听话人之间的社会距离及其请求行为的强加程度。之前有些研究(Blum-Kulka et al.,1985;Holmes,1991;Trosborg,1987;Wood and Kroger,1991 等)中,研究者给了受试者评价这三个变量的机会,但是研究者的评价并不是建立在受试者的基础上。Fukushima 的研究结果证实了,内在的文化差异在解释礼貌策略的时候起着重要的作用(Blum-Kulka and House,1989;Eisentein and Bodman,1993;Meier,1996 等)。

2.4.3.4 魏红对汉语和德语的请求(间接请求的)的研究

魏红(1998)从不同的文化和社会价值方面,对汉语和德语中的请求类型做了研究。魏红从汉语和德语的本族语者中收集了语料,来研究在相对比较相似的社会约束下,汉语和德语中请求的实现类型的异同,同时还对汉语和德语中社会变量,比如距离和权势的影响,及其请求的实现类型的相似性等方面做了检验和评价。这一研究运用言语行为理论和语用学以及社会语言学分析汉语和德语中的请求类型,使用问卷调查收集了汉语和德语本族语者语料,并对比分析两种语言中的请求类型。通过对比各种词汇和句法修正的使用频率分析了两种语言中的请求类型的区别。

这个研究的价值表现在两个方面:第一,此研究发现了言语行为理论只能适用于某种特定的语言,而对不同社会和文化中的两种或者更多种的语言来讲是不适用的。第二,它提供了汉语请求行为的语料,因而丰富了之前的跨文化研究。例如,到目前为止最全面的研究 CCSARP,其中收集了 13 种语言来进行请求方面的对比,但是不幸的是,其中没有任何一种亚洲语言。在这一方面,魏红的研究中的汉语语料在请求的跨文化研究方面向前迈出了一步。

在对汉语和德语中请求的实现类型的跨文化差异和社会语用差异的调查研究之后,她得出了以下结论:1)汉语使用者使用更多的词汇习语修正,而德语使用者采用更多的句法修正。这是因为德语中给语言使用者提供了更多的形态机制,而汉语中却没有。2)德语和汉语使用者采用的句法和词汇修正类型有相同之处。有些汉语使用者表达请求时,为了达到某种特殊的目的会采用一些修饰语(例如,报答和恭维),这在德语请求中也是很普遍的。在这两种情形下,德语中比汉语中使用的句法修正要多一些。

从魏的研究中可以总结出这样的观点,即虽然汉语请求和德语相比,显得稍微礼貌和间接些,但是德语和汉语中的请求行为中的礼貌程度和间接性并没有显著的差异。这种结果是从对语料的分析中得来的,语料证明在汉语请求中出现了大量的词汇习语修正,而在德语请求中出现了同样多的句法修正。此研究的另一个显著的意义是,在同一种语言中,社会因素(例如社会角色)对请求的类型有很大的影响,而在不同的语言中,文化因素对请求的类型有很大的影响,而且,语言本身的类型学在选择不同类型的修正时起着重要的作用。

2.4.3.5 其他不同文化中的请求(间接请求)

有些研究主要关注的是语言交际中的请求策略和请求机制。Walters (1979)研究了西班牙语和英语中表达请求的策略;Koike(1994)主要研究了西班牙语和英语中的请求中否定句的使用;Wierzbicka(1985)研究了英语和波兰语中请求的不同机制。他们的研究有许多不同的地方。Walters(1979)认为西班牙语和英语中有相同的请求策略,但是这些策略的用法差异很大。西班牙语中使用的礼貌策略更多,而英语中使用的中性策略更多。

Koike(1994)的研究表明,虽然消极礼貌可以解释英语中请求的否定用法,但是它不能解释为什么西班牙语中的否定疑问请求可以削弱请求的语气。Wierzbicka(1985)的研究表明了,英语中有自己独特的请求机制,比如疑问句,但是,波兰语中的请求中绝不使用疑问句。这就提示我们,这些差别也许对解释在跨文化交际中不同的语言和社会语境下以及不同的处理模式有帮助。

有些学者主要研究商业事务中的请求,如,Kirkpatrick(1991)研究了写给澳大利亚人的汉语书信中请求的信息序列;Yeung(1997)对香港地区的英语和汉语商务书信中的礼貌请求的用法做了调查;Economidou-Kogetsidis (2002)研究了希腊语和英语在商务电话中请求的直接性程度的区别。Kirkpatrick(1991)认为,汉语本族语者倾向于在交际或者信息结束的时候提出请求,如果改变书信的序列或者把请求放在书信的开头可能会引起不礼貌。

Yeung(1997)指出,强加程度、社会距离和相对权势这三个因素,在英语中只有第一个因素对语言的选择产生重大的影响,而在汉语请求中这三个因素似乎都不会产生重大的影响。Economidou-Kogetsidis(2002)认为,英语中的请求表达得更加含蓄和间接,而在希腊语中,直接的请求机制更为广泛接受。所有的这些研究证明,在汉语和英语中的这些区别可能会对请求中独特的书写风格和不同的社会文化因素产生影响。

还有一些研究主要使用跨文化对比方法,研究英语和卢干达本组语者的英语中礼貌和间接性的关系以及在理解加工方式上的异同。Lwanga-Lumu、Christine(1999)调查了礼貌和间接性的概念在卢干达本族语者和非英语本族语使用者的请求中是否相关。Takahashi、Roitblat(1994)研究了英语本族语者和日本的英语学习者对英语中规约性的间接请求的理解。

Lwanga-Lumu、Christine(1999)认为在卢干达语中间接请求和表达礼貌之间没有必要的关系。Takahashi、Roitblat（1994）认为日本英语学习者和英语本族语者在对间接请求的处理类型上有相似的地方,他们都会推测规约性请求的字面意义和言外之意。我们认为,间接性,对一种文化来说意味着礼貌,但对另外一种文化来说并非就意味着礼貌,而且对于英语本族语者和二语学习者来说都可以理解规约性请求的字面意义和言外之意。

2.4.4　二语习得和英语作为第二外语的教学方面

这里我们将回顾从二语习得和外语教学方面对间接请求进行的研究。在二语习得方面,Kitao（1995）研究了听力理解和对请求的理解之间的相互关系,发现了对规约性的间接请求形式的理解和听力理解的效率之间是有关联的。另一学者（Li,2000）从二语习得方面的研究认为,在特定的文化和社会规约中,二语学习者在表达请求时,有必要了解请求形式的语言规约,了解他们的权利和别人的期望,从而来表达他们自己的需求和愿望。在外语教学方面的研究主要关注的是:教师怎样表达请求（Andrew,2000）,怎样对教师的请求言语行为进行识别和归类（Porayska-Pomsta,Mellish and Pain,2000）,怎样教会二语学习者弱化他们的请求,以及培养他们在不同的条件下使用请求的意识（Yates,2000）。这些研究主要针对的是间接请求的理解。

2.4.4.1　二语习得中对请求的理解

学界普遍认为,二语学习不仅仅要能够理解语言的发音、语法和词汇（Fraser,1978）,还需要有在具体交际情景中理解和使用语言的能力。有些研究主要针对非本族语者对他们的二语中间接言语行为的理解（Kasper,1984;Conrad,1984）,其中,Kitao（1995）做了一个非英语本族语者的间接请求的实验,对受试者接触英语的问题进行了采访（每周在课堂上花费的时间,和美国人说英语的时间,看电视的时间等）。

在采访中,他们被问到了五个表面上看上去是很自然的规约性的间接请求。以对变量之间的关系进行统计。在这个研究中共提出了三个问题:1）对间接请求的理解和对英语语言总体的理解之间的关系是什么? 2）哪些因素会影响对间接请求的理解水平? 3）非本族语者能否从语境中理解规约请求? 来自中国、日本、朝鲜、中国台湾等地区的学生参加了此实验。

Kitao（1995）通过分析请求的理解,对英语的接触,听力理解水平以及在英语国家待的时间长短之间的关系,证实了听力理解和请求的理解两者之间存在着明显的相关关系。这一发现证明,至少对于二语学习者来说,对规约性的间接请求形式的理解是和听力理解的水平是有关系的,而不是和推理过程有关系的。

但是 Kitao(1995)的研究没有弄明白规约性的请求形式对请求的理解是否有帮助,也就是说,二语学习者是否注意到了规约性的形式,而且意识到其所表达的是一种请求,或者他们是否只是听到了请求本身,这也证明了在英语国家待的时间长短和对请求的理解之间也是相关的。可能有一个解释就是,随着时间的推移,在英语国家的非英语本族语者掌握了规约形式所表达的各种功能。这个研究进一步揭示了,听力理解和与说英语的人谈话的时间长短这两者之间也有明显的相关。

随着听力水平的提高,非英语本族语者和英语本族语者的交流时就会感到更加自信,随着他们更多地和本族语者交际,他们的理解能力就会提高,就会对和本族语者交际感到越来越自信。但是这种关系似乎和对英语的接触没有多大的关联。听力理解和他们看电视或电影没有显著的相关关系。因此,也许大多数情况下,对英语精通的非本族语者会主动找本族语者,但是程度不同的非本族语者会寻找间接信息。Kitao 的研究结果证明,对间接请求的理解是和整个听力理解相关的,但是和其他的因素没有关联。

Li(2000)主要研究美国工厂的移民妇女(二语者)的请求行为。她的研究证明,语言在工厂的社会化过程中,涉及双重社会化:作为新的工作环境中的新手和作为一种语言和文化中的新手。Li 的研究主要是第二语言者的请求行为,她的人种学案例研究是语用学中高层次社会交际中的重要的话题。她用一些语境化的例子来证明,移民妇女通过了解和参与社会交际,以及专家或者有能力的同事的辅导,是怎样把目标语言和文化准则内在化的,在工厂中,英语作为第二语言的情况下,怎样发展交际能力以及学习使用比他们已经习惯采用的某种社会语言策略和表达方式更直接的方法来表达请求。

Li 的研究实际上证明了对请求作出的反应不仅仅包含了自我表现、自尊、和自我实现等。它还证实了,虽然对于二语者来说,为了表达他们的需要和欲望了解请求形式的规约性是必要的,但是,他们的请求能否成功的关键,是了解他们的权利和工厂其他工人对他们的语用期望,而这是以文化规约和社会秩序为条件的。她的研究对以工厂为导向的,向操其他语言的人教英语的研究,以及语际语用学,人类学和语言的社会化研究来讲,都代表了一个崭新的研究方向。

2.4.4.2 在外语教学中对请求的决定

Andrew(2000)对葡萄牙语教师在教学实践中作出的课堂管理请求中的

文字记录做了分析。该研究认为,由于教学法和语用的原因,外语教学的老师喜欢使用更直接的请求。Andrew 详细描述了教学实践中一些特殊的情景,表明了,当不考虑成本和效益关系大小时,更加间接和尊敬形式的请求的使用就会有上升的趋势。这个情况在师范教育工作者比如 Willis(1981)之前的介绍中可以发现。

Andrew(2000)澄清了在课堂教学中,是否存在某些情况下教师使用间接请求这一问题。首先,他观察到,当教育过程和教师的行为对学生来讲是有益的时候,就没有必要使用间接请求。间接请求只有在教育重建的环境下才会使用,在这种情况下,教育过程中受益的是社会(或者老师,社会的代表),而不是学生。

其次,当老师和学生之间老师作为上级,学生作为下级时,即他们之间有一个明确的垂直社会距离和不同地位时,就没有必要使用间接请求。只有当老师和学生之间有平等感的时候或者学生是上级的时候才使用间接请求。

最后,当说话者和听话者的水平社会距离很小的时候,也就是说,当双方团结程度很高的时候,不用间接请求。当同等地位的人之间的水平距离很大的时候才考虑使用间接请求。但是,教育过程是否对学生有益,或者老师是否权威,这些情形我们是很难去判断的。因此,直接请求可以看作是老师想要建立一个师生可以获得正常的义务和权利的情景的一个标志。对于教师使用直接请求的其他的原因,主要有为了更容易被理解和打算改变步骤等。为了提供间接请求的模式,可以鼓励老师们在作出非标准的请求时,也就是那些普遍被认为是老师的责任而不是学生的责任的问题时,使用间接请求。Andrew 的研究提示我们,这些就是老师们可以合理使用和塑造间接请求的一些语境。

为了教会学生怎么作出间接请求,Yates(2000)设计了一种方法,即给以汉语为背景的,在澳大利亚学习澳大利亚英语的学生,介绍一系列本族语者用来削弱他们请求的不同的方式,培养他们在同一个语言社区内的不同的说话者和不同的情形下,怎样使用这些请求的意识。这个研究强调了请求的不同方法以及不同说话者不同的情形下使用请求的差异,引导学生在目标社区使用请求的方式方面进行深思,熟悉削弱请求的一些机制,探索他们自己对请求的这些机制的使用态度。此研究建议老师们应该亲自收集那些主要反映得体语言及其学生们能够作出请求的一些语言社区的特征的语料。

2.4.5　计算语言学方面

有从计算语言学方面对间接请求的研究,例如,Perrault、Allen(1980),Applet(1985),Kautz(1992)等。他们的研究主要是在计划间接请求时遇到的问题。他们的研究证明,理解某些情况下使用非规约间接请求的原因是很关键的。Kautz(1992),Applet(1985),Perrault、Allen(1980)等都对这个问题作出了解释。Perrault、Allen(1980)提出了别人所作出的行为是可以被识别的。Kautz(1992)认为,请求行为要求听话人把其看作是双方都互相相信的行为。Applet(1985)根据自己设计的系统,提出了几种识别请求行为的办法,在这种系统中请求设计者是最重要的因素。

2.4.5.1　间接请求计划中的问题

Searle(1979)列举了说话者可以作出间接许诺的一些原则。Brown(1979)把 Searle 的原则使用范围扩大到其他的言语行为包括请求和报告中去,认为对这些规则的使用是识别和理解间接请求的基础。遗憾的是,Brown(1979)的观点和 Kautz(1992)的建议一样,需要预测一个表层言语行为的所有可能的间接言语行为。这就意味着这是一件很艰巨的任务。而且,有可能某个请求使用了一种新奇的间接方法,但是他的原则中却并没有包含这一方法。如果能够更深入地了解在某个特定的情景中,非规约性间接请求使用的原因,也许就会有一个更具普遍性的办法。许多学者试图解决这种间接请求计划中出现的问题。

2.4.5.2　对计划问题的解决办法

Litman、Allen(1984)认为请求可以被具体化为一个命令,即一个直接请求或者间接请求。每一种具体化都对应请求行为的一种不同的变体。Kautz(1992:123)认为每一种具体化的请求行为在其变体中都包含一个单独的话语行为。请求行为的第一步也是一个表层问题,而且在问题内容和请求目标之间存在不同的关系。有些请求的话语的计划是通过询问得到的或者通过询问发现的。

Applet(1985:125)还提出了这个问题的另外的一些解决办法。第一,有必要归纳出间接请求计划的原因,这样计划者就会有选择间接行为而不是直接行为的基础。这些原因都毫无例外地和满足不同的目标有关系。例如,间接请求经常被计划用来满足和礼貌有关的目标,礼貌是一个众所周知很难阐述的概念。

第二,一个只计划规约性的间接请求的人可能会在间接请求中加入足够的知识,从而使得其使用礼貌理论来构建间接请求。

第三,如果计划人打算进行非规约性的间接请求的话,那么表面请求行为原则就必须扩展,以便对听话人将表面请求行为理解为一个言外行为的条件进行描述。

Perrault、Allen(1980)也对这个问题进行了解释,他的解释是基于这样一个假设:语言使用者可以识别其他人所执行的行为,推断他们所追求的目标,以及和他们进行合作。他们认为这种合作性的行为是被独立地激发出来的,而且有可能是,也有可能不是说话人本来的意图。如果听话人认为是说话人的意图的话,他(她)就把其认为是间接的,否则,就会将其理解为直接的。

Kautz(1992:242)认为,请求言语行为要求听话人把其看作是双方互相信任的,而不仅仅是嵌入的,而且说话人想让听话人做这个行为,知道这一点是很重要的。因此,恰当的请求将需要听话人假定说话人在各个层面上是真诚的。

2.4.6 心理语言学方面

在心理语言学方面对间接请求进行的研究主要有 Clark、Lucy(1975),Munro(1979),Clark、Schunk (1980),Gibbs (1981, 1983, 1986, 1987),Francik、Clark (1985),Holtgraves、Srull、Socall(1989),Grabowski – Gellert、Winterhoff–Spurk(1989),Holtgraves、Yang(1990,1992),Holtgraves(1992,1994,1997),Stemmer、Giroux、Joanette(1994),McDonald(1998),Brownell、Stringfellow(1999),Kelly、Barron(1999)等等。

Holtgraves、Yang(1990,1992)深入分析了间接请求行为的构成要素,并且指出,子行为是其中最重要的,他们还描述了间接请求行为和社会语境的关系,间接请求和礼貌之间的关系。Holtgraves、Srull、Socall(1989)和Holtgraves(1997)研究了影响对间接请求理解的社会地位这一问题,测量了会话处理中的跨文化交际和个体差异,并且设计了一种会话间接性量表(CIS)。

这个量表可以用来衡量人们在表达意义的时候是直接的还是间接的,这种方法被认为是一种能为进一步研究间接请求提供最初的概念化和衡量工具。Clark、Lucy(1975),Munro(1979),Clark、Schunk (1980)和 Gibbs(1981,1983,1986)等对间接请求的字面意义和言外之意的理解及其它们相互之间的关系,影响间接请求的产出和理解的规约性及其社会语境对间接请求的影响等方面,做了大量的研究,但是他们提供的证据都存在较多争议。

Francik、Clark(1985)描述了人们经常使用的克服间接请求障碍的三种方式。Clark、Schunk(1980)证明了礼貌和两种理解过程的关系,这两个过程是习语化过程和多重意义化过程。Weylman, Brownell, Roman、Gardner(1989),Stemmer, Giroux、Joanette(1994),McDonald(1998),Brownell、Stringfellow(1999)等研究了大脑受损病人的间接请求的各个不同方面。

Weylman、Brownell、Roman 和 Gardner(1989)从话语语境和用词规约性的影响方面研究了左脑受损和右脑受损的病人作出的间接请求。Stemmer、Giroux 和 Joanette(1994)研究了右半脑受损病人的间接请求的产出和评价。McDonald(1998)对因大脑受损而导致的执行功能受损的病人受试者的请求产出任务做了研究。在这个研究中,要求病人受试者作出非规约性的,能够避免听话人不情愿的请求。Brownell、Stringfellow(1999)研究了影响产出请求行为的几个因素。

在这些研究中,除了 Weylman、Brownell、Roman 和 Gardner(1989)的研究主要是间接请求的理解,其他的关于大脑受损病人的研究大都集中在间接请求的产生这一方面。Gibbs(1981,1983,1986)对请求记忆做了一个完整的解释,他认为,人们对非规约间接请求的表层形式记忆更加地清晰,并进一步阐明了这些记忆产生的原因。Grabowski-Gellert、Winterhoff-Spurk(1989)研究了请求行为的言语和非言语成分之间的相互作用,并且建立了一个相互作用的数学模型。Kelly、Barron(1999)认为,手势在语言理解和记忆中起着很重要的作用,他们发现,人们把伴随有相关手势的那些请求言语理解为间接请求的可能性更大一些。

2.4.6.1 Holtgraves 对请求(间接请求)的研究

为了研究请求的构成成分,Holtgraves、Yang(1992)依照 Blum-Kulka 等(1989)把请求分为三个组成部分:称呼语、行为(请求)和附属部分(Blum-Kulka 等称之为辅助性话步)。称呼语可以是非正式的(例如,名字),正式的(例如,头衔)或者没有出现称呼语。行为实际上指的是执行请求行为的句子,它可以分为五个总策略:公开策略、积极礼貌策略、消极礼貌策略、非公开策略和非请求策略等。附属部分指任何除了行为本身的词语或者句子。

Holtgraves、Yang(1992)对影响人际关系的因素的实验和 Brown、Levinson(1987)的礼貌理论是一致的,并为此理论提供了一些支持。根据 Brown、Levinson(1987)的执行面子威胁行为(例如请求)的策略(这些策略可以根据礼貌程度连续体进行排序),除了暗示没有被排为最礼貌的策略之外,超级策略和消极礼貌请求都是和礼貌理论相一致的。

一方面,他们的研究发现,非公开策略因其支使人的特性,使得其失去了部分礼貌,这和理论是相一致的(Lakoff,1977a)。另一方面,他们的发现可能反映出在研究非公开请求的方法论方面的困难。因此,暗示的作用可能会和不礼貌的消极礼貌请求的作用非常相似,在这种情况下,他们的研究结果和礼貌理论是一致的。因为这些可能性的存在,关于非公开策略的礼貌问题,他们并没有给出任何的结论。

Holtgraves、Yang(1992)依照Brown、Levinson(1987)的礼貌理论,对朝鲜人和美国人的人际交往因素进行了理解实验研究。他们指出,感知到的听话人权利,双方距离和行为的强加程度的增强,会导致请求礼貌整体上的增强。他们把此看作是对语言使用中这三个变量的重要性给予支持的有力证据。Holtgraves、Yang(1992)还发现了权势和距离之间的差异,这种差异虽然相对较小,但是却具有统计学意义。

朝鲜人的请求中,礼貌程度因权势和距离的变化而导致的变化要比美国人作出的请求中礼貌程度的变化更明显。而且,对于朝鲜人来说,因双方权势的不同而导致使用否定修饰语的频率不同的程度也比美国人的程度要大一些。这些结果不是证明朝鲜人比美国人更有礼貌,更精确地讲,而是朝鲜人在语言的使用中对人际特点更加的敏感。他们还发现了权势—性别交际中的礼貌的显著性差异——男人把权势看得比女人要重。这些发现对于跨文化交际有着很重要的意义。首先,他们认为在对情景的感知中,同样的情景下,文化不同和性别不同可能导致礼貌等级的不同。而且,在许多情景下,人际关系变量的不同也会导致不同的礼貌等级。

Holtgraves、Srull和Socall(1989)还进行了一些实验来检测说话人的地位对会话内容记忆的影响。他们的研究证明,在某些情况下,对于同样的话语,地位较高的说话人说出的比地位较低的人说出的更容易被记住,更具有断言性。这一结果为影响话语编码的说话者的地位提供了证据,也为言语形式和人际变量(说话者地位)之间相关这一观点提供了证据。

更重要的是,这一研究为Holtgraves(1992,1994)的有关权势、距离和强加程度三个变量对间接请求的理解产生的影响的实验打下了基础。但是Holtgraves(1994)的研究只检测了人际语境的特征之一(即说话者地位)在间接请求过程中的作用。听话人和说话人的平等关系很有可能延伸到人际领域,他的实验结果证明了人际语境在理解某些间接请求中所起的作用。他进一步证明了,规约形式的处理过程并没有受到说话者相对地位的影响,这和过去的研究中认为非规约形式受到说话者地位的影响是一致的(Gibbs,

1983）。

Holtgraves（1997）改进了他的实证研究来衡量人们是直接地还是间接地表达他们的意图的，以及他们是否通过采用 CIS（会话间接性量表）的方法在他人的话语中寻找间接意义（其中要求参与者完成有关拒绝请求，消极公开和消极观点的一些题目）。他阐述了评价间接（一个人表达其话语的直接或者间接程度）语言产出的措施的发展和效度的问题及其对间接语言的理解问题（一个人从别人的话语中寻找间接意义的程度）。

他还用这一量表研究了跨文化交际（朝鲜人使用间接语言和寻找间接意义的可能性比美国人可能性要大）和会话处理中的个人差异（在量表中得分高的人比得分低的人更可能理解某些间接意义，也更可能使用间接意义）。然后他把这一结果和他之前对地位、权势和关系距离对间接语言的理解中的作用的研究试验做了对比。他的研究对进一步研究请求的间接性提供了最初的概念和测量工具。

2.4.6.2 其它方面对请求（间接请求）的研究

请求的其他方面的研究也值得我们探讨。

首先，字面意义、表达意义、规约性和语境等都是学界普遍关注的话题。Clark、Lucy（1975）在他们的实验中研究了当需要人们去处理规约性的表达请求时，理解表达意义的重要性，并提出了一个理解模式。根据他们的解释，对所表达的请求的理解的理论包含三个构成部分：1）句子的字面意义；2）被感知的语境；3）所谓的会话假设。

他们认为听话人首先构建一个字面意义，然后检测其运用的语境，如果不合适的话，他们就运用会话假设来推断出一个请求真正表达的意义。他们认为这一实验结果是对于他们所构建的对间接请求的理解模式的一种有力支持，在这种理解模式中，听话人在推断间接意义之前先构建字面意义。

很明显，这一理论是靠字面意义和表达意义之间的区别做支撑的。但是两者之间的区别似乎并非那么清晰。例如，他们把短语"翘辫子，死了"和"你能把门打开吗"这一请求看作是习语。很明显，Clark、Lucy 认为的这种区别还不能成为他们的模式的坚固的基础。因此，他们的理解间接请求的模式肯定会受到很多后人的批评，会被许多学者认为是不适用的。

Munro（1979）从对加州大学校园中的行人的请求中观察到的证据来支持他的理论，他认为，在听话人的思维中，间接请求不仅可以激活"字面"意义，还可以激活"被表达"意义。他的研究证明，在听话人的思维中，间接请求的这两种意义可以同时产生，并非有着严格的先后顺序。

Gibbs(1983)研究了人们在理解过程中是否像通常那样来处理间接请求的字面意义。他的由两个句子引导的实验结果揭示了人们并非总是计算规约性间接请求(如"你能把盐递给我吗")的字面意义,即便是在字面意义语境下,人们对这些话语的规约的,非字面的理解也存在偏好。这些数据可以支持这一观点,即对一个句子的字面意义的理解并不是一个绝对的过程。

相反,人们似乎是通过语言使用的已有规约来理解更多的规约的隐喻的话语。Gibbs(1983)认为,人们不仅对许多非字面话语的规约性理解存在偏好,而且也有证据证明这些话语的规约性程度是不一样的。这些规约性方面的区别不仅影响人们对话语,比如间接请求的产出,而且也影响对这些话语的理解。Gibbs(1981)对各种间接请求规约性的标准进行了收集,然后检测受试者在不同的故事中需要花费多长时间来读这些请求话语。

他的研究结果并不能支持 Clark、Schunk(1980)的结论,即人们经常对请求的字面意义进行推断。Gibbs(1986)的研究还证明了,在不同的情景下,人们更喜欢陈述他们的请求,以便向听话人最详细地描述此请求中的障碍因素。这就说明,间接请求的明显的规约性取决于说话人为使听话者能够满足自己的请求而向听话人描述的障碍的程度大小。还说明,为使听话人能够满足间接请求,而对潜在的障碍进行的描述会影响对这些话语的理解速度。因此,对恰当和不恰当的间接请求的处理时间的差别并非取决于句子本身的特点,而是由间接请求和其所产生的语境之间的关系所决定的。

其次,我们将对为克服满足请求的障碍而提出的请求的方式进行综述。Francik、Clark(1985)做了一些实验来证明,说话者估计到满足请求的潜在的最大障碍,试图通过选择间接的或者条件请求来避免它(条件请求或者排除障碍的请求,通常是由间接请求完成的)。例如,如果说话者认为听话人可能记不住音乐会的时间,他们会以听话人记忆音乐会的时间为条件而选择"你能记得今晚的音乐会是什么时候开始的吗?",其意义是"你是否知道音乐会几点开始,如果你知道就告诉我"。在选择请求方式时,在大多数的情景下,说话者都会试图尽可能详细地指出其障碍。

Frank、Clark(1985)描述了人们处理障碍的三种方法。第一种方法是设计一个以没有障碍或者消除障碍为条件的间接请求,障碍描述越具体,条件就越具体。第二种方法就是通过更加实用的条件请求来克服笼统的或者不具体的障碍。第三种方法是通过转弯抹角的办法。当人们发现没有特定的障碍时,他们就作出无条件的请求。人们经常使用这些策略来设计一个最能克服障碍的请求。

再次,我们将回顾一下有关两种过程(习语化过程和多种意义过程)和礼貌之间关系的研究。Clark、Schunk(1980)列出了他们研究中的三个要点:请求的礼貌、对请求回应的礼貌及其对间接请求的理解。

第一,他们指出,礼貌至少是由两个因素决定的:1)间接请求的字面意义,2)字面意义的意图的严肃性。虽然严肃性是由请求的规约性决定的,但它更是由一系列包括规约等在内的因素所决定的(Clark,1979)。

第二,他们认为,对一个请求反应的礼貌程度是有注意力假设所决定的,注意力假设是从 Brown、Levinson 的面子理论中得出来的。这就意味着,听话者对说话者的请求的各方面关注程度越高(合理的情况下),其礼貌程度就越高。听话者关注的两个主要方面是间接意义和字面意义。

第三,他们提出了两类理解过程:习语化过程,这个过程是创造间接意义的过程,除此之外,没有其他的功能;多种意义过程,这个过程是创造字面意义和间接意义的。他们进一步解释说,在两种类型中都存在对间接意义的推断,根据请求的不同,礼貌程度也会有差异,礼貌程度不是任意的,而是像在面子理论中推断的那样,是由字面意义决定的。

Clark、Schunk(1980)的结论是,除了期望自己特别礼貌的情况外,人们会使用习语化过程。但是,如果礼貌是其交流本身的一部分时,使用多种意义的方法就显得很小气。他们的结果中有两点是很明确的。首先,礼貌基本上根据礼貌的成本——收益理论计算。其次,理解请求似乎要求理解其直接的意义的同时,还要理解其间接意义。事实上,他们认为,人们通常会对间接请求的字面意义和间接意义都进行推断。他们需要推算说话者是否礼貌,来决定自己需要礼貌地、不礼貌地还是中性地作出回应。

2.4.6.3　关于脑伤患者间接请求的研究

Weylman、Brownell、Roman 和 Gardner(1989)从言语语境和措辞的规约方面对右脑(RHD)受损和左脑(LHD)受损病人作出的间接请求进行了研究。左脑和右脑单方面受损的病人做了此次试验,来检测他们正确地理解间接请求的能力(例如,你能把门打开吗?),这些间接请求是嵌入小插图中而且没有插图说明的。

每一张小插图都混合了两种言语线索——语境与形式规约,这样的设计是用来影响每幅画结尾的话语的。其中语境是有偏向的,以便帮助受试者把直接的字面意义看作是一个问题,或者把间接的意义看作是一个做某行为的请求。这些话语本身要么是规约性很高(比如,你能……?)很有可能被理解为间接意义,要么是规约性很低(比如,你做……有没有可能性?)很有可能被理解为直接意义。

他们的研究结果证明,和控制组相比,RHD 病人在根据语境信息进行判断的能力方面受到了严重的损害。RHD 病人在使用语境和规约性方面的表现和失语症患者和 LHD 病人相似。这些研究结果和早期对 RHD 病人进行的有图片支持的图表实验的结果有相似的地方,同时也扩展了此项研究(Foldi,1987;Hirst et al.,1984)。这些结果证明,RHD 病人在使用言语语境时表现出了其受到的损伤,这种损伤是和他们在使用图片信息时的损伤不一样的。

这样研究结果也和其他越来越多的证据一样,证明右脑在综合先前的知识和新信息时所起的作用。他们的更重要的发现之一是,受试者时不时地会对话语的规约性表现出特别的敏感(Clark,1979)。相对于规约性低的话语来说,规约性高的形式增加了其被认为是间接请求的可能性,减少了其被认为是字面的关于能力问题的可能性。他们的研究引起了有关间接请求及其言语行为的一些话题。

它们不仅证明了右脑在使用言语语境理解话语中所起的作用,而且还认为这两种因素——语境和形式规约——被用来指导对间接请求的理解。Weylman、Brownell、Roman 和 Gardner(1989)在对于影响话的直接性程度的成分方面比其他的学者有更深刻的认识。他们把语境信息和语言形式的规约看作是揭示说话者意图的主要因素。遗憾的是,他们没有具体描述他们的插图所依赖的具体语境变量。因此,我们不知道在这些插图中哪个因素被认为是影响对话语直接性的理解的刺激因素。

Stemmer、Giroux 和 Joanette(1994)研究了右脑受损的病人对请求的产出和评价。他的理论框架是建立在跨文化语用学的基础上,他们试图提供一个评价机制,来系统地描述 RHD 病人的请求话语的产出以及对直接的和非规约的间接请求话语的评价。对产出数据的分析证明,和控制组相比,RHD 病人在非规约间接请求的应用、外部请求修饰语、非规约间接请求的评价及其对命题的使用上等方面的表现都很异常。

而在直接请求、规约性的间接请求和内部请求修饰语方面并没有发现产出行为的异常。而且,在对直接请求的评价这一方面,RHD 病人的表现和控制组的表现很相似。对结论进行讨论之后,他们提出了一个心理模式作为其研究的解释框架。

他们的研究表明,RHD 病人能够在语篇层面上和情景层面上建立一个心理表征,但是如果涉及的模式超过一种的话,在监控和计划一体化过程中就会出现一些问题。他们指出,注意力和视觉空间能力可能会影响 RHD 病人的言语能力和评价能力。

Stemmer 等人（1994）的研究表明，RHD 病人和控制组受试者在直接刺激下的请求序列的产出、直接请求策略和规约性间接请求策略的产出及其在对直接请求的评价方面的表现都有相似的地方。虽然 RHD 病人也产出了相似数量的非规约性的间接请求策略（暗示），但是他们和控制组在对暗示的运用方面表现得不同。而且，在使用外部请求修正语辅助性话步方面，两组受试者表现也不同。

RHD 病人不顾前面的刺激物的类型，产出了相同比例的辅助性话步，而控制组受试者在间接刺激物之后比在直接刺激物之后产出的辅助性话步要多。对于评价任务，大体上来讲，研究者发现，和控制组相比，RHD 病人认为间接请求的直接性层次（是被作为两种刺激物种类的回应呈现出来的）更加直接。而且，和控制组相比，RHD 病人认为直接刺激物的类型后的间接请求出现的可能性更大一些，间接刺激物类型之后的间接请求出现的可能性会小一些，而且也更加不礼貌。

他们的发现说明 RHD 病人在表层、语篇层面及情景层面都能够建立一个表征，或者是刺激物的心理模式。表层和语篇层面的模式是基于直接请求策略和规约性直接请求策略以及从刺激物得来的心理模式而构建起来的。只要作出回应包含在心理模式框架中的计划和监控，RHD 病人就和控制组在作出直接和规约性间接请求方面表现很相似。

但是，对于非规约性的间接请求（暗示），表层和派生的语篇模式不一定会和从刺激物中推断出的心理模式保证一致。这就说明有可能会涉及一种以上的心理模式，即基于刺激物而构建的心理模式和基于非规约请求构建的心理模式。描述心理模式时需要一些计划或者监控类型，这些计划或者监控是和从刺激物中推导出的心理模式一致的。似乎问题就出在处理这个阶段，即对一种以上的心理模式整合进行计划或者监控。

RHD 病人似乎不能计划或者监控间接刺激物后出现的外部请求修饰语支持话步的使用，这一事实可以支持这一观点。一些相似的推理可以解释 RHD 病人对于直接和间接请求的评价的行为。受试者完全可以处理直接请求，因为源于产出刺激物的心理模式和源于直接请求的心理模式是一样的或者非常的相似，可以直接地进行匹配。

McDonald（1998）对因大脑受损而执行功能有可能受损的人和控制组在请求产出任务方面做研究，他们要求受试者作出可以避免听话人不情愿的非规约请求。和控制组相比，大脑受伤的受试者产出具有障碍的请求的可能性要小一些，产出其他类型策略的可能性也不大，而是更倾向于作出一些正好相反的请求。

这些表现是和执行功能的独立的神经心理措施相关的。他们的研究表明,抑制解除是和判断听话者不情愿的能力及其使用其他类型的策略的趋势都是成正相关的。McDonald 推测,抑制解除和其他策略之间的联合可能会反映出这些策略的更多的属性,在这些策略中最不合适的策略被归入"其他"策略之中,而它们本来可以真实地反映轻度抑制解除行为。

Brownell、Stringfellow(1999)研究了影响请求产出行为的一些因素。他们使用角色扮演的方法,从那些右脑受损(RHD)并完全康复的病人和大脑没有受损的人做控制组,并提取出一些请求。他们使用的刺激物有交际参与者性格特征的人际因素及其请求内容的情景因素等不同的因素。他们从每个病人那里都收集了大量的语料。

他们根据请求的直接性程度,解释请求的材料的数量(一个相对严格的计算请求语调的方法)和使用"请"的情况(一个相当简单的标志请求的机制)给这些语料编码。他们认为,通过对病人的表现逐个进行分析可以揭示普通领域中的一些异常的特殊的特点。他们的研究表明,一些病人比控制组产出的解释性的支持材料要少,具有请求脚本功能的解释材料的数量并没有差异。

有趣的是,这些病人中的某些人过度地使用"请",对这一具有请求脚本功能的简单机制的使用也没有差异。他们所观察到的话语策略,很有可能是由于语用意识和话语的计划等的不足而导致的。这一结果可以细致地描述 RHD 病人的反常的话语。我们认为,他们的请求中支持性解释材料的相对不足可能使病人的反应看上去很粗鲁或者不得体。

2.4.6.4 Gibbs 对请求记忆的研究

Gibbs(1981,1985,1986,1987)的研究已经证明,人们对非规约性间接请求(比如"吃一个汉堡怎么样?")的表面形式要比对规约性的间接请求(比如"我要吃个汉堡")的表面形式记得更清晰一些。实际上,他认为非规约间接请求本身并不比规约性间接请求更容易记忆。相反,是语境中的间接请求的规约性决定了记忆的难易程度。实验也证明,在没有语境的情况下,人们对规约性间接请求和非规约性间接请求的认识是没有区别的。

Gibbs 还认为,在交谈中为了预料潜在的阻碍听话者满足请求的原因或者障碍,说话者要明确地表达出自己的请求。例如,当一个听话人可能拥有自己想要的某个东西时,说话者就会预料这种障碍,并相应地设计自己的请求,通常会说"你有……吗?",或者当听话者所面对的主要的潜在障碍是他或她是否有能力提供想要的行为、物体或者信息时,说话者就会通过说出

"你能……吗?"这样的句子来表达请求。

通常,说话者设计自己的请求时,会考虑听话者的计划和目标(Francik and Clark,1985;Gibbs,1985),用这种方式表达的请求会使得话语更容易被理解(Gibbs,1986)。这就是说,使某些间接请求看上去显得规约性的原因,就是人们会把具体的障碍和不同的情景联系起来。说话者懂得最适合这些情景的句子形式是什么,听话者会使用这些表面的信息来理解说话者的意图。

结果发现,会话中的请求记忆有可能还取决于说话者请求的方式,这种方式是说话者为了预测听话者要满足此请求所可能遇到的障碍而设计的。他们的研究为以下的观点提供了证据:说话者对听话者的目标和计划的评价也会影响听话者对间接请求的记忆。换句话说,对对话的记忆部分取决于在某些社会语境下的话语的规约性,人们对非规约间接请求更容易记忆,是因为在具体的语境下这些请求并没有详细地把障碍呈现出来。

Gibbs(1981)对请求的逐字记忆研究中,受试者能很精确地回忆起社会地位高的说话者的礼貌请求,而对社会地位低的说话者的礼貌请求却不能记忆。相反,他们能够回忆起社会地位低的说话者的不礼貌请求,而忘记或者曲解了社会地位高的说话者的不礼貌请求。这一结果证明了我们的推断:违背会话规约的请求比遵守会话规则的请求更容易记忆。

至于非规约间接请求的表层形式比对规约间接请求的表层形式更容易记忆的原因,Gibbs(1981)指出,一个可能的解释就是,非规约间接请求形式更粗鲁。另一个解释这一观点的原因是,非规约间接请求比规约间接请求更"互动"(Keenam et al.,1977)。Gibbs首先提供了证据,证明只用"粗鲁"这一概念解释会话中的规约和非规约间接请求的记忆是不充分的,然后又给出了一些原因否定了这一观点。他认为,非规约间接请求更容易被记忆,是因为受试者必须对这些话语作出更复杂的推断,以便理解说话者的意图(Gibbs,1981)。

Gibbs还指出,一个违反了控制请求形式的会话规约的说话者,如果不能恰当地权衡礼貌和直接性,将会付出两种代价:请求失败,以及这种不恰当的请求将会被精确地记住。

Gibbs的研究引起的一个重要的推论话题,即请求记忆是一种重新构建还是直接检索。Bates等人(1980)找到了支持以下观点的证据:对表层的记忆实际上反映的是一些直接检索而不是重新构建。Gibbs的观点似乎也支持直接检索的观点。

2.4.6.5 关于请求言语和非言语成分及其互相作用方面的研究

Grabowski-Gellert、Winterhoff-Spurk(1989)从1983年到1989年进行了一系列纵向的试验。在这些试验中,受试者或者需要判断言语的和非言语相结合的请求,或者是他们自己产出这种言语和非言语相结合的请求。为了找到一个恰当的交际的数学模式,他们使用了相联系的措施。

他们的研究结果证明:1)有证据证明非言语成分和言语成分一样,是在系统的交际的计划过程中产生的,不是在言语成分之后增加上去的,这和普通的言语产出理论中解释的是一样的。2)情景特征本身并不会影响计划过程,但是,很大程度上决定着对相关的成分变化的选择。和Hermann(1985)的言语心理学概念中的信息处理方法相一致,他们强调的是一个言语交际的产出模式。

他们还研究了角色扮演中关于请求的言语和非言语成分之间的系统连接问题。他们让受试者给自己的好友呈现一些直接性程度不同的请求。并用录像带记录了他们的非言语行为。结果证明,那些非常直接的和明确的陈述,是通过非言语的微笑和使用疑问语气来修正的(虽然没有用疑问句),以便使听话者更容易答应。间接话语(例如,我现在想喝一些咖啡)可以被理解为一个陈述或者是一个请求。当要求受试者用这些句子构建一个请求时,他们会比当其被仅仅被作为一个陈述时,使用更长时间的眼睛接触来区分其语用意义。

Grabowski-Gellert、Winterhoff-Spurkd的研究阐明了三个要点:1)似乎言语和非言语成分在功能上是相互作用的;2)情景特征会对单个成分的变体产生重要的影响;3)功能请求的产出可以通过系统地选择言语前认知语义输入(直接性变体)和通过系统地组织语言表层(句法变体)而取得成功。

Grabowski-Gellert、Winterhoff-Spurkd的研究还指出,对于时间表现顺序,至少有四种非言语元素。有些在言语部分之前就显示出来(Pechmann,1984;Levelt et al.,1993),例如,快速过程比如快速手指手势,或者不太容易被修改的成分(和听话者的空间距离;或者体态语);有的成分是和言语成分平行出现的,但是是独立于言语成分的(Scherer,et al.,1984);最后,还有一些非言语成分是在随后被添加到话语中的(例如,一个最后的微笑;Winterhoff-Spurk,1983)。

如果从功能方面分类,至少有两个重要的类型。第一,定义成分(例如,姿势)在话语开头的地方就出现,而且很难改变(或者只能生硬地改变)。第二,在话语产出过程中,为保证礼貌和直接性等,而进行的调节性成分,这些成分可能是有约束的。这一功能可以由言语成分比如小品词、对词语的选择或者命名等方式实现。

2.4.6.6 关于身势语相关间接请求方面的研究

Kelly、Barron(1999)研究了手势语在语言理解和记忆中的语用作用。他们发现,和单独呈现出来的语言相比,人们更可能把伴随有相关手势语的语言理解为间接请求。他们做了两个试验来证明手势对间接请求有一定的意义,以及只有言语和手势的结合才会产生间接请求的意义。

他们的第一个试验主要检测人工手势在理解间接请求中的作用。他们认为,间接请求是一个语用上很含糊的话语,因为信息中的言语部分(例如,口语或者书面语)在请求和陈述之间并没有区别。例如,当有人说"这里很热"的时候,听话人一定会考虑这个话语的交际语境来判断说话者是想用此来请求做某事,比如开窗户,或者只是一种评论。从先前的研究中,我们可以看出多种因素在理解间接请求中的重要性。

特别是会话含义(Clark and Lucy,1975),预料听话人满足请求的潜在的最大障碍(Francik and Clark,1985;Gibbs,1986),规约性(Gibbs,1983),及其说话者和听话者相对地位(Holtgraves,1994)等都应该被考虑的。试想一下,当有人指着关着的窗户说"这里很热"的时候,你是怎样理解这个话语的。

这些研究证明,一个伴随间接请求的手势将会增强听话人理解间接请求意图的可能性。Kelly、Barron(1999)对比了受试者对那些只有言语的条件下和言语加体态语的条件下,产出的有意图的行为反应的次数百分比,他们发现,在只有言语的条件下,参与者理解请求意图总数的42%,在言语加体态语的条件下,参与者理解请求意图的总数的71%。这就说明,在这个实验中使用的指示体态语可以帮助理解间接请求的具体意图。他们所收集的数据为 Clark 的符号类型学提供了实证方面的支持,认为言语和指示手势对理解间接请求都有影响。

在第二个实验中,Kelly、Barron(1999)引入了三种情景:只有言语的情景、言语加手势情景和只有手势的情景(只有指引手势没有言语的)等。采用这三种情景,他们试图来控制手势本身在言语加手势情景中单独起作用的可能性。他们总的判断是,在言语和手势相结合的时候比在只有言语或者只有手势的条件下,人们对间接请求的意义理解要更好一些。实验结果证明,在言语加手势的情况下,参与者能够回应的次数是72%,而只有言语的是55%,只有手势的是42%。两个实验的结果能够充分证明,言语和手势相结合能更好地决定间接请求的意义。

2.5　小结

　　这一章我们回顾了有关间接请求的理论和调查研究,试图找出一些理论或者模式来帮助我们理解间接请求的构建。基于这一目的,我们回顾了三种行为:言语行为、间接言语行为和间接请求行为等。

　　首先,我们对以下有关言语行为的理论和概念作了回顾:三种言语行为、规则控制的行为、话语的字面意义和说话者意义、表述性假设、规约和意图、合作性言外行为、在分析言语行为和语内表现行为时可以替代规约性的互利性、基于实证研究的认知模式、言语行为可以被看作典型的语用现象的观点、语用相互作用理论以及言语行为 ICM(理想化认知模型)等。从以上分析,我们发现两个问题:1)许多学者的研究主要集中在语言间接性方面,文化对言语行为的影响,比如 Austin(1962),Brown、Levinson(1987),Leech(1983),Blackmore(1993)和 Grundy(1995)。2)他们的研究主要强调交际者双方的相互作用,例如 Grice(1975),Hancher(1979),Hornsby(1994),Croft(1994),Thomas(1995)和 Marmaridou(2000)等。这两个话题是和对间接请求的理论理解紧密相关的。

　　其次,我们对以下有关间接言语行为的理论和概念作了回顾:首次解释间接言语行为的会话公设理论,认为某些形式已经成为标准的习语形式的规约理论,会话分析理论;两种类型的规约,即语言规约与用法规约;三个特点,即意图性、危险性和代价,直接和间接性;六个意图,即避免和说话者目标冲突、之前这样用因而没有改变的必要性、给说话者一个退路、为了礼貌和娱乐、一种获得或者维持话语权的策略等。

　　对这一方面的回顾,我们发现了以下三个问题:第一,Gordon、Lakoff(1971)的理论不能区分不同种类的间接言语行为。第二,跟 Gordon、Lakoff 的理论相比,Searle、Morgan(1975)的理论的主要优点,是他们发现了话语的用法和话语形式的联系,因此,能够区分不同的间接言语行为。但他们的问题是,他们坚持话语的特定形式这一特点,因此,不能像 Gordon、Lakoff 那样对其进行概括,而且 Searle、Morgan 也没有详细地解释他们所说的规约性是怎样依赖语境的。

　　再次,Levinson(1983)的理论只解释了很小一部分的间接请求形式,因此,不能和 Gordon、Lakoff 及其 Searle、Morgan 的解释相提并论。但是,Levinson 的理论的优点是他试图把间接言语行为和更多的会话实践联系在一起来进行解释,LoCastro(2003)的三个特点和六个意图是对间接言语行为的一个很重要的分类研究。

最后,我们从间接请求的六个方面,即哲学方面、语用学方面、跨文化交际方面、中介语学习、二语习得和外语教学方面、计算语言学方面和心理语言学方面对间接请求进行了综述。在哲学方面,我们回顾了请求及其澄清请求的各种概念。在语用学方面,我们对产出请求及其回应请求的策略,请求形式及其语言变化,请求形式和礼貌等都做了陈述。

在跨文化交际方面,我们对跨文化言语行为实现工程中的请求,英式英语和美式英语中的请求,英语和日语中的请求及其回应,从不同的文化和社会价值方面研究汉语和德语中的请求类型、具体使用、礼貌和间接性等方面都做了回顾。在二语习得和外语教学方面,我们主要回顾了听力理解和对请求的理解之间的关系、请求形式的语言规约和在某些文化和社会规约中的请求、教师提出请求的方式、教师请求行为的识别和分类、教师教二语学生弱化他们请求的方法、培养他们在不同的情况下使用请求的意识等。

在计算语言学方面,我们回顾了间接请求的计划。在心里语言学方面,我们的回顾主要集中在以下五个方面:第一,间接请求与社会语境的关系,间接请求和礼貌的关系;第二,间接请求的表达意义,对其字面意义的理解;第三,大脑受损的病人产出的间接请求;第四,请求记忆;第五,言语和非言语对请求的相互作用。

通过这些文献综述我们发现,现有的研究或者是局限于理论方面,或者只局限于实证方面,但是没有跨学科的研究。因此,有关言语行为,特别是间接请求的发起,是不可忽视的。也许在各个范围的学者只注重本范围内的研究和理论发展,从没有尝试把他们的理论和其他范围的理论相结合。这就是之前的研究的不足之处。这也是我们选择这一话题作研究对象的原因。

第3章 | 理论框架

3.1 引言

在过去的 20 多年里,对具有间接意义的话语的方式的理解始终是语用学研究的重点,但是,被研究的间接请求的种类非常有限,跨学科的研究从来没有出现过。因此,从现有的研究中我们没有现成可借鉴的理论用来作为我们的理论框架,我们只能借助相关的理论作为本研究理论框架的依据。

在这一章,我们主要讨论理论框架背景和本研究的结构。该章的第一部分将从语用学方面呈现理论背景,主要涉及礼貌的三个方面:1)社会规范观,2)维护面子观,3)会话规约观(Fraser,1990;Fukushima,2002)。第二部分主要从心理语言学和其他学科方面呈现理论背景,主要讨论 Levelt(1989)的理论模式和 Faerch、Kasper(1983,1986)的言语产出模式,Meyer(1994)的言语行为构建过程的概念和 Gibbs(1981,1986)的障碍假设,等等。第三部分将主要阐述一个新的基于复式理论的跨学科的研究方法来进行目前的研究。

3.2 语用方面

对语言的研究中,礼貌已经成了社会语言学和语用学中的一个中心术语(Watts,2003:24)。对礼貌的研究已经有几个世纪了,已经出现了许多有关礼貌的模式。在这一部分,我们将从语用学方面对礼貌进行讨论:社会规范观、维护面子观和会话规约观,重点讨论 Brown、Levinson(1987)的面子威胁理论和合作原则中的准则。

3.2.1　社会规范观

社会规范观包括礼仪、举止规范、社会规则等,也就是做什么和不能做什么的问题(fukushima,2002)。它强调"把礼貌看作是和言语风格结合在一起的,正式程度越高被认为是越礼貌"(Fraser,1990:221)。这种社会规范观和 Watts(2003)提出的礼貌模式是一致的。Watts 的礼貌模式给一级礼貌下了定义(礼貌 I),认为一级礼貌是一个普通意义的概念,二级礼貌(礼貌 II)是一个理论构建。他的模式包括两个主要的概念:得体行为和语言礼貌。

"得体行为"指的是在一个社会群体平等的状态下,为了建立并(或者)维护人际关系,由社会文化决定的一种行为。这种行为在 Bourdieu(1990)的实践理论中被认为是和习惯有关系的,因为它解释了在一个特定的社会领域内的特定类型的交际中,哪种类型的语言结构是人们所期望的。这种行为包括被期望行为的具体化的结构以及变成个人习惯的这些结构的组合。Watts(2003)指出,那些不属于交际类型中得体行为的行为被认为是不恰当的,并被归入不礼貌行为的行列。很明显,得体行为是与社会规范和言语风格紧密相连的。

"语言礼貌"指的是任何超越得体行为界限的言语行为,潜在的被归入"礼貌"的范围之内,其中包括反语、冒犯和辱骂。但是,语言结构的礼貌并非就意味着它会被给予一个积极的评价,相反的评价可能更容易发生。因为这个原因,在言语交际中的大脑网络发展过程中,那些被认为是礼貌的话语对权利的习得和实践起着很重要的作用。自然网络理论认为,每一个话语都表达了一定的价值,必须由其他价值类型对其作出回应。只要得体行为范围内的对话继续下去,"付出"就很可能被忽视,但是如果不是被付出的话,它就会受到关注。超出要求的语言付出被理解为是礼貌的(Watts,2003:161)。

Watts(2003)的解释说明了得体行为是一种言语的或者非言语的行为,是说话者构建的对正在进行的社交活动的一种恰当的行为。这种构建也许是在说话者和听话者进入交际活动之前就已经作出了,说话者可能明白或者能够弄明白哪些行为是得体的。这些得体行为将会规约地适应不同的情景。例如,当一个人想借 60 英镑来付账单,必须向同事借一些钱时,他知道怎样用一种礼貌的方式进行,比如他通过使用"您能借给我 60 英镑吗?"或者"你能借给我 60 英镑吗?"等话语来开始他的请求。

他的同事也知道,在说话者开始向他借钱之前,说话者将会用一种礼貌的方式借钱。说话者和听话者都知道必须用一种礼貌的方式作出请求。这种得体行为是由一种自动的规约的方式完成的。言语礼貌只能在实际的社会环境下才能够被识别出来。通常,需要的语境信息的数量和说话者视角及其听话者视角都被考虑在内的。

Watts(2003)的研究说明,社会语境和情景特征在言语礼貌的使用中起着重要的作用。很明显,Watts 的礼貌模式是以社会规范和社会语境为基础的,是很难运用到实证研究中的。

3.2.2　维护面子观

Brown、Levinson(1987)的礼貌理论通常是指一个和礼貌有关的,维护面子的理论。正像他们自己所讲的那样,他们的理论是在 Goffman(1955)的面子的概念的基础上发展起来的。同时,它也是建立在 Grice(1975)的合作原则(CP)的基础上,因为他们认为,为了维护双方的面子,每个人都对合作很感兴趣(Brown and Levinson,1987)。

和 Leech(1983)的礼貌原则(PP)相比,Brown、Levinson(1987)的礼貌理论代表了一种构建有关个人是怎样产生言语礼貌的理论的尝试(Watts,2003:85)。也就是说,它是一种基于说话者的产出模式。Brown、Levinson(1987)的模式集中在说话者一方,而 Leech 的礼貌原则的重点却是在听话者一方。Brown、Levinson(1987)认为,Grice(1975)的合作原则和他们的理论中的任何所谓的礼貌原则都是不一样的,因此他们提出了一个礼貌模式来解释 Grice 的合作原则中的偏离的地方。换句话说,Grice 的合作原则给Brown、Levinson(1987)的礼貌理论提供了一个基础。Brown、Levisnon(1987)的模式是目前有关礼貌的最有影响的理论。

3.2.2.1　积极面子和消极面子

在礼貌理论中,"面子"被理解为个人的自我价值或者自我映像的感觉,Spiers(1998)解释说,这种映像可以通过和别人的交际而损坏,丢失,被维护或者增强。因为维护某人自己的面子是建立在维护他人面子的基础上,因此,对于交际者双方来讲,维护对方的面子是他们共同关心的。Brown、Levinson(1987)认为这种互相的易损性意味着人们在交际中是合作的,而且假定其他人在不断地维护面子方面也是合作的。根据 Brown、Levinson(1987),面子可以分为两方面——积极面子和消极面子。

积极面子是和人的基本的自尊和控制的需要紧密相连的,它包括对自己外表、智力、基本的处理问题的能力的感觉,能从渴望被别人喜欢、接受、承认、赞同、尊敬和感激等方面体现出来。积极面子是由理解、喜爱、团结、和对某人品质的积极评价或者正式的认可所体现出来的,但是,积极面子会受到消极情感、不同意、批评及其提及禁忌话题等的威胁(Brown and Levinson,1987;Lira and Bowers,1991 等)。

因此,道歉和接受称赞被看作是对说话者积极面子的威胁,因为在第一种情况下,说话者表明自己对前面做了面子威胁行为(FTA)表示遗憾,因此会损害自己的面子。在第二种情况下,说话者可能会感到自己需要通过一些方式来回报这些称赞(1987:68)。

对消极面子的威胁包括那些侵犯某人自由、领域、思想以及行为自由的活动(Brown and Levinson,1987;Lira and Bowers,1991),一个人的消极面子体现在独立自由的欲望,也就是不被强加。因此,请求、命令、威胁、暗示、警告、建议等是威胁消极面子的行为,因为说话者将会给听话者做某事或者禁止做某事的压力。表示感谢或者接受帮助也被认为是对说话者消极面子的威胁,因为表示感谢时,感谢可能被看作是一种告知对方自己欠对方的债,因此说话者扫了自己的面子;在接受别人帮助时,说话者会被强制接受一种债,侵犯听话者的消极面子(Brown and Levison,1987:67)。

其他威胁消极面子的行为还有帮助和许诺等,使听话者处于欠下说话者债务的行为。表达嫉妒和羡慕、赞许或者强烈的憎恨、发怒等消极情感也是对消极面子的威胁。这些威胁要求一些回应:接受或者感激说话者,否定和抗拒赞许,或者对说话者作出诚实的评价。除此之外,在某些言语行为中威胁别人的面子就有可能威胁自己的面子。

这种双重的威胁包括愚蠢地做某事,认错,承认有罪,忽视自己做了某事,没有做某事或者知道某事的责任(Brown and Levinson,1987)。请求行为威胁了说话者的消极面子,因为要想实现请求,就使说话者有一种感激之情,有义务去回报。作出愚蠢的评价或者错误的行为时,因为必须处理一种尴尬场面(在能力和喜好等方面,听话者的消极面子被看作是一种义务,因此威胁到了双方的消极面子),要纠正错误(积极面子和消极面子都受到威胁),要解释错误(消极面子,避免强加和侵犯的自由受到威胁)从而威胁到消极面子,因此也是对面子的威胁。

3.2.2.2　面子威胁行为

Brown、Levinson(1987)的礼貌理论是以言语行为为基础的,他们的理论的核心概念就是面子威胁行为,这实际上是和 Goffman(1955)的面子管理行为密切相关的。和 Goffman 的假设一样,他们的面子工作包括维护每一个参与者的面子,以便使社交能够持续下去,因为社交活动有可能威胁到说话者和(或者)听话者的积极面子和(或者)消极面子,因此,把面子威胁减小到最低程度是为了所有参与者的利益。

这种面子威胁现象在社会交往中是普遍存在的。因此,有社交能力的人一定有办法在执行面子威胁行为的同时,维护双方的面子。随着威胁程度的增加,使用表现更高礼貌程度的策略的趋势就会出现。为了把消极面子的威胁降到最小,同时通过表达尊敬和喜欢来提升积极面子,人们会结合使用积极礼貌和消极礼貌策略(Brown and Levinson,1987;Lira and Bowers,1991;Wood and Kroger,1991)。

3.2.2.2.1　礼貌策略

只要每一个说话者都是理智的,便会选择最有效的方式来实现一个特别的行为,这经常就关系到面子威胁。这时,说话者从五个总策略和一系列的子策略中选择一个策略,这一策略最适合减少其面临的特定的面子威胁。这样,对于听话者来说已经很清楚了,任何的面子威胁都是非故意的(Barron,2002)。

说话者可以选择的五个总策略是按照礼貌程度由低到高、直接程度由高到低的顺序排列的(Brown and Levinson,1987),其顺序如下:1)公开直接的行为;2)有积极补救措施的行为(积极礼貌);3)有消极补救措施的行为(消极礼貌);4)非公开的行为;5)没有面子威胁的行为。实际上,Brown、Levinson的五个总策略是按照最好的情况(不做面子威胁行为)到最不好的情况(公开执行面子威胁行为,没有任何的补救措施)相反的顺序排列的。

Brown、Levinson(1987)指出,这种从最不礼貌到最礼貌的等级顺序排列表明了对面子关注的程度。这就说明,最威胁面子的最不礼貌的请求是直接命令。因为,直接要求就说明没有尊重对方的行动选择自由的权利。相反,最礼貌的策略,也是对面子威胁最小的策略是通过避免出现请求来实现的。处于这两个极端的策略中间的是强调积极面子需要的策略和减少消极面子威胁的策略。

根据Brown、Levinson(1987)的理论,首先要作出执行还是不执行面子威胁行为的决定。如果说话者决定执行面子威胁行为,那就有两种可能性:

第一种是公开的,就是说话者的确做了这个行为,它又被分为两种。一种是直接的,就是总策略中的第一种,另一种是有补救措施的,Watts(2003)对其陈述为:1)选择一个策略是为了增强听话人的积极面子;2)选择一个策略会弱化对听话人行为或者自由的强加的程度,这是指的总策略中的第二个和第三个。Brown、Levinson的"直接的行为"指的是没有作出挽救听话人面子的努力而直接说出的行为。"有补救措施的行为"意思是弱化言语行为力量,给听话人面子,这样来抵消面子威胁行为所导致的潜在的面子威胁或者损失的行为。

第二种可能是非公开的,指的是第四种总策略。如果说话者认为对面子威胁的程度太大的话,他会选择避免面子威胁行为,也就是说,执行总策略的第五种。这五种总策略描述如下:

(1)公开直接地执行面子威胁行为。当有外部因素限制说话者必须很直接,或者有时间限制,或者有其他的限制,或者这些限制结合在一起需要说话者的效率最高时,例如,在紧急情况下,说话者很可能公开执行面子威胁行为,而没有补救措施,而且只集中在信息的命题内容上,很少注意自己言语的人际功能。

如果说话者认为面子威胁的程度很小,而且对听话人的面子威胁的危险很小的时候,比如在帮助,请求,建议等对听话人有益,而且对说话人也不需要付出很多的牺牲时,例如,当你请求一个你很熟悉的而且对你没有控制权的人,比如请求你的哥哥给你递一杯咖啡时,这个请求可能是很公开的直接的。其他不需要作出减少面子威胁的尝试,不顾强加程度的情景可以在权势差别很大的时候出现。在这些情况下,有权势的一方会经常使用公开的面子威胁行为而不作出补救措施。

(2)积极补救措施的行为(积极礼貌)。在 Brown、Levinson 的理论下,当考虑到听话人的积极面子时,你会使用积极礼貌策略。Brown、Levinson 列举了 15 种积极礼貌策略,从不同的语言中详细地描述了积极礼貌策略。

(3)消极补救措施的行为(消极礼貌)。消极礼貌是为了维护听话人的消极面子,是为了满足听话者不愿意被打扰或者别强加的愿望。消极礼貌可以从规约性的礼貌标语、尊敬标记语、使强加最小化等方面体现出来。Brown、Levinson(1987)列举了 10 种消极礼貌策略来证明在英语中的正常的场合下是很容易找到例子的。

(4)非公开地执行面子威胁行为。Brown、Levinson 的非公开的礼貌,实际上是指"用一种非常特别的方式作出的,以至于不可能只有一种很清晰的交际意图的交际行为"(Brown and Levinson,1987:211)。为了解释非公开策略是怎样帮助说话者避免执行面子威胁行为的责任,Brown、Levinson 列举了 15 种执行非公开礼貌的策略:三种适合 Grice 的关系准则(暗示、提供线索、预设),三种适合质量准则(使用否定、反讽、使用隐喻、使用反问句),五种适合方式准则(引起歧义、含糊、过度概括的、取代听话者、不完整地使用省略)。他们提供了证据证明他们也使用 Grice 的合作原则作为他们礼貌概念的基础。他们还提出非公开策略实际上是对 Grice 的准则的一种蔑视（Brown and Levinson,1987:214）。

（5）不执行面子威胁行为。Brown、Levinson 的不执行面子威胁行为的策略似乎是不言自明的,他们没有详细地谈论这一策略。

对于 Brown、Levinson（1987）的礼貌理论的运用,可以归纳为以下 4 个步骤：

（1）除非说话者打算高效地执行面子威胁行为,说话者就必须决定他希望某种程度上维护听话者的面子需要,这是确保听话者能够合作的一种理智的方式,是为了维护面子或者是为了其他的行为,或者两者都是。

（2）然后,说话者必须确定特定的面子威胁行为的面子威胁程度,考虑到澄清的需要或者不过分地强调潜在的面子损失的程度的需要,需要决定把面子损失降低到哪个程度。

（3）之后,说话者必须选择一个能够提供第二条所讲的维护面子程度的策略。保持听话者的合作要求选择的策略要和听话者被要求的程度的期望保持一致。

（4）说话者必须选择一个能够满足此策略的语言形式。因为每种策略都包含着一系列的礼貌程度,说话者需要考虑使用的具体的语言形式以及使用时互相联系而产生的整体效果。

3.2.2.2.2 决定礼貌策略的变量

在实现一个言语行为时,说话者需要从 5 个总策略中选择一个策略。例如,说话者需要选择策略(3)来表达规约性的间接请求"你能告诉我几点了吗?",但是说话者是根据什么原则来选择的呢? 根据 Brown、Levinson（1987）,这种选择是面子威胁相关程度的一个功能。为了减少对听话者或者说话者的面子威胁,他可能会采用特定的策略。策略的选择将会依赖说话者对面子威胁行为的严重性的判断。

说话者可以通过将三种独立的主要社会变量的相关的价值加在一起来计算其严重性（Barron,2002）。这些变量是:1)说话者和听话者之间的社会距离;2)说话者和听话者的相对权势,也就是说"以说话者的计划和自我评价为代价的听话者的计划和自我评价强加的程度"（Brown and Levinson,1987:74）;3)在特定文化中的强加程度的等级。

在计算这三种变量的基础上,说话者可以决定自己(1)是否不顾面子,执行此行为而不做道歉或者减少损失的补救措施;或者自己(2)是否选择一个积极的礼貌策略,使听话者感到舒服,并认为自己的价值被认可;或者更极端的情况(3)选择一个消极的礼貌策略,避免正面作答,道歉,提供其他选择项,或者表达自己想避免干扰听话人的行为自由的愿望。在面子损失很大的情况下,说话者还可以选择(4)通过蕴含(非公开)来执行面子威胁行为,使得听话者有不承认面子威胁行为意图的自由。说话者甚至还可以选择(5)放弃执行面子威胁行为。

　　作为变量的社会距离的影响是有争议的。Brown、Levinson(1987)的模式中假设社会距离的增加会导致礼貌的减少。正像这个理论所预测的那样,一些研究者已经发现了社会距离越远的场合下,会使用越礼貌的言语行为(Holtgraves and Yang,1990),而其他的研究者发现越熟识导致越礼貌(Baxter,1984;Leichty and Applegate,1991)。

　　Spiers(1998)认为社会距离应该和熟悉度和爱好区别开来。如果距离被看作是熟悉度,那么在不熟悉的状况下,就有一种潜在的未知的侵入性,因此,礼貌就用来作为标志没有侵入性意图的行为的方式,这在熟悉度中是很少出现的。但是,当把距离看作是熟悉度与喜欢时,就不能支持这一观点(Hoitgraves,1999)。在权势方面有非常有力的证据能够证明这一观点。在大多数的研究中,研究者认为随着说话者权势的增加,礼貌就减少了(Baxter,1984;Craig et al.,1986;Holtgraves,1986,1992;Holtgraves and Yang,1992;Leichty and Applegate,1991;Penman,1990)。

　　但是,权势因素并非就是动作执行者的相对地位,而是说话者的某一个特定的行为所具有的正当性。例如,看护评估为护士提供了询问病人私人生活的正当权利,但是,这种权利并不能延伸到病人的财政投资方面去。影响相对强加程度的因素因不同的言语行为而有所不同,但是言语行为的绝对的强加程度是不言自明的,通常都是由个人对行为是怎样威胁自己自主、自由的需要,自我尊重感,愿望的感知等所决定的。一般情况下,面子威胁程度随着绝对强加程度的增强而增强。

　　Brown、Levinson(1987)认为,对这三种社会变量的计算可以体现出需要通过语言策略来补偿的面子威胁的程度。选择一种礼貌策略来平衡距离,权势和强加程度是很重要的。第一,说话者要确定某个特定的言语行为可能会引起的面子威胁的量的大小。第二,说话者要确定五个总策略中哪个是最适合的。第三,如果说话者选择了有补救措施的公开策略中的某一个,在这一总策略中就会有许多可能的具体策略。

　　Brown、Levinson(1987)的这三个独立的社会变量有两个重要的特征,第一,Brown、Levinson 试图描述这样的因素的特征,其中,一个规则或策略比其他的规则或策略更适合,在决定需要提供选择非正式的消极的礼貌策略时,使得权势大社会距离小的关系(例如,父母和孩子)与中等权势中等社会距离(医生和病人)具有相同的作用。第二,Brown、Levinson 的标准认为在交际双方的权势差别很大的情况下,会使用不同的礼貌策略(Brown and Levinson,1987:19)。

3.2.2.2.3 面子威胁行为的文化观

在某些文化中,对听话人来说,满足一个具体请求是不是一种义务的相对程度是一个相关因素(Blum-Kulka,1989)。社会变量在不同的文化中的重要性可能不同,就导致出现了面子威胁的相对程度的文化观和在特定的情景中选择适合某一具体文化的策略。

需要指出的是,在特定的文化中,在使用哪种会话机制来执行礼貌策略方面,交际者个人也会不同程度的有所不同。说话者各自在估计交际者之间的权势关系时会有所不同。而且,根据说话者要改变社会距离的愿望以及他们所认定的在特定的场景下的适合的行为等,说话者会用不同的方式使用不同的礼貌策略。例如,在什么事情是不可侵犯的个人隐私这一点上,说话者也会有不同的看法,因此,有人认为问诸如"你的衣服花了多少钱"这样的私人问题是一个表示兴趣的好方式,并确定使用规约性的、积极的、亲密的礼貌策略,而他们的交际对方可能会因他们之间的关系(没有达到谈论这个话题的程度)而感觉到受到威胁,感觉他们彼此不太了解,因此不适合谈论这个话题。

就像 Tamnen(1984)讲的那样,另外有一个例子揭示有些人认为插入相关的话语能表示自己对别人讲的话题很感兴趣,而其他人则感觉他们是对被打扰的说话者的忽视。在任何情况下,Brown、Levinson(1987)的理论所提出的问题及其本身的确切性在解释社会运作中的问题时的远见是受到认可的,因此,它可以灵活地运用到实证研究中去(Barron,2002:18)。更加重要的是,他们提出了面子的内容关系到个人领域的具体界限,因此,在不同的文化和社会中会有所不同,但是,交际者双方对面子的共识以及指导他们在口语交际中关注面子的社会需要是普遍的。

因为 Brown、Levinson(1987)的理论是基于言语行为理论的,而且在面子威胁行为中的非公开礼貌和消极礼貌是和间接性非常相关的。因此,这个理论肯定会对我们的研究提供一些理论上的支撑。

3.2.3 会话规约观

会话规约观是 Fraser(1975)和 Fraser、Nelen(1981)的研究中描述的,最

后由 Fraser(1990)在 Grice(1975)的合作原则主张的基础上完善的。该观点认为 Goffman 的面子的概念是很重要的,但是又和 Brown、Levinson(1987)的维护面子观有所不同。它是以话语为基础的而不是以言语行为为基础的。

根据这个理论,交际双方都对他们的社会关系中所拥有的特定权利和义务有一个认知,在这种基础上进入一个既定的会话。这些认知形成了会话协约,遵守这种协约所进行的行为就是礼貌的。随着时间的推移,或者是因为语境的改变,有可能会对会话协约进行重新协商,交际者双方会重新调整他们原来认定的双方的权利和义务。

和 Leech(1983)或者 Brown、Levinson(1987)的方法相比,Fraser(1975)采用的似乎是社会语言学的方法,但是,因为其抽象性和不精确性,所以很难在实证研究中得到运用。Fraser 认为,交际者会根据事件或者情景需要而确定礼貌的程度,其中说话者和听话者的权利和义务会根据交际的动态变化得到重新调整。而且,这个理论因其强调会话的互动本性而受到推崇,但是"他的理论和 Leech(1983),Brown、Levinson(1987)的理论相比太过粗略,其在实践中的可操作性很难判断"(Thomas,1995:177)。因此,它对本研究的理论基础来讲显得并不重要。

3.3 心理语言学和其他学科方面

在这一部分,我们将从心理语言学和其他学科介绍一些理论模式,其中有 Levelt(1989)的模式和 Faerch、Kasper(1983,1986)的言语产出理论,Meyer(1994)的言语行为构建过程和 Gibbs(1981,1986)的障碍假设等。因为本研究涉及所有这些理论所关注的范围,因此,为了对更相关的部分进行详细的分析,我们暂且认为有些话题是大家所熟知的。

因此,像 Levelt(1989)的模式中的发音计划阶段和 Faerch、Kasper(1983,1986)模式中的执行阶段等将不做足够的阐述。同样,Gibbs(1981,1986)的障碍假设也只是大体上介绍一下。另一方面,对 Levelt(1989)模式中的构思计划阶段和 Faerch、Kasper(1983,1986)模式中的计划阶段将会进行深入的分析。

在 Meyer(1994)理论中的认知计划中,特别是顺序的随机决定和预组合序列,两种言语行为的构成将会受到特别的关注。需要强调的是,我们区分这些理论或话题绝不意味着我们要把它们独立开来对待。事实上,因为有些问题是居于边界位置的,因此,详细地描述是不可能的,为了用一种清晰的方法来阐述这些连贯的理论话题,我们把这些重要的成分组合在一起,因为有些将会是本研究理论框架中的核心部分。

3.3.1　Levelt 的言语产出模式

Levlet(1989)的言语产出模式中试图解释语言产出过程中的一个核心问题,即信息是怎样构建的,以及信息是如何指导句子构成的。他的言语产出假设的理论大致分四步:信息生成,语法编码,语音编码和发音。这种言语产出假设包含几个处理系统,分为三个不同的处理成分:概念化,构建,发音。Harley(2001:349)把这些成分动态地描述为处理过程的三个领域:概念化领域,构建领域和编码领域。这些处理过程中的各个部分都有特殊的性质,收到某种类型的输入并通过特别的程序产出某种结果。

根据 Harley(2001)的理论,概念化领域主要是决定说什么,也可以叫作信息层面过程,构建领域是把这种概念标准转换为一种语言形式,而编码领域则是具体的语音和发音计划。我们也可以说,概念化领域的输出结果输入到构建领域,而构建领域把他们转换为语言结构,然后被传递给下一个处理成分即发音领域,发音领域施行一个语音计划。我们将详细地介绍 Levelt(1989)模式里的概念化计划阶段,而对构建和发音阶段只粗略地介绍,因为他们和本研究的关系不密切。

3.3.1.1　概念化计划阶段

Levelt(1989:108)认为"任何言语行为的根本是交际意图。说话者计划一个言语行为的内在意图就是听话者要识别的意图"。很明显,言语行为是从表达一个合作的听话者能够识别的信息这样一个意图开始的。在 Levelt 的言语产出模式中,是从叫作概念化的处理成分开始的。

当一个说话者酝酿了一个意图,并从记忆中或者外界选择相关的信息来构建一个能表达这一意图的话语时,概念化就有责任计划这一话语。概念化采用一种方式来处理信息并把其转化为语言。Levelt(1989)讲道,"概念生成器"是一种高度控制的处理过程,因为说话者没有现存的能够用言语实现的一小套固定的意图集(Levelt,1989:21),概念生成器的输出结果被表达为命题的前语言信息,其中包括所有把意义转化为语言的必要的信息,这叫作表征的信息阶段。

从某种程度上来讲,信息阶段是言语产出被遗忘的阶段。正像 Wittgenstein(1953)所观察到的那样,当谈论有关意图和意义时出现的一个问题,是他们将导致一种"智力受挫",几乎没有人能够从心理语言学角度解释这一过程及其这一阶段的形式。很明显,这一概念化阶段涉及与世界(特别是和其他说话者),规约,语义记忆及其之前的理解过程的终点的连接等的相互作用。

Levelt(1989:14)指出,这一阶段的主要工作是由概念生成器做完的,如果在这一成分中,宏观计划比微观计划更受控制的话(Levelt,1989:157),前语言计划时间会允许这一成分(它消耗了许多认知资源)去完成大量的前语言行为计划,并将其存入工作记忆中。前计划时间的长度也会决定这些前语言信息在工作记忆中存放的时间,因此,对意识和计划(监控和注意的操作)是有用的。计划时间也会决定这些信息被转换为语言结构的程度。当我们说话时,我们知道我们有一个用语言来实现某事的意图,但是,我们是怎样决定我们想要表达的话语的言外之意呢? 为了回答这个问题,Levelt(1989)区别了概念化过程中的宏观计划和微观计划。

Levelt(1989:109)提到"一般来讲,从意图到信息的过程不仅仅只有一步。通常,意图或者目标将会被分为次目标。例如,如果意图或者目标是要给某人一个复杂的路线指导,说话者必须创造一个整体的计划,这一计划包含一级子目标,二级子目标,等等。对于每一个子目标,他将决定一个要表达的言语行为,也就是说,一个断言、命令、疑问或者其他言语行为"。

在 Levelt(1989)看来,有些言语行为可以是间接的。每一个言语行为的产生都涉及计划要表达给听话人的信息,计算听话者从一个只表达了部分必要信息的话语中推断出目标或者子目标,从而到达合作的能力。从意图到信息的输出是一个有序的 Levelt 称之为言语行为意图的言语序列。这些行为总起来叫作宏观计划,宏观计划包括选择,检索,把交际意图所需要的内容排列为一系列的子目标,检索适合的信息或者言语行为,这些言语行为被具体化为计划的语气(例如,宣言、疑问、祈使等)和内容。

在宏观计划的起始阶段,在信息的交际意图(或者潜在的障碍)构思好了之后,说话者将选择一些信息,这些信息的表达能够实现交际意图。但是,为了给信息编码,说话者必须拥有一些知识,比如对世界的知识(百科知识)、话语情景(话语模式)和环境知识(情景知识)。在 Levelt(1989)看来,这些知识将会由一些知识模块来提供,这些知识模块是言语产出系统之外的,它们不断地为话语提供必要的信息。

Levelt(1989:109)还指出,"说话者不仅必须为连续出现的言语行为作出计划和排序,而且还要具体考虑每一个言语行为的内容,分配具体的信息结构。要对表达的话题,中心,或者新信息进行分配,说话者必须知道信息所需要满足的特定的语言要求"。说话者所要完成的这些行为,Levelt 称之为微观计划。这实际上是对信息形式进行计划的过程。

基于前面的宏观计划阶段,说话者在这第二阶段,形成一个粗略的信息视角来帮助听话者理解。每一个要表达的言语行为的微观计划的输出结果都是一个前语言信息,它的形式是概念结构的,构建者将其作为输入内容,并把其语义和语用意义转化为语言结构。对比这两个阶段,Levelt(1989)论述道,在宏观计划阶段,说话者把一个交际意图详细地分为一个个的言语行为的内容;在微观计划阶段,每一个言语行为的内容被赋予信息,并被分配一个前语言信息所必须具备的所有特征(Levelt,1989:110)。

3.3.1.2 构建计划和发音计划阶段

在构建的计划阶段,说话者将使用部分的概念结构来检索心理词汇中适合的词。这种检索包含心理词汇(这是一种对词汇及其意义的内部存储)、相关句法、形态和语音信息等。词汇检索是有两个不同的程序完成的。在每一个程序中会有两种截然不同的信息被激活。在第一程序中,检索词汇条目的语法编码、语义和句法信息。

语义和句法这两种信息构成了一个词的词元,一旦被检索,将会激活那些适当的句法构建程序,这个程序将构建一个表层结构。也就是说,它会产生一个词元的有序的以短语或次短语的形式的字符串。在语音编码的下一个程序中,一个词语的词汇形式,也就是形态和语音信息被检索,并构建一个语音或者发音计划。这种语音或者发音计划实质上是要表达话语发音的内在表征,被叫作内部言语(Levelt,1989)。

在产出过程的最后一个阶段,负责发音的成分,也就是发音器官,执行在构建阶段形成的语音计划,并将其转换为语言。Levelt 采用了"语音计划"这一术语,而没有采用"内部语言",因为后者的意识内涵不同(Levelt,1989:12)。对两种术语的区别,将会使发音器官的操作不受到前语言计划的影响。根据 Levelt(1989),基本的发音单位是音节,因此作出的发音计划包含大量的音节项目。内部语言是在一系列的过程中通过词的音节和发音的动作技能,从而被转化为外部语言的。

3.3.1.3 Levelt 模式所揭示的间接性和请求

在 Levelt(1989)的模式中,他解释了表达间接意义的意图。这种间接意义取决于言外之意。根据 Levelt 的解释,对说话者的信息中要表达的信息的最主要的要求就是工具性,也就是说,没有必要向听话者表达需要表达的信息的每一个细节。一个合作的听话者,将会从话语中的精心挑选的信息中推断出交际意图。

要传达的信息和要表达的信息之间的关系是由 Grice(1975)的合作原则控制的。Levelt(1989)模式中的工具性这一术语可以这样来理解:第一,间接地传达信息是高效的,而且说话者只表达了整个信息包中的一部分信息;第二,它是一种了解听话者的智力和合作性的一种办法;第三,它也是一种表达次要交际意图的办法,比如礼貌的意图等;第四,对每一个要传达的信息的每一个细节的表达都将会使听话者不能正确地作出推断(Levelt,1989:124)。因此,对间接表达的信息的构建和理解将和 Leech 以及 Grice 的一些语用原则有关。

在 Levelt(1989)的模式中,他假定要表达请求的说话者给听话者传达了许多的信息,而且听话者应该知道,说话者想让他执行某个行为。但是仅仅这些是不够的,听话者还应该理解执行这一行为的义务的重要性。说话者和听话者必须理解说话者请求这个行为的权利。Levelt 采用 Herrmann(1983)中"合理性"这一术语,来说明说话者请求的权利。

Levelt(1989)的模式意味着通过请求要传达的信息至少包含以下两点:第一,说话者肯定想要听话者作出一个特定的行为;第二,说话者要求听话者作出这一行为是有一定合理性的,而且,说话者知道听话者有能力而且愿意去做这一行为。很明显,如果当前的会话模式和交际者有共同点,说话者将会充分地节约话语。听话者将会推断出必要的信息。说话者选择哪些表达方式取决于其对这一行为的关注,对请求这一行为的权利的认识以及对听话者执行这一行为的能力和意愿的估计等。

3.3.1.4 Levelt 模式的运用

在 Levelt(1989)的言语产出模式的运用方面,需要注意以下几点。模式中的每一个成分都是相当自动的,因为其运行模式不会连续受到其他成分反馈的影响。除了概念化阶段,其他各个成分的运转都是非常自动的,也就是说,不会受到中心或执行控制的影响。这些成分没有共享资源,因此,这种自动性就使得他们不受干扰而平行运转。这对于流利言语的生成是基本的条件。

虽然这些成分是自动的,但是,它们之间是合作的,因为一个成分的输出可能成为另一个成分的输入。因此,这种过程是逐步增加的,也就是说,在言语行为生成的不同过程中,允许有平行的处理行为出现。我们也可以这样说,这一处理过程实际上是把连续的和平行的阶段结合起来,因为对每一部分处理的执行都是在既定的连续阶段完成的(从构思信息层面到发音)。同时,这些成分又可以在不同阶段平行地工作,因此每个成分都有自己独特的输入。

在 Levelt(1989)的言语产出模式中,一些交际意图或者交际目标可以被具体分为子目标,而这些子目标(有时候还会有次子目标)是通过言语行为来实现的。为了言语行为的高效性,听话者不仅需要理解这些话语,而且能够识别说话者要表达这些信息的意图。换句话说,说话者的交际意图不仅仅是表达请求、愿望或者其他的意图,还包含使听话者从这些话语中识别说话者表达这些请求、愿望或者其他的意图。

一个交际意图总是包含有让听话者识别说话者意图的意图(Levelt,1989:59)。因此信息编码就包含两个过程:第一,说话者必须详细描述这种意图或者目标。对于其中的每一个次目标,说话者应该计划一个言语行为,也就是说,应该选择那些通过表达能够实现目标的信息。第二,通过给每一个要表达的信息单元一个信息结构,命题形式,或者一个视角的方式(这种视角可以指导听话者按照意图的方式来满足构建的输入要求),使得每一个信息单元都形成一个前语言信息。这两种信息编码过程都是非常依赖语境的。

为了详细描述交际意图以及选择一种有效的言语行为,说话者必须考虑相关的语用原则。也就是说,表达说话者的交际意图时,言语行为的效率,特别是间接言语行为的效率取决于许多因素,比如说话者的言语,话语的语境及其表达方式等。但是遗憾的是,心理语言学家经常忽视这些因素,或者是没有提供令人满意的解释,这种疏忽也正是本研究的必要性之一。

3.3.2　Faerch、Kasper 的言语产出模式

Faerch、Kasper(1983,1984,1986),在 Clark 的言语产出计划和执行理论,以及 Clark(1997),Sajavaara、Lehtonen 和 Korpimies(1980)的计划和执行中的反馈和监控等理论的基础上,发展了自己的言语产出模式。这个模式被分为两个阶段:计划阶段和执行阶段。在每一个阶段及其构成成分中,反馈和监控都会发生,这就会在计划和执行过程中对错误进行及时的纠正。

根据 Faerch、Kasper(1983:23),计划阶段的目的是确立一个计划,而确立计划将导致一个行为的发生,这个行为将会被期望用来实现最初的目标。我们在讨论这一模式的两个阶段之前,应该首先区分 Faerch、Kasper(1983)提出的来的两种类型的交际知识——陈述知识与程序知识以及陈述语用知识与程序语用知识,因为这两种相关的知识是我们理解两个阶段的基础。

3.3.2.1　两种交际知识之间的区别

Faerch、Kasper(1983)反对仅从认知心理学方面对两种类型的知识——

陈述知识(非自动的,有意识的知识)和程序知识(自动的,非意识的知识)的区分标准。他们发现,虽然这种分类在描绘其他的以认知为基础的行为的特性时是有帮助的,但是,这种分类标准不能满足对交际知识的类型的区分。Faerch、Kasper(1984:215)提出了以下的分类标准。

3.3.2.1.1 陈述知识和程序知识的定义

Faerch、Kasper(1983)把陈述知识看作是"二分法的,静态的",例如,它包括个人对一种或者多种语言规则和要素的了解,它与真实的时间里具体的交际目标没有关系,可以被分为不同的但是互相联系的成分。他们把程序知识看作是"以程序为导向的"和"动态的",为达到特定的交际目标,程序知识会通过观察在真实时间里语言过程中的限制(说话者或者听话者的排序和处理能力等),选择并结合部分的陈述知识。

3.3.2.1.2 陈述语用知识和程序语用知识

Faerch、Kasper(1983)的模式解决了语用学中的一个描述性问题,即怎样最好地描述语用知识。他们采用了Widdowson(1979),Edmondson、House(1981)著作中的规则和程序来对其进行描述。他们认为,规则和程序方法详细地为我们描述了在语境和话语限制下,对言语行为的理解和执行是怎样和说话者的意图保持一致的(Faerch and Kasper,1984:214)。

相应地,他们结合以上两种有关规则和程序方法的知识,来区分陈述语用知识(以语用规则形式展现出来)和程序语用知识(以语用程序展现出来)。Faerch、Kasper(1984)解释说,陈述语用知识是由陈述性知识的不同的部分组织在一起形成的,它包括六个部分。程序语用知识是和其他的涉及言语产生出的程序密切相关的,而且只有产出目的才使用它。

Faerch、Kasper(1984:215-216)详细描述了陈述语用知识的六个组成部分。

(1)语言知识:关于一种或者多种语言在发音,形态结构和词汇层面的规则条款。这种知识包含交际中潜在的成分和结构,也包括内涵和外延意义。这种知识提供了工具,通过语言知识,言语行为得到了执行和修正。

(2)言语行为知识:在一个既定的社会文化社区及其习俗和构成情况内,有关可能的言语行为的知识。

(3)话语知识:有关言语行为的序列及其互动特点。它包括怎样建立话语连贯,了解特定话语,例如开场和结语的结构类型,了解怎样在言语行为内部作出修正,例如前序列和其他的支持话步等的知识。

(4)社会文化知识:一个特定社会中关于社会价值、规则、制度、个人之间可能的社会相关关系,以及行为模式等的知识。会话准则和互动原则,如维护面子是和言语交际非常关联的。和言语行为的特定的这些关联,包括维护面子等的会话准则和互动原则。

(5)语境知识:在特定的交际情景中,和语境决定因素相关的那些特征的知识。这些因素在特定的语境中决定了可能出现的行为,限制了怎样理解这些行为(人类学的说话研究中研究这些因素,比如说话者和听话者的角色关系)。

(6)对世界的知识:关于世界的事实、物体、关系等的知识,不包括像 a-e 中已经包括的交际元知识。这些知识根据语言原则可能被组织起来,但是其本身不属于语言。

根据 Faerch、Kasper(1984)对程序语用知识的理解,语用程序不是构成程序知识的一部分,它们是和整个言语产出过程相关的。要证明程序语用知识在言语产出中的作用,实际上是在计划阶段的作用,讨论言语过程的三个主要方面,形成目标,语境分析和言语行为计划就够了。也就是说,这些方面是和我们在接下来要讨论的关于 Faerch、Kasper 的言语产出模式中的计划阶段相关的。

3.3.2.2 计划阶段

计划阶段包括三个阶段——目标、计划过程和计划。Faerch、Kasper(1983a,1984)解释了每个阶段的作用及它们之间的关系,同时还解释了在计划阶段中,使用的两种类型的语用知识——陈述语用知识和程序语用知识。

3.3.2.2.1 目标阶段

第一阶段的目标是"把情景中所有相关的因素考虑在内,建立一个说话者在话语中想要实现的交际目标"(Faerch and Kasper,1983a:51)。对目标的确定是建立在语境分析结果的基础之上的,例如,前一言语行为的特点、话语中的命题、交际者之间的关系、语境的指示特点等。总的来说,这个阶段在交际中是很重要的。

另外,Faerch、Kasper(1984)把目标看作是包括行为的、模拟的和命题的等方面的要素。行为要素是和言语行为相结合的,模拟要素是交际者之间的角色关系,而命题要素是交际事件的内容。交际目标是在这个阶段以行为要素,命题要素和模拟要素为内容而建立起来的。Faerch、Kasper(1984:216)认为,在这个阶段,用程序语用知识来选择和组合以上讲的陈述语用知识的六个项目。

他们详细说明了其中的两种重要的组合：

（1）把言语行为和话语知识与语境知识相结合，即言语行为知识+话语知识+语境知识。按照图示表达，即如果语境分析的输出结果是 x，那么言语行为 A 的得体性和话语条件就实现了，就可以选择言语行为 A。

（2）把言语行为和社会文化知识与语境知识相结合，即言语行为知识+社会文化知识+语境知识。例如"如果言语行为 A〔按照（1）已经被选择〕是威胁面子的，而且语境分析的输出结果（人际关系）中维护面子是必要的，那就是用缓和的语调来实现言语行为"。这个阶段目标的确定是一个抽象的过程，而且对其语言形式没有具体的规定。

3.3.2.2.2　计划过程阶段

第二阶段——计划过程阶段，是要"发展一个计划"（Faerch and Kasper（1983a：23）。Faerch、Kasper（1983a）认为，计划过程对三个变量是很敏感的：交际目标，说话者可以得到的交际资源以及对交际情景的估计。计划过程阶段会受到前一个阶段，说话者的常识以及语境的影响。

通过对语境的估计，说话者建立一个有关自己的哪一部分语言知识将要和听话人分享的假设，因为在大多数的交际情景中，有必要确定说话者的哪些实际交际资源与具体的情景是有关的，而非和潜在的资源有关。也就是说，在第二个阶段，决定使用说话者的哪种精确的语言知识取决于其对语境估计的程度。在计划阶段，说话者从相关的语言系统中检索相关的条目。

从语用的观点看，让人感兴趣的是，Faerch、Kasper（1984：217）指出：

（1）句法结构的选择是和行为的，命题的和情态的成分保持一致的。这包括对直接间接的选择，对语气降低或者语气升高的言语行为的外部修正和内部修正的选择，对表达言外之意的常规的句法形式的选择。

（2）词汇的选择是和目标的行为方面，命题方面和情态方面有关系的，例如，表达特定言语行为（对不起）的常规的形式；情态副词作为语气降低的机制（也许你可以……）。可以看出，这一阶段的程序知识对那些和已经建立的交际目标有关的语言知识的选择，以及对那些和前一阶段相关联的陈述知识的一部分或者几部分的语言规范都是有责任的。如果第一阶段的交际目标是降调，不管是外部前修定还是后修订，或者内部修订，或者是间接修订，都会在这第二阶段被选择。这一计划阶段的结果是一个计划，这一计划能对执行阶段进行控制。

3.3.2.2.3　计划阶段

Faerch、Kasper（1983a）是这样区分计划过程和第三个阶段即计划阶段的，"前者对于选择的目标类型和情景分析（说话者选择他认为对建立一个计划是最合适的规则和条目）是很敏感的；后者控制着执行阶段。这就是为什么"计划"被放在计划阶段的末尾和执行阶段开始的中间位置的原因。

计划阶段实际上是选择条目，对条目的选择将会导致交际目标的形成（Faerch and Kasper,1983a:25）。但是，关于"计划"有一个争议的话题——计划有什么样的特点。有人认为，计划是已经准备好的，自动的（存储在说话者的陈述知识中，随时可以使用）或者是根据特殊的交际目标的要求而创造性地被构建的；还有人认为，计划就是"被设计的"；也就是说，不是自动的或者已经准备好的。根据 Faerch、kasper(1983:24)，所有的智力过程都是由准备好的，自动的计划或者是临时构建的计划来规划的。换句话说，这一观点就使得有些计划是自动的和有些计划是创造性地被构建的这两种观点变得都有可能。

3.3.2.3　执行阶段

执行阶段包括三个阶段：计划、执行过程和行为。这一阶段基本上是计划通过神经学和生理学过程（语言器官的发音，运动行为等）的实现阶段，即言语行为的产生，而言语行为就是最后的产出结果（Faerch and kasper,1983a:25）。因为这一阶段和本研究的理论框架几乎没有什么关联，因此我们就不做过多的讨论。

正如 Faerch、kasper(1984:216)指出的那样，语用程序必须和整个的言语产出过程密切相关，因为语用程序不包括自动的程序知识。这就是为什么他们把语用学和心理语言学相结合，来解决这两种学科从来没解决的问题的原因。受 Faerch、Kasper 理论的启发，我们选择了语用学研究中的研究话题之一，即间接请求，作为本跨学科研究的对象。而且，本研究的一部分是通过使用言语产出过程中计划阶段的某些变量作为独立变量而设计出来的。

3.3.3　Meyer 的言语行为构建过程的概念

Meyer(1994:131)指出，言语产出的信息计划的内容是有等级的，而且有多种层次的表征。说话者在较高的层面上陈述一种或者多种交际目标，请求产出的认知过程表明，在这个层面的表征是通过图式或者原型组织起来的（Cody,Cannary and Smith,1994;Meyer,1990）。

下一个层次比高层次更加具体，而且规定了一个或者多个言语行为，以及每一个言语行为的命题内容的表征。但是，在这个次要层面上，说话者是怎样决定使用哪一个言语行为的？有人认为，除了一些语用要素，高层面的表征的要素也许也可以作为重要的激活因素。言语行为在记忆中是怎样被用在具体的信息计划中的？Meyer(1994:132)在 Berger(1998)的言语产出互动计划的观点的基础上，提出了两种解释。Meyer 提出，言语产出中，言语行为的计划可能是随机构建的或者是从长期计划中得到的。当一个产出计划比一个单独的话语计划复杂的时候，有以下两种可能出现的言语行为的构建的可行性过程。

第一种言语行为构建的可行性过程是由随机的顺序决定的。这种决定意味着，例如，在作出请求之前，说话者要从许多可以利用的行为，比如道歉、行为请求、承诺和许可等的中间选择一个行为，而且行为的顺序是在第一阶段的产出之前的瞬间决定下来的。对于应该决定先选择哪个言语行为，可能受到准入时逻辑优先和临时波动的影响。

这种观点说明，每一种言语行为都将被独立地被检索。如果既定的情景图式和许多言语行为紧密相连，并平行地对这些言语行为进行激活，那么这种情况就会发生。用这种方式发出的一系列行为将通过随机的过程排序，这似乎说明，信息计划中行为的顺序是随机决定的，至少在虚拟的情景中是这样。

Meyer(1994)的这种对随机顺序决定的描述和 Berger(1988)的观点是有些不同的。Berger(1988:98)指出，随机构建的言语行为很有可能是从其他的言语行为中得来的；即当人们对某个特别的目标找不到合适的言语行为的时候，他们就在目前的情景中和他们的言语行为记忆中寻找那些和目前情景有相似特点的言语行为。通过这些对相关言语行为的收集，他们得出了一种新的观点。Berger 的这种解释也许是有道理的，但是没有证据能够证明他的理论。

Meyer(1994)提出的第二种言语行为构建的可行性过程是预组合序列。对言语行为是怎样排列的另外一种解释是，说话者有时对包含有预组合序列的言语行为的脚本进行检索。这种脚本可能说明，像承诺、行为或者许可请求等行为很可能按照这种顺序被执行的。这种观点认为，通过不断地使用由随机排序过程形成的相同序列的言语行为之后，说话者就会用和他们从事件中频繁重复的序列获取脚本一样，把包含那种序列的脚本抽象化(Schank,1982;Kellermann,1991)。

一旦这种脚本被检索的话，每一个言语行为的构建将会由它按照从上而下的方式来排列。这样看来，在既定的情景中，被检索到的预组合序列将会是在工作记忆中非常活跃的那些情景图式发送给最高层次的那个序列。

例如,在请求中,如果有一定量的言语行为可供选择,那些频繁使用的行为序列将会随着时间的推移变得和许多不同的情景图式有关联。

Meyer(1994:133)指出,检索一个言语行为的脚本序列的能力在几个方面都是有好处的。第一,因为时间不允许他对言语行为进行排序,说话者需更快地创建一个信息。第二,这会减少错误的开头或者那些和此有关的言语行为导致的沉默停顿出现的可能性。第三,因为其在能力上要求不多,因此会减少言语行为在被作出之前就消失的可能性。我们对间接请求构建的实验中的一部分是用来检测言语行为构建的这两个过程的。

3.3.4 Gibbs 的障碍假设

Gibbs(1981,1986)论述了说话者在构建他们的间接请求时,会试图列举出听话者满足说话者请求时的潜在的障碍。例如,在请求陌生人告知时间时,潜在的最大的障碍可能是陌生人是否知道时间。结果是,说话者将在他们的请求中指出语境的这样特点(例如,"你知道时间吗"或者"你有手表吗")。如果说话者规约性地表达他们的请求,以便最大的障碍可以被指出,那么听话者相应地要和语境的这一方面保持一致。

以上提到的潜在的障碍,实际上是从 Clark、Gibbs(1985)的关于人们是怎样构建信息请求的理论中得来的。Gibbs(1986:182)的解释是,在一个情景中,构建一个恰当的请求取决于对把许多不同信息考虑在内的一个"交易"的设计。一个交易需要人们之间"商品"的交换,比如,有形物体、承诺或者义务等。这一过程包含内容复杂,其中最主要的是,说话者确定自己缺乏哪些信息,开始通过使用可能的资源,比如一本书、对一物体的观察、询问别人等方式构建一个找到那些信息的计划。

如果说话者决定从别人那里获得此信息,他就会通过判断所有的事物来确定选择哪个人最有可能知道此信息,最容易找到,而且在最容易找到的人中,最容易对其作出请求的那个人。这时,说话者计划一个社会交易,在这个交易中,说话者用某些东西来和被选择的听话者交换那个说话者所渴望得到的信息。然后说话者必须找到一个办法,把自己的让听话人作出贡献(也就是说,通过提供信息来对请求作出回应)的计划插入到目前听话人正在做的事情或者计划要做的事情中去。

要这样做的话,说话者就必须先要找出听话者不提供这些渴望得到的信息的原因。说话者就会构建一个话语来处理潜在的最大的障碍。因此,说话者就会期望听话者将会告诉说话者想要的信息。这个理论解释了在选择间接请求的恰当的语言策略时的一些处理机制。Gibbs 把说话者为了处理那些满足请求的主要障碍而构建他们的请求的可能性叫作障碍假设（Gibbs，1986）。

Gibbs 的观点是很有趣的，因为它认为一个间接请求的明显的规约取决于一个话语对听话者满足说话者请求的障碍描述的程度。Gibbs（1986）认为，他们的障碍假设的心理效度和人们作出间接请求的方式有关。但这并不意味着其他的因素对间接言语行为的构建没有影响。像礼貌、交际者的社会地位、社会语境的构成等，将会在言语产出时对间接请求的选择产生影响。因此，障碍假设不应该被看作是一个在间接请求的构建中影响最大的因素，因为许多和语用原则有关的其他的因素，在间接请求的构建中将起着很重要的作用。但是，不管怎么样，它是间接请求的构建中我们应该考虑的心理因素之一。

3.4　理论框架

在这一部分，我们将基于以上分析的理论来构建一个理论框架，以讨论那些影响对语言学家、心理学家有关间接请求构建的理论及其模式的选择和结合的因素。我们认为，对那些规约的和非规约的间接请求构建的理解需要使用 Brown、Levinson（1987）的面子威胁行为，Levelt（1989）的言语产出模式，Faerch、Kasper（1983，1986）的言语产出模式，Meyer（1994）的言语习惯构建过程的概念以及 Gibbs（1981，1986）的障碍假设等。因此，利用这些专业知识，我们将构建一个新的基于多种理论的跨学科模式作为目前研究的理论框架。

3.4.1　影响理论的选择和结合的因素

为什么语言学家和心理学家在研究间接请求的构建时，没有把以上我们所讨论的理论和模式考虑在内呢？当语言学家和心理学家在做研究时，影响他们对理论和模式的选择及其结合的因素是什么？有两个明显的答案引起了我们的注意。

3.4.1.1　单一学科范围内的研究

通过对有关间接请求的构建和理解的文献回顾，我们可以看出，使用哲学模式的学者们主要集中在理论研究上，语用方面的学者主要对策略和语境进行研究，赞成跨文化交际的学者主要集中在跨文化交际对比研究上，语际学习或者二语习得或者外语教学方面的学者主要对请求方法进行研究，计算语言学方面的学者主要研究话语计划，心理语言学学者主要进行心理实验。结果是，不同学科采用的理论和模式是完全不同的。另外，学者们采用的研究方法和理论从来没有从跨学科方面展开过，似乎局限于一个学科的研究，这严重地限制了语言学家和心理学家对他们的研究中理论和模式的选择。

3.4.1.2　缺乏考虑行为主动性的实证研究

许多间接请求构建的实证研究都成功地构建了他们自己的理论或模式，但是没有一个涉及行为的主动性。原因之一就是，心理学家从来没有考虑其他学科的理论，特别是语用学的理论。虽然一些心理学家，比如 Holtgraves、Srull、Socall（1989），Holtgraves（1997），Clark、Schunk（1980）等提到了诸如社会语境、礼貌，Grice（1975）的会话逻辑和 Goffman（1967）的面子管理等话题和理论，但是，在他们的研究中，甚至是基于这些话题和理论而构建的模式中，他们并没有提供一个理论依据，也没有对这些理论作出详细的解释。

同时，对间接请求的主动性研究涉及认知过程中情景特点的概念表征，而心理学家认为，这种认知过程在心里语言学领域是很难处理的，而且，他们也不熟悉其他学科可以解决此问题的理论。有些心理学家认为，对行为的主动性的解释似乎是不可行的。他们承认，他们知道这些行为从心理语言学方面不能解释，但是他们不知道用其他相关的理论可以解释，特别是语用学理论。Meyer（1994：131）解释说"言语行为构建的认知过程是不容易理解的"。对于心理语言学家来讲，似乎认知过程中的请求特点的概念表征，仅从心理语言学方面是不能处理的。心理语言学家应该凭借其他学科的力量，特别是语用学来进行研究。

3.4.2　基于复式理论的跨学科研究的必要性

之前对间接请求的研究不是理论性的，就是实证性的。也就是说，理论方面的研究没有采用实证方面的理论或模式，而实证方面的研究也没有采用理论方面的模式或者理论。因此，对间接请求的这两方面的研究不可避免地被忽略了。这似乎是一种严重的缺陷。基于这种缺陷，有必要对间接请求的构建做一个跨学科的基于复式理论的研究。这种方法的构建关系到许多学科，特别是语用学和心理语言学的许多理论和话题。

正如我们已经提到的那样，没有现成的理论可以用来研究规约和非规约的间接请求。通过文献综述和对理论背景的描述,我们认为,Brown、Levinson(1987)的面子威胁行为,Levelt(1989)的言语产出模式,Faerch、Kasper(1983,1986)的言语产出模式,Meyer(1994)的言语行为构建过程的概念以及 Gibbs(1981,1986)的障碍假设可以结合起来,为本研究构建一个规约性和非规约性间接请求的跨学科的模式。

　　虽然对间接请求的产出的动机有不同的观点(Roberts and Kreuz,1994),一个基本的不容置疑的动机是面子维护,这是我们深入探讨间接请求的主要原因之一。Brown、Levinson(1987)指出,间接性是表达礼貌的重要的机制,所有的礼貌都是和面子维护有关的。他们认为,采用间接语言是和礼貌成强相关的,而这种间接性是通过采用不同的礼貌策略,来减少对面子威胁的程度而实现的。

　　因此,间接请求的构建毫无疑问是用来减少面子威胁的,而面子威胁引起了礼貌的运用。根据 Brown、Levinson(1987),面子被认为是很容易受损的,而且受到连续威胁的影响。在社会交际中,人们都会积极地维护互相的积极或者消极面子。对面子的维护可以通过采用积极的,消极的,非公开的礼貌策略来实现(Brown and Levinson,1987)。在本研究中,规约性间接请求采用 Brown、Levinson 的五个总策略中的消极礼貌策略,即有消极补救措施的行为,来维护说话者的消极面子。同时非规约间接请求采用非公开策略,即非公开的行为,来帮助说话者避免承担面子威胁行为的责任和给听话者不承认面子威胁行为意图的选择。

　　同时,在间接请求的构建中,三个变量:社会距离、相对权势和绝对强加程度对使用礼貌策略有一定影响。对说话者来说,选择一个可以权衡距离、权势和强加程度的同时又维护双方的积极面子和消极面子的礼貌策略是很重要的。而且有些研究已经把间接性认为是礼貌的一种形式(Brown and Gilman,1989;Clark and Schunk,1980,Holtgraves and Yang,1990;1992)。

　　还有人指出,面子威胁行为中的间接性表达了一种礼貌。在前面对Brown、Levinson (1987)的面子威胁行为的描述中,可以看出构建规约性和非规约性的间接请求的动机(见图 3-1)。

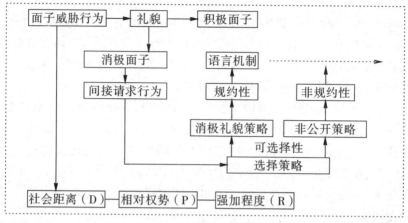

图3-1 一个基于 Brown、Levinson 的面子威胁行为的间接请求心理过程模型

　　有两个模式值得我们仔细考虑。从 Levelt(1989)的言语产出模式我们知道,在间接请求的构建中,当意图构思好之后,主要就是概念生成器,Harley 把其称为概念化过程。Levelt(1989)指出,概念化过程是对命题性前语言信息负责的信息表征阶段,前语言信息包括所有的把意义转变为话语的所有必要的信息。根据 Faerch、Kasper(1983,1984,1986),间接请求的构建主要是计划阶段。计划阶段又包含三个子阶段:目标、计划过程和计划。Faerch、Kasper 通过使用两种类型的语用知识——陈述性语用知识和程序性语用知识证明了每个阶段的作用。

　　在 Levelt 的模式中,他详细地描述了构建间接请求的两个阶段——宏观计划和微观计划阶段。在宏观计划阶段,说话者必须具有某些特定知识来构建具体信息,Levelt 认为,这种知识是属于言语产出系统之外的。在我们看来,这种知识就是 Brown、Levinson 的面子威胁行为,我们认为,这种知识是在言语产出系统内构建间接请求的诱因。但是,这种知识在 Levelt 的模式中并没有显示出来。Levelt 的模式还阐述了微观计划阶段,即每一个计划好的言语行为被赋予其信息意义(Levelt,1989:110)的阶段。微观计划的输出结果,就是每一个计划好的言语行为的前语言信息。前语言信息具有概念化结构的形式,规划者将其看作是一个输入内容,并将其信息意义转换为语言结构。Levelt(1989)认为,这种处理成分——概念化过程实际上是把序列处理和平行处理相结合的过程,对于说话者来说,没有必要完成一个成分之后才开始另一个(见图3-2)。

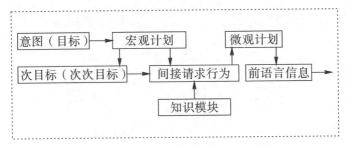

图 3-2　Levelt 的间接请求计划模型

　　Faerch、Kasper（1983，1984，1986）的模式有三个阶段。第一阶段是目标，它是在语境分析的基础上产生的，其目的主要是在交际的某个时候建立一个说话者自己想要实现的交际意图。Faerch、kasper（1983，1984，1986）解释说，目标包括行为的、情态的和命题的成分。行为成分是和言语行为有关，情态成分是和交际者双方的关系有关，而命题成分是和交际事件的内容相联系的。

　　在这一阶段，制定目标被理解为一个抽象的程序，在这一阶段没有具体言语形式的制定。第二阶段是计划过程，主要目标是"制订一个计划"，这主要依赖三个变量：交际目标、说话者可得到的交际资源以及对交际情景的评价。通过使用第三个变量，说话者用可以让听话者在交际中分享的语言知识来建立一个假设。

　　Faerch、Kasper（1984：217）指出，在这个计划过程中，说话者选择句法结构和词汇使其和第一阶段的行为的、命题的和情态的成分保持一致。第三个阶段是计划，主要是要控制下一个阶段，即执行阶段。这一计划阶段实际上就是对项目的选择，这些项目的实现就能够实现交际目标。根据 Faerch、Kasper（1983b：24），第三阶段的有些计划可以被看作是预先作出的或者是自动的（存储在说话者的陈述性知识中，随时可以被使用），而有些则被看作是根据具体交际目标的要求创造性地构建的（见图 3-3）。

　　这两个模式之间有相似和不同的地方。其中相似的地方有三个。第一个是间接请求的构建只涉及一个概念：在 Levelt 的模式中是一个不包括意图的处理成分，在 Faerch、Kasper 的模式中是一个阶段。第二个相似点是这两个模式中都涉及语言结构的概念，而语言结构实际上根本就不是一种语言形式。第三，在两个模式中，间接请求的言语行为的处理都是在第一个阶段，即在 Levelt 模式的宏观计划阶段，在 Faerch、Kasper 的目标阶段。

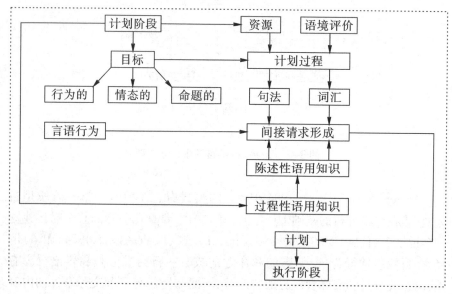

图 3-3　Faerch、Kasper 的间接请求计划阶段模型

　　另外,两个模式之间的区别也应该引起我们的注意。首先,在 Faerch、Kasper 的模式中,有一个间接请求构建的意图或者目标的描述,而在 Levelt 的概念化过程中却没有。其次,虽然在两个模式中的第二个阶段都是对将要形成的前语言结构的处理,但是 Levelt 强调的是从心理语言学来研究其信息方面,而 Faerch、Kasper 强调的则是从语用方面对各种知识的选择。再次,Levelt 的模式中并没有出现第三个阶段,只对微观计划的输出做了描述。最后,Levelt 认为在概念化处理过程中,一些成分可以是序列型的,也有可能是平行的,但是 Faerch、Kasper 指出,只有第三阶段的一些计划才是自动的或者是创造性地运行的。通过对这两个模式的比较,我们在构建目前研究的理论框架时,是会充分考虑其相似性和区别的。

　　我们注意到,在前面提到的 Meyer(1994)在有关言语行为构建过程的概念时讲道,间接请求的信息计划的内容是有等级的。最高级是交际目标。紧接着是一个或者多个言语行为及其每一个言语行为的命题内容的表征。对于在这个层面上,怎样决定使用哪种言语行为,Meyer 提出了两种方式——顺序的随机决定和预组合序列。

　　第一种方式意味着,说话者在作出请求之前,从许多可选择的行为中选择一种,这种对行为的选择可能会受到逻辑优先或者临时波动的影响。这种方式意味着言语行为的选择必须是平行的。在第二种方式中,说话者有时候会检索包含言语行为预组合序列的脚本。这种方式意味着在充分使用按随机处理排列的相同言语行为序列之后,说话者会把那些包含这些序列的脚本提取出来,一旦这种脚本被重新使用,间接请求的构建就会通过一种自上而下的方式受其引导(见图3-4)。

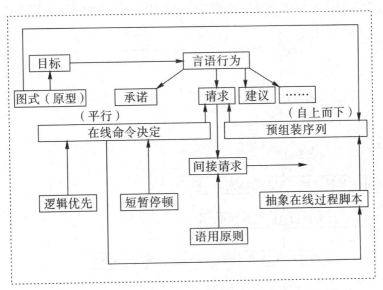

图3-4　Meyer 的间接请求构建模型

　　Meyer 的模式详细地描述了言语行为是怎样选择的。这两种方式可以通过实验来进行检验。但是这一模式也有其缺陷。很明显,Meyer 没有提到在间接请求的构建中,说话者是怎样决定要采用哪种概念化语言机制的。但是,不管怎样,Meyer 的分层次的信息计划中的言语行为的分类对本研究的理论框架的构建是非常有用的。

　　在 Gibbs(1981,1986)的障碍假设中,她认为,说话者在构建其间接请求时,试图列举出听话者满足说话者请求的潜在的最大障碍。而且,在某一情景中,恰当的请求的构建取决于对需要"商品"交换的交易的设计。首先,说话者确定自己缺乏哪些信息,通过使用可能的资源开始构建一个找到那些信息的计划。然后,说话者必须找到一个表达自己让听话人作出提供信息的贡献的计划的方法。要这样做,说话者就必须先要找出听话者不提供这些说话人所渴望得到的信息的原因,然后,构建一个话语来处理潜在的最大的障碍。

　　但是,Gibbs 的障碍假设并不意味着其他因素对间接请求的构建没有影响。比如,礼貌、交际者的社会地位、社会语境的构成等有关语用学的因素,将会在言语产出时对间接请求的选择产生影响。虽然 Gibbs 的理论阐述了在构建间接请求时的处理机制,但是,他忽略了在构建间接请求时选择适当的概念化语言机制的方法。不管怎么样,Gibbs 的理论从心理语言学的新的视角,为我们研究构建间接请求的心理过程提供了一种方法(见图 3-5)。

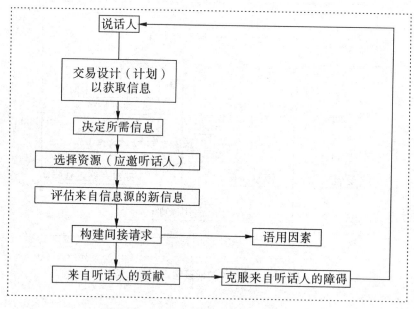

图 3-5 Gibbs 的间接请求构建假设模型

从目前我们的描述中,我们把以上理论总结如下:

第一,Brown、Levinson(1987)的面子威胁理论中,考虑到礼貌,维护面子及其规约和非规约间接请求的两个礼貌策略,因此,是我们理解间接请求构建的基础。这三个影响决定策略的变量是很重要的前提条件,决定说话者在其间接请求构建的心理过程中,使用哪种概念化语言机制来构建间接请求。因此,Brown、Levinson 的理论应该是本研究的最主要的理论支持。

第二,Levelt 的言语产出模式中的从意图到由信息所表征的具体言语行为的过程的描述,及其 Faerch、Kasper 的言语产出模式,都为我们研究间接请求构建的心理过程提供了重要的支持。

第三,Meyer 模式中的两种方式被用在实验中,作为检测从言语行为中选择间接请求的工具。

第四,Gibbs(1981,1986)的障碍假设,实际上是一种间接请求的逻辑推理,使得听话者对说话者想要知道的信息作出贡献。应该指出的是,有许多话题是非常必要的,但是在以上的理论和模式中都没有提及,因此,在我们构建本研究的理论框架时,必须把它们考虑在内。

3.5 小结

在这一章里,我们主要从语用和心理语言学两个方面以及其他方面谈了本研究的理论框架的背景,通过对不同的语言学家从不同的观点提出的不同的理论进行比较和分析,初步形成了一个理论框架。本章的主要目的就是为本研究构建一个实用的理论框架。

在 3.2 部分,我们从语用学方面讨论了礼貌的三种观点,Watts 的礼貌理论,Brown、Levinson(1987)的面子维护理论以及 Fraser(1975),Fraser、Nolan(1981)和 Fraser(1990)等的会话协约理论。我们把 Brown、Levinson(1987)的面子威胁理论作为我们理论框架的基础。他们的理论实际上是一种集中于说话者的发话行为的产出理论,这个模式中的积极面子和消极面子是被分别进行考虑的。

我们详细地分析了为了减少面子威胁的 5 个提升礼貌以减少直接性的总策略。它们的是:公开直接的执行面子威胁行为、有积极补救措施的面子威胁行为(积极礼貌)、有消极补救措施的面子威胁行为(消极礼貌)、非公开地执行面子威胁行为和不执行面子威胁行为等。我们还简要讨论了 Brown、Levinson 的模式的操作和影响礼貌策略选择的三个变量:特定文化中的社会距离,相对权势和绝对强加程度。也简单讨论了面子威胁行为的具体文化观,提到了会话协约观,但是,因其模式和其他的模式相比具有粗略性,而且很难判断其在实践中如何操作,因此我们没有对其做过多的讨论。

在 3.3 部分,我们从心理语言学及其他相关学科介绍了 Levelt(1989)的模式和 Faerch、Kasper(1983,1986)的言语产出模式,Meyer(1994)的言语行为构建过程的概念以及 Gibbs(1981,1986)的障碍假设等理论。Levlet(1989)的言语产出模式试图解决语言产出中的一个核心问题。他的主要框架设计了三个不同的处理成分:概念化、构建和发音,或者如 Harley 描述的那样概念化过程,构建过程和编码过程。

我们还详细地介绍了 Levelt 言语产出模式中的概念化计划阶段,而对构建和发音阶段只粗略地做了介绍,因为它们和本研究关系不很紧密。在 Levelt 的言语产出模式中,区分了宏观计划和微观计划的概念化过程。宏观计划实际上包含对交际目标所要求的内容转化为一系列的次目标进行选择、检索和排序，以及对适当的信息或者特定语气和内容所需要的言语行为的检索（比如陈述，疑问，祈使）。微观计划，正如我们已经看到的那样，是一个对信息形式和每一个言语行为的内容作出计划，给每一个言语行为赋予信息意义，及其对其分派一个前语言信息必要的所有特征的过程。

应该指出的是，在 Levelt 的言语产出模式中，在说话者的信息中间接地表达意义及其要求是有帮助的，也就是说，没有必要向听话者表达所要表达的信息的每一个细节。合作的听话者能够从话语中表达的信息中推断出说话者的交际意图。Faerch、Kasper(1983,2986)的言语产出模式包含两个阶段，计划阶段和执行阶段，我们已经介绍了第一个阶段，讨论的时候我们区分了 Faerch、Kasper 提出的两种交际知识——陈述知识和程序知识，及其两种陈述语用知识和程序语用知识。

他们列举了陈述语用知识的 6 个成分：语言知识、言语行为知识、话语知识、社会文化知识、语境知识及其有关世界的知识等。为了说明程序语用知识是怎样在言语产出过程中（实际上只在计划阶段）发挥作用的，我们讨论了三个主要的言语处理过程：目标构建，语境分析和言语行为计划。

分析表明，Faerch、Kasper 的言语产出模式中的计划阶段又可以分为三个阶段——目标，计划过程和计划。第一阶段包含行为的，情态的和命题的成分。行为成分是和言语行为相联系的，情态成分和交际者的关系相关，命题成分和交际事件的内容相关。第二阶段主要是要"发展一个计划"，对三个变量是很敏感的：交际目标，说话者可得到的交际资源及其对交际情景的估计。这一阶段的结果是一个能控制执行阶段的计划。

执行阶段包含三个阶段：计划、执行过程和行为等。对于 Meyer(1994)的模式，我们主要讨论了两点。他指出，在言语产出中，言语行为的计划可以是随机构建的，也可以是从长期记忆中检索的。当一个产出计划比单个的话语计划要复杂的时候，这两种言语行为的构建过程可以被选择。第一个是随机顺序，指的是哪个言语行为应该被首先选择，这个问题受到逻辑优先权和临时波动的影响。第二个是预组合序列，认为说话者有时候在重复使用随机排序的相同言语行为序列之后，会检索包含预组合言语行为序列的脚本。Gibbs 的障碍假设认为，在说话者构建间接请求时，试图详细列举那些对听话者来说满足说话者请求的潜在的最大障碍。

在3.4中，我们对理论框架进行了描述，主要分析了影响间接请求构建的不同理论选择和结合的两个主要原因：第一个原因是学者使用单一学科的方法，因为这些理论和模式都是基于完全不同的学科；第二个原因是进行实证研究时没有考虑行为的发话主动性。提到了许多有关间接请求构建的实证研究,都成功地构建了操作性理论或者模式,但是都不能把行为的发话主动性考虑在内。也许对于心理语言学家来说,他们因不熟悉其他学科的理论,认知过程中的情景特征的概念化表征显得太难处理。

　　我们强调了进行跨学科多理论研究的必要性。之前对间接请求的研究表明,在理论方面进行的研究没有采用实证研究方面的理论或模式,反过来也是这样。为了弥补对间接请求构建的这一明显不足,在本研究中,我们提出了一个跨学科的基于复式理论的理论模型(图3-6)。对文献综述及其理论背景进行介绍之后,我们把 Brown、Levinson(1987)的面子威胁行为,Levelt(1989)的言语产出模式,和 Faerch、Kasper(1983,1986)的言语产出模式,Meyer(1994)的言语行为构建过程的概念和 Gibbs(1981,1986)的障碍假设结合起来,构建一个间接请求的多学科研究。在这些模式(图3-6)中的礼貌要素、间接性、策略的选择、影响间接请求构建的社会变量、构建间接请求的两个阶段——宏观计划和微观计划阶段、间接请求构建的三个阶段——目标、计划过程和计划等、言语构建过程的两种方式——随机顺序和预组合序列,同时,障碍假设在构建本研究的理论框架时都被考虑在内,详情见我们所构建的新理论模型(见图3-6)。

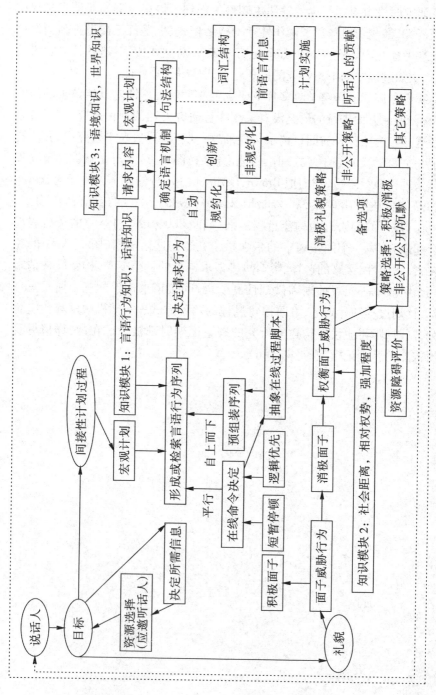

图3-6　间接请求行为构建心理认知模型

第4章 | 研究方法与设计

通过对文献综述和理论背景部分的描述,我们构建了一个间接请求理论和实证的模式。在本章,我们将在文献综述和理论背景的基础上来进行研究设计。首先提出研究问题和假设,然后对收集语料使用的规约性的方法进行评价,然后提出本研究使用的方法及其原因。对研究方法的设计和描述是以跨学科方法为基础的。

4.1 研究问题

从文献综述和理论背景的描述中我们已经知道,间接请求的构建是非常复杂的,而且涉及语用学以及心理语言学的许多概念。根据 Brown、Levinson(1987),面子威胁行为可以被看作是构建间接请求的动机。Roberts、Kreuz(1994)也指出,构建间接请求的基本的动机,毫无疑问是由对面子威胁行为的管理引起的。因此,我们的第一个研究问题是:

Brown、Levinson 的面子威胁行为能解释构建间接请求的原因吗?

在3.3 和3.4 中,Levelt(1989)的言语产出模式和 Faerch、Kasper(1983,1986)的言语产出行为模式中描述了构建间接请求的过程。我们发现,在两个模式中有一些区别,比如 Faerch、Kasper 的模式强调从语用方面选择语用知识,而 Levelt 的模式则从心理语言学方面强调信息方面。而且,还有一个区别就是 Faerch、Kasper 认为在计划阶段的某些计划可以是自动地或者是创造性地运行的,而 Levelt 认为在整个间接请求的构建过程中,有些成分可以是按顺序或者是平行地进行的。因此,我们的第二个研究问题是:

在构建间接请求的过程中涉及哪些因素以及此过程中处理模式是什么?

我们在3.3.3 和3.4.2 两部分中,介绍了 Meyer(1994)的间接请求构建的过程,说明间接请求的信息计划内容是分层次的。在最高层面上是交际目标,这个层面的表征是有图式或者原型组织的。下一个层面描述了一个或者多个言语行为及其每个言语行为命题内容的表征。Meyer 的概念解释了间接请求的构建过程,是由说话者的工作记忆所激活的认知计划过程,其中包括表征的不同层次(Bock,1982;Greene,1984;Berger,1988;Levelt,1989;Harden,1989;Berger and diBattista,1993)。

但是在某些方面,间接请求构建的认知过程是不能被深刻理解的。因此,哪些言语行为应该被包括在说话者的表征中?这是一个相当复杂的问题。或许我们不能从实证方面进行解释。但是不管怎么样,Meyer(1994)的研究为我们检验间接请求行为中,说话者在选择言语行为序列和语言机制等方面提供了两种可选择性的方法。因此,我们的第三个研究问题是:

在间接请求的构建过程中,说话者是怎样选择言语行为序列以及决定采用哪种语言机制的?

在3.3.4 和3.4.2 中我们介绍了 Gibbs(1981,1986)的观点,即说话者试图在构建间接请求的过程中对影响听话者满足说话者请求的最大障碍作出具体的描述。这一观点说明,在构建间接请求的过程中,说话者必须首先决定他缺乏哪些信息。然后开始构建一个找到这一信息的计划,这是通过选择一个可能的资源以及一个把自己的计划插入对话中的方法来完成的。这样做的话,说话者应该估计那些导致听话者不提供自己想要的信息的可能的原因,对原因进行估算后,说话者开始构建话语来使得听话者满足其请求。

Gibbs(1981,1986)对间接请求构建过程的描述,实际上涉及间接请求的规约性及其产生的社会语境。Gibbs 的障碍假设认为,间接请求的规约性很大程度上依赖于话语对障碍的描述程度,这一障碍是可能的说话者在满足请求时的障碍。整个障碍假设的过程是说话者的逻辑推理过程。但是,在规约和非规约间接请求的微观计划中,说话者作出选择来实现将要使用的语言机制这一方面,这种推理是和 Brown、Levinson(1987)的礼貌策略紧密相关的。因此我们的第四个研究问题是:

(4)为什么有些请求被构建为规约性的间接请求,而有些却不能?

4.2　假设

从语用和心理语言学角度的研究方面,我们可以提出许多理论和实证的假设。我们将根据目前的研究问题,对每一个假设的原理进行检验。这里提出的假设都是在前面描述的理论及其之后形成的框架基础上提出的,特别是在2.4.3.3和3.4部分。对原理的断定是在对某些理论的推理和解释说明,及其对产出过程的观察或者实证研究的结果的基础之上作出的。

假设一　Brown、Levinson(1987)的面子威胁行为从语用方面解释了构建间接请求的诱发原因。

Clark、Schunk(1980),Holtgraves、Srull 和 Socall(1989),Brown、Gilman(1994),Holtgraves、Yang(1990,1992),以及 Roberts、Kreuz(1994)等的研究都可以支持这一假设。他们认为,间接性是礼貌的一种形式,所有的礼貌都是通过减少面子威胁程度的不同的礼貌策略来实现的。在间接请求中,礼貌可以通过使用积极的、消极的和非公开的礼貌策略来实现。第二章的文献综述中及其第三章的理论背景的描述说明,当人们在构建间接请求时,构建规约性的请求的原因可以通过使用一个消极礼貌策略来解释,构建非规约性的请求的原因可以通过非公开的礼貌策略来解释。因此,Brown、Levinson 的面子威胁行为一定能解释构建间接请求的原因,因为这两种策略是他们理论中的主要内容。

假设二　在构建间接请求的过程中涉及一些语用因素。

Faerch、Kasper(1983,1984,1986),Brown、Levinson(1987),Koike(1989),Blum-Kulka 等(1989),Garcia(1993),Bagiela-Chiapppini、Harris(1995),Fukushima(2000)和其他有关学者的研究可以支持这一假设。这些学者们基于不同的语用因素进行了研究,比如言语行为知识,话语知识,社会文化知识,语言语境知识和有关世界的知识。这些因素在构建间接请求的过程中,影响了言语行为和语言机制的选择。所有的这些研究结果说明,某些语用因素在产出过程中起着非常重要的作用,任何因素的改变都将会影响构建间接请求过程中言语序列和语言机制策略的选择。因此,在构建间接请求的过程中涉及某些语用因素。

假设三　在构建间接请求的过程中,可以观察到 Levelt 的序列和平行处理模式以及 Faerch、Kasper 的自动和创造性处理模式。

这一假设反映了 Faerch、Kasper(1983,1986)和 Levelt(1989)的间接请求计划的两个模式。在选择策略上,Faerch、Kasper(1983,1986)的自动和创造性处理模式通过可供选择的规约和非规约这两种间接请求的语言机制反映出来。这就说明,使用规约性间接请求的决定是自动的或者是提前准备好的,但是使用非规约性间接请求的决定是创造性的。Miller、Galanter 和 Pribram(1960),Mitrano-Noto(1989)等的研究可以支持这一假设。对于

Levelt 的序列和平行模式,反映出了整个构建过程的一些成分,说明对信息处理的每一个阶段的执行是从感知信息到发音的过程。

同时,Levelt(1989)的观点允许在不同的构建阶段有平行的处理行为出现。这就说明,在一个既定的序列中一个成分的不同阶段可以同时发生或者是一个阶段只有在其前一阶段之后才能发生。这种现象在构建的许多成分中都有发生,比如宏观计划阶段和面子威胁行为,对言语行为序列的选择和对策略的选择等,这些在构建间接请求时都可以被描述为一种平行类型。Fodor(1983)、Dell(1986)、Bock(1982)和 Harley(2001)的研究可以支持这一假设。

假设四 在构建请求时,计划目标促使说话者确定言语行为序列。

Berger(1988)、Greene、Lindsey(1989)、Leichty、Applegate(1991)、Greene、McDaniel、Buksa 和 Ravizza(1993)、Cody、Canary 和 Smith(1994)及其 Meyer(1994)等的研究可以支持这一假设。Berger、Meyer 认为,在作出间接请求时要从一系列可利用的言语行为中进行选择有两种基本的方法,一个是对顺序的随机决定,另一个是预组合序列。这两种对采用的言语行为序列的决定方式说明,激活这种决定的条件可能和请求目标有关。其他的学者假定,言语行为的序列是由一些以请求目标为特征的图式所激活的。这种看法表明,请求目标在决定采用哪种言语行为的顺序时,起着一种决定性的作用。

假设五 在构建间接请求时,采用哪些语言机制取决于请求的内容。

Labov、Fanshel(1977)、Francik、Clark(1985)、Gibbs(1986)、Berger(1988)、Levelt(1989)以及 Meyer(1994)等的研究可以支持这一假设。他们的研究证明,说话者确实使用许多规约性的语言机制,包括对听话者能力的质疑,意愿和允许等。对这些语言机制的选择,受到了说话者对影响满足请求的主要障碍的感知及其他因素的影响。我们有理由证明这些因素和请求的内容有关。例如,一个对听话者是否拥有某物的询问(你有……?)应该和借东西的请求很相似,而不是和其他的请求相似。对于潜在的障碍,说话者应该在估计听话者不提供所需信息的原因之前,首先要牢记请求的内容。因此,在构建间接请求时,请求的内容决定着语言机制的选择。

假设六 在特定的语境下,对障碍的描述使得一些正在发生的请求变成规约性的间接请求,而其他的请求却不能。

这一假设可以由 Ervin-Tripp(1976)、Clark、Gibbs(1985)、Gibbs(1981,1986)、Garcia(1993),以及 Bargiela-Chiappini、Harries(1995)的研究支持。他们的研究说明,从传统的意义上来看,有些间接请求行为不是严格的规约

性间接请求,因为这些言语是在特殊的社会情境下非任意性地使用的。在某种情境下,构建恰当的请求取决于对一种合约的设计,这一合约把许多不同的信息都考虑在内,其中包括几个步骤:首先,说话者确定自己缺少哪些信息,通过一个可能的资源,开始构建一个找到这些信息的计划。其次,说话者必须找到一个把自己要找到所需信息的计划插入在某些特定的语境中信息持有人正在执行的或者计划执行的行为中去的方法。最后,说话者在这一合约中设计一个请求,作为一个话论,来处理信息拥有者提供信息的潜在障碍。因此,这一假设证明,在对信息拥有者的障碍进行描述时,某些处理机制使得有些请求变成了规约性的间接请求,而另一些却不能。

假设七 在特定的语境中,面子威胁行为的威胁程度使得某些礼貌策略变得适合规约性的间接请求,而有些却不合适。

这一假设可以由 Clark、Schunk(1980),Brown、Levinson(1987),Holtgraves、Srull 和 Socall(1989),Brown、Gilman(1989),Holtgraves、Yang(1990,1992)以及 Roberts、Kreuz(1994)的研究给予支持。他们的研究表明,不同的间接请求可能不会完全一样地适合某些特定的社会情境。规约性的间接请求在特定的社会情境下和在另一个情境下不会一样适合。似乎不同的社会语境使得某些间接请求成为规约性的,而其他的则不是。虽然这有一定的原因,但是,一些规约性的间接请求在许多社会情境中都是合适的。因此,社会语境在选择规约还是非规约的间接请求中起着重要的作用。但是,它本身不能决定这个选择。现有的理论表明,在 Brown、Levinson 的面子威胁行为中,在特定社会语境的间接请求中,和语言机制匹配的礼貌策略的选择可以使得正在发生的请求使用规约性间接请求,而有些却不能。

4.3 研究方法

为了检验以上的假设,我们需要设计一些恰当的方法。我们知道,在语言学和心理语言学研究中,构建了许多言语和语言产出方面的方法。但是哪一种对目前的研究来讲是适合的,这需要仔细地考虑。因此,我们首先回顾一下这些不同的语料收集方法,以便发现它们的优点和缺点,然后为本研究确定适合的方法。

4.3.1 研究方法综述

在言语和语言产出的研究中,特别是言语行为的产出中,已经采用了许多研究方法和工具,包括对自然发生的数据的实地观察、角色扮演以及书面问卷调查,包括语篇补全测试,自由话语补全测试,以及多项选择问卷调查法等。

从实地观察到书面问卷调查,数据有可能变得虚假而不自然。有人可能会错误地认为,真实的语料是有效的而虚假的语料是无效的,实际上并非如此,因为自然发生的语料并非都是有效的,在一个特定的情景下一个人会使用固定的表达方式,这是很难概括的。另一个需要注意的是,如果使用的是口语语料,对数据的分析,比如,行为的间接性,可能会把相关性归因于相关的因素而且排除一些非相关的因素比如停顿,或者错误的开始,使得这些语料更加的不真实或者不自然,但是当采用非口语语料时,就不会出现这种情况。也许,现在已经很清楚了,每种方法都有其独特的优点,同时也有其缺点,最终在有效和可信任及其实用性这两方面会有一个补偿性选择,特别是在博士论文研究中更是这样。因此,在有效性和可行性的权衡方面,是一个我们应该牢记的很重要的因素。也就是说,不管采用什么方法,我们必须要考虑其在研究中的有效性和可行性。

4.3.1.1 自然发生的语料

Cohen(1996:391)认为,使用自然发生的语料的好处是:"……可以比使用预先确定的受试者的研究中对更多的受试者进行研究。而且,原则上,我们可以使用特定言语行为发生的频率感。"Cohen(Ibid:391~392)和Bardovi-Harlig、Hartford(1993)的看法一致,他进一步描述了使用自然发生的语料的优点:1)语料是自然发生的;2)语料反映了说话者所讲的,而不是他们认为他们应该讲的;3)说话者是对一个自然语境的反映,而不是对一个非自然的和可能不熟悉的语境的反映;4)语境性事件在真实世界里有一个结果;5)事件可能是一个丰富的语用结构的来源。

Cohen(Ibid:392)还指出了在使用这些语料时的困难:1)被研究的言语行为可能不会总是自然地发生;2)熟练度和性别可能会很难控制;3)收集和分析这些语料会很花费时间;4)语料中可能没有足够多的或者任何所需要的例子;5)录音设备的使用可能会具有侵入性;6)使用记笔记的方式补充或者取代录音的方式取决于记忆。

Beebe、Takahashi(1989)也指出了使用自然发生的语料的不足之处。他们发现笔记中的自然发生的语料对于同学、亲戚和同伴等所使用的语言存在偏向,因为这些人是记录者要和其交际、观察的人。他们还发现观察者喜欢使用简短的对话,因为他们不能在本子上记下长段的对话。最后,观察者倾向于记录那些非典型的,或者不地道的发音因素的语句,因为这些语句在常规的语句中显得很突出。

4.3.1.2　诱出的语料

我们可以通过角色扮演(说和听)以及问卷法等获得诱出的语料。这些诱出手段已经被各个方向的研究者在对言语行为的实证研究中所采用。例如,根据心理逻辑学的传统,Hoppe-Graff 等(1985)通过使用诱导技术收集语料的方式做了实证研究。而 Fraser 等人(1980)根据语言学方向的传统,通过诱导的方法试图找出语境因素在人的请求策略的选择中所起的作用,以及英语本族语者和英语本族语西班牙语初学者之间,可能存在的差异中所起的作用。他们认为,选择诱导的方法是对直觉法和观察法这两种极端方法的折中。但是,Blum-Kulka、House 和 Kasper(2989:135)认为,观察法和诱导法所产生的结果是相似的。通过使用观察法收集的反映间接程度的语料和通过诱导法所产生的语料的比例相当。

就诱导法本身而言,口语方法和书面方法也有细微的区别。Gibbs(1981,1985)做了三个实验,其中一个试图检验规约和语境在理解间接请求时的作用。他给了受试者 16 种情景,让他们假定自己是主角,从而诱导出 5 种不同的话语,并让他们写下来。他指出,初步研究表明要求受试者口头陈述他们的请求和要求他们写下他们的请求,这两种情况下生成的请求是非常相似的。Rintell、Mitchell(1989)研究了用口语角色扮演和话语补全测试两种方法得到的回应是否有差别。他们的结论是,不管是用书写的还是口头的方法收集的语料都是非常相似的。而且,他们还指出,虽然有一些差异,但是这些差异一点都不明显。他们认为这两种方法并没有太大差异的原因是因为问卷用的是一种角色扮演的方法。这就是为什么角色扮演和问卷调查被归入诱导法范畴的原因。

4.3.1.2.1　角色扮演

Rintell、Mitchell(1989:250)指出,在角色扮演中,"实验者通过口头描述的方法把情景描述给受试者,然后让他们说出他们所扮演的角色在这一情景下可能会说的话。最好的办法是受试者在实验者所描述的情景下进行角色扮演"。这两个学者还指出了这种方法的优缺点。其优点是"受试者有机会说出他们想说的话,而且,他们的口语语言被认为是他们自然说话的最好的体现"。有可能的缺点是,"因为受试者是在进行角色扮演,而不是身临其境地在交际。我们不知道受试者的反应能多大程度地代表他在现实生活中遇到这样的情景时所说的话"。另一个缺点是,受试者有可能感觉自己是在被测试,然后会相应地调整他们的反应(Rintell and Mitchell,1989:251)。

　　Kasper、Dahi(1991:228-229)指出,"公开的角色扮演方法的优点是它允许在整个话语语境下对言语行为进行检测,而它和真实对话语料两种共同的缺点就是他们都需要抄写"。Sasaki(1998:479)把角色扮演法和话语补全测试法进行了比较,认为"虽然在这两种方法中,反应所运用的主要言语行为(比如请求的 head act 和支持话步等)的类型非常相似,但是在角色扮演中,作出反应的时间更长一些,而且使用的策略更多一些"。

4.3.1.2.2　产出问卷

　　在言语行为和言语行为序列层面上我们所需要的是产出语料,因此,我们从众多可能的产出方法中选择了产出问卷法。产出问卷实际上是给出某些特定情景的一系列短小的书面角色扮演,要求参加者为每一个题目写出一个问题,请求或者完成对话的一个话论,从而诱导出一个特定的言语行为。Kasper(2000a:326)对产出问卷做了综述,这些产出问卷都是从话语补全测试中演变来的。她区分了传统的话语补全测试和其他三种方法的区别,这三种方法是:对话构建问卷法,口语反应开放问题法和自由反应开放问题法。实际上,Kasper 描述的对话构建问卷法,指的是我们现在经常使用的自由话语补全测试法与 Hudson、Detmer 和 Brown 所称的开放式话语补全测试法。为了区分这些方法,下面我们就来讨论一下话语补全测试,自由话语补全测试和第三种的产出问卷——多项选择问卷法。

4.3.1.2.2.1　话语补全测试法

　　话语补全测试法已经被广泛地采用,但是,同时也受到了大量的批评(Kasper and Dahi,1991)。许多研究中都采用了这种方法,它既有优点,也存在许多不足之处。其优点之一就是,通过大量发放问卷,容易收集大量的语料。许多学者已经提到过这一优点。(Beebe and Curming,1966;Johnston et al.,1998:157;Rintell and Mitchell,1989:250;Rose,1992:51–52;Sasaki,1998:458;Wolfson et al.,1989:183)。正像 Rintell、Mitchell(1989:250)提到的那样,它的另一优点是,它可以有效地控制对研究很重要的语境变量。Johnston 等(1998:157)也指出,因为这一方法不需要转写语料,因此,可以避免不恰当的转写和错误的理解。

　　但是,话语补全测试也有一些不足之处。最大的不足就是,在诱导出口语反应时,我们使用的媒介是书面语,因为话语补全测试需要受试者写出书面反应来代替言语行为(Hinkel,1997:20)。这一缺陷可以导致更大的问题,那就是,因为它关系到实际的措辞,语法规则和策略的权衡,回应的长度,或者完成一项功能所需要的话论的数量等问题,因此,这种方法不能诱导出自然的言语(Cohen,1996:394)。

而且,我们很难判断出受试者在这种测试方法下所写下的话语是否能够代表他们在自然发生的对话中所讲的话语。其他潜在的问题是,回应的长度受到预留空间的限制,甚至他们可能会根据自己对词汇的熟悉度而选择特定的语言形式。而且,受试者可能会认为书面语比口语要正式一些,从而选择一些更加正式的语言(Rintell and Mitchell,1989:250)。Wolfson等(1989)还指出了这样的问题,我们在多大程度上可以认为这些书面的反应能够代表口语反应?这些简短的不依赖语境的书面片段是否比得上那些实际交际中典型的较长的话语?通过对这种方法的优缺点的描述,我们可以看出话语补全测试法对于研究言语产出来讲,并非一种合适的方法。

4.3.1.2.2.2 自由话语补全测试法

自由话语补全测试法在问卷上提供了一些测试言内行为的方法。对于每一个问题都描述了一个初步的情景,并对每一个参加者的交际目的进行了详细的陈述,而且每一个实际的言语行为都可以开放地回答,并特别告知参加者可以尽可能多地写下他们认为每一个情景需要的话语。这要求参加者写出一系列情景中对话或者开放式角色扮演中双方所讲的话语。这种Beebe等所详细描述的产出问卷法在美国被用来研究言语行为。

虽然自由话语补全测试法在许多方面都和话语补全测试很相似,但其也有自己的优缺点。其主要优点在于,我们可以用一种比较的方式研究言语行为序列特征,自由话语补全测试的自由形式允许对话用一种更自然的方式发展下去,而在话语补全测试中,所有的对话都是以听话人的反应结束的。这一方法还具有其他产出问卷所共有的一些优点。比如,容易控制语境变量,言语行为产出的情景更灵活,虽然是书面的形式但是其和自然口语形式的交际非常的相似等。

虽然让一个参与者控制交际情景,因为其知道对话结果,而且由一人决定双方的话语似乎可以避免任何复杂的谈判的可能性,但事实并非如此。自由话语补全测试中所诱导出的交际形式是相当复杂的,和单个的言语行为相比,其内部协调的程度相当高。这就说明参与者不得不和一个想象的对方在进行交际直到他们达到最终的和解。也就是说,参与者不得不在对话中扮演一个想象的对手而不是自己,也就是说,有些反应并非是真实可靠的(Rose,1992:57;Wolfson et al.,1989:181)。

而且,在问卷中详细地描述每一个参与者的交际目的是相当虚假的,因为在自然发生的对话中,说话者在交际前可能并不确定自己的交际目的,也许他只有在交际过程中才作出决定的。因此,虽然自由话语补全测试法比话语补全测试法在某些方面更好一些,但是,对于言语产出研究中的语料收集并非一种合适的方法。

4.3.1.2.2.3　多项选择问卷法

第三种书面形式的方法就是多项选择问卷法。这一方法为受试者提供了回应的选项。多项选择问卷法在理解测试中(例如,Olshtain and Blum-Kulka,1985;Tanaka and Kawade,1982),评价测试(例如,Bergman and Kasper,1993;Fraser,rintell and Walters,1980;House,1988;Rintell,1981)以及判断测试(Olshtain and Blum-Kulka,1985)中被广泛地运用。

Rose(1992)和 Hinkel(1997)使用多项选择问卷法得到产出语料,然后和话语补全测试法收集的语料进行对比。结果表明,多项选择问卷法通过给他们提供一些他们也许没有想过的,但是觉得更加合适的答案,可以扩展受试者对答案的选择。而且,多项选择问卷法比话语补全测试法更能够控制语料,因为语料都是被限制在提供的选项中。这些都是多项选择问卷法的优点。除此之外,它还具有话语补全测试法一样的优点,即通过书面描述可以确保描述的一致性。但是,要是需要口语语料,多项选择问卷法和话语补全测试法有相同的缺点,即使用书面方式获得口语语料。

4.3.2　本研究采用的数据收集方法

在分析了以上那些方法的优缺点之后,我们决定取长补短,形成一种适合本研究的方法。我们期待这种方法能够克服以上描述的方法的局限性,并充分保证实验的效度和信度。因此,我们采用并修改了角色扮演和产出问卷法,并形成了一种三维问卷法。

4.3.2.1　三维问卷语料收集法

Kasper、Kellerman(1997:104)认为三维问卷语料收集法是一种采用不同语料来源,"来从不同的方法论角度研究一个问题",并把这一方法的功能归纳为创造"一个把信息最大化的机会"。这一方法的优点是多重的。Kasper、Kellerman(1997:105)指出,第一个优点是减少任何可能发生的任务偏见,从而提高研究发现的客观性水平。第二,和只信赖一种方法相比,从多种方法中得到相似的结果具有更高的可信度。但是,三维问卷语料收集法不能被认为是一种万能的或者是简单的过程,我们还要抛弃那种认为语料越多越好的错误观点。实际上,每一种方法呈现的是现实的不同的视角。因此和其他的语料类型不具有直接的对比性。

Cohen、Levesque(1992:248)认为,三维问卷语料收集法是"使用多种研究方法从而避免使用单一研究方法的缺陷或者偏见"。Bardovi-Harlig、K. 和 Hartford(1993:149)认为,我们在采用多种方法研究一个事物的时候,不应该把多种结果的简单相加就认为是一个总的结论。Bardovi-Harlig、K. 和 Hartford 的观点与 Beebe、Curnming(1996:78)的观点是一样的,后者认为,"在研究过程中,每一个资料组都应该根据语境进行单独地描述"。除此之外,Johnston、B、Kasper G 和 Ross,S(1998:165)讲道:"不同的方法不能随意地组合,相反,它们强调了在一个具体的研究项目中有必要详细说明某一种方法的重要性,并要大致说明每种方法和研究对象的关系以及使用的各种方法之间的关系。"

本研究使用三维问卷语料收集法的目的和 Kasper、Kellerman(1997:104)所强调的本方法的两个主要目的是一样的。在角色扮演和产出问卷法的基础上,我们设计了三种类型的问卷,作为收集语料的方法。我们设计的问卷,一方面,要阐述间接请求构建的不同方面,获得关于参与者是如何评价问卷中的情景参数的有关信息,这就使我们能够从语用和心理的视角,来理解我们的研究结果。另一方面,这种多维度的方法将会从不同的方法论角度,对参与者的心理过程进行评价。这样考虑是很重要的,因为这样的语料对于提高研究结果的效度是非常重要的。

4.3.2.2 三种类型问卷的设计

从以上的描述我们可以看出,不管是角色扮演还是这三种类型的产出问卷(话语补全测试法、自由话语补全测试和多项选择问卷法),虽然它们可能在语言学的其他领域是合适的,但是,它们都不是木研究所需要的最佳的方法。因此,本人取长补短设计了以下的实验方法。应该指出的是,因为适用性问题,我们并非在每一个实验中都采用这三种方法来收集语料。

4.3.2.2.1 角色扮演单一补全问卷法

角色扮演的主要优点是,说话者可以言无不尽,而且他们的口语语言被看作是比书面语更加自然的语言。其主要缺点,比如参与者参加测试的感受以及需要转写等,可以通过使用产出问卷,以及允许对话自然发展而得到缓和。而且,如果这两种方法结合起来并做恰当的修改之后,就没有必要转写语料。这样的话,我们就汲取了两种方法的优点,设计了一种角色扮演单一补全问卷法。

在这一方法中,我们告知参与者准备参加情景中的角色扮演,并告知他们,他们是每一个情景中的主角,并像在实际情景中那样去扮演。为了避免听话人一下子就同意说话人的间接请求,我告诉参与者只写出在没有听话人在场作出回应情况下的间接请求。这种独特的设计避免了在话语补全测试和自由话语补全测试中参与者大脑中所形成的无效和不真实的信息的出现,从而确保了研究结果的准确性。

4.3.2.2.2　角色扮演多项补全问卷法

这种问卷是在角色扮演单一补全问卷的基础上做了一些改变,汲取了角色扮演和产出问卷的优点。这两种问卷的主要区别在于,前者要求参加者只写出一个间接请求,而后者要求参加者写出 5 个不同的间接请求。问卷说明中只告诉参加者写出 5 个不同的间接请求,但并不是写出他们所知道的任何的间接请求。另外,在问卷说明中还指出,参与者所写出的 5 个间接请求的意义必须是一样的。这样,我们就可以收集到在间接请求构建中使用了多少种语言机制,以及每一个语言机制在不同的情景下使用的频率。为了保证准确性,所有的参与者必须写出他们首先想到的那些语言机制。

4.3.2.2.3　角色扮演多项选择问卷法

在多项选择问卷和角色扮演的基础上,本人设计了这种角色扮演多项选择问卷法。和我们其他的两种问卷一样,在这种问卷下,告知参与者想象自己就是每一个情景中的主角,并像在实际情景中那样去扮演。但是和另外两种问卷不同的是,参与者要在 10 个句子中选择 6 个,或者是从 9 个句子中选择一个自己认为是在每一个所给的情景下最恰当的。如果是要选择 6 个句子时,参与者还需要把这 6 个句子按使用可能性的顺序排列,即从可能被使用由强到弱的顺序排列。这样,我们就可以确保这一问卷和角色扮演多项补全问卷起到同样的作用,以便提高语料的可靠性,从而达到我们多维度语料收集的目的。

第 5 章 实验设计

在本章中,我们进行了四个实验,以通过对心理构建过程中的一些语用因素的论证,来验证我们的理论和实证假设。这些实验是基于以下理论的:Faerch、Kasper(1983,1986)的自动和创造过程,Levelt(1989)的连续和平行模式,交际目标在决定间接请求言语行为序列的作用,构建间接请求所采用的某些语言机制的内容,在某些特定语境下障碍描述使得有些请求成为规约间接请求而另一些则成为非规约间接请求。同时我们还考虑了特定语境下面子威胁行为的权重。所有的实验都是在第三章所描述的间接请求构建模式下进行的。在本章中,我们将对每一个实验结果进行实证讨论,对模式中没有验证的成分进行理论分析,还会根据实验结果和一些理论概括分析构建间接请求的跨学科话题。

5.1 实验一:构建请求的言语行为序列的决定因素

5.1.1 概述

从工作记忆中的一系列言语行为中选择的一个言语行为进入请求信息的特定计划中的方式对于本实验是非常重要的。从认知的角度看,似乎有两种解释。一种是有可能是随机的,还有可能就是从长时间的记忆存储中得到的(Meyer,1994)。随机的解释表明,在构建请求之前,说话者从一系列的行为中选择(比如,道歉、请求、许诺等),而且在产出的第一个阶段之前,就已经决定了言语行为的顺序。至于哪个言语行为在最前面,会受到逻辑优先权或者临时波动的影响。

这一观点说明,最开始时,每一个言语行为都会被独立地进行检索。因此,当一个特定的图式和一些不同的言语行为联系起来的时候,每一个言语行为都会被独立地进行检索,并且同时被激活。用这种方式激活的一组言语行为将会通过随机的方式进行排序。这样,至少在新的情景下,信息计划中的言语行为顺序就有可能是按随机的顺序决定的。另一种解释言语行为顺序的说法是,说话者有时候会从长期记忆存储中寻找一个包含预组合的言语行为序列的模板。

这一模板可能会规定,比如,一个解释、一个请求和一个承诺等按顺序完成。这一观点认为,在重复使用有随机方式决定的相同的言语行为序列的情况下,个人会从频繁出现的事件序列中,用他们习得这些模板的相同的方法,来提取一些包含这一序列的模板(Kellermann, 1991;Schank, 1982)。一旦一个模板被提取之后,每一个言语行为的产出就会按照从上到下的方式受到它的指导。

在预组合的序列中,信息计划的最上端将会最有可能被工作记忆中现存的请求情景图式所激活。因为适合请求的言语行为的数量是有限的,频繁使用的序列(比如,解释—请求)经过长时间的使用,会和许多不同的情景图式结合起来(Meyer,1994)。这就说明,说话者提取预组合言语行为序列的能力在许多方面都是有利的。

第一,它会使说话者很快就启动一个信息,因为不需要时间来决定这些言语行为序列(Greene and Lindsey,1989;Greener, McDaniel, Buksa and Ravizza,1993)。第二,可以减少由和相同语境下的言语行为比较而产生的错误开始和沉默的可能性(Meyer,1992b)。第三,因为它对能力基本上没有要求,因此,会减少一个言语行为在还没有产出就消失的可能性。

如果说话者的确掌握有言语行为模板,而且这些模板的激活条件是由请求目标和情景特征为特点的图式(Meyer,1994),那么他将会观察包含相同请求目标和相应的情景特征情景中所使用的言语行为序列中更复杂的那些结构,而不是那些包含相同请求目标但是情景特征不同的情景下的言语行为中更复杂的结构。我们之所以可以这样推断,是因为在前一情景中,说话者应该提取每一个情景中的相同的图式。因此,在每一个情景中,都会提取出相同的预组合言语行为序列。

相比之下,在后一种情景下,每一个情景可能会提取出不同的图式来,这样,在后一种情景下提取到相同预组合言语行为序列的可能性就会小很多。这就说明,相同言语行为序列在那种请求目标相同、情景特征完全相同的情景出现的平均次数要比请求目标相当,但是情景特征不同的情景种出现的次数要多。要是请求目标和目前的情景特征与选择的言语行为序列相关的话,就可以用来支持以上这个假设。

　　一方面,如果一个言语行为序列的激活条件只包含一个情景特征,而没有一个请求目标的话,那也可以支持我们以上的假设。另外,我们还发现,包含相同请求目标但是不匹配的情景特征下的言语行为序列的一致性要比包含不同请求目标和不匹配的情景特征完形情景下的言语行为序列的一致性要强。这一发现说明,被激活的请求目标的类型也会影响被提取的序列的类型。

　　尤为重要的是,如果言语行为序列是由包含一个请求目标和情景特征的图式所激活的话,那么一个不同的图式将会被激活从而会将后者(即包含不匹配情景特征的情景)中每一个情景进行排序。要是这种情况能够发生,并且每一个图式都会和一个不同的模板相关联,那么有相同请求目标,甚至即便请求目标只是一个激活条件的这样一个情景中,言语行为序列的一致性也不会很大。

　　另一方面,要是频繁使用的那些模板和许多不同的情景图式关联起来的话,那么,不同图式激活同一模板的可能性就会很大,图式会包含与提取言语行相关的相似的元素。如果请求目标是这样一种元素的话,那么包含相同请求目标的情景中的言语行为序列的一致性会比包含不同请求目标的情景中的言语行为序列要强一些。因此,我们初步认为,包含相同请求目标和不同情景特征的情景中相同言语行为序列出现的平均次数会比包含不同请求目标和不同情景特征情景中相同言语行为序列出现的平均次数要多。

　　为了检验以上两种假设和我们的假设四,即计划目标促使说话者在构建请求时对言语行为的序列进行确定,我们还考虑了一些其他的语用因素,观察了在决定言语行为序列的过程中的一些类型。在这个实验中,我们设计了两种问卷——角色扮演单一补全问卷法和角色扮演多项补全问卷法来收集语料。

5.1.2　实验方法

5.1.2.1　受试者

　　在这个实验中,有32名来自梅登黑德的参与者来完成角色扮演单一补全问卷。其中,两份问卷被排除了,因为参与者没有按照指示填写问卷,或者没有填写完整份问卷。另外,为了单元格能够一致,我们又随机抽调了两份问卷。因此,32名受试者中,只有28份(15名男性,13名女性)问卷参与了分析。另外30名里丁大学的人员参加了角色扮演多项补全测试。其中2名参与者因为没有按照指示答题或者没有做完整份问卷,他们的问卷被排除。因此,30 人中有 28 人(14 名男性,14 名女性)完成了整套问卷,参与了问卷的结果分析。所有的参与者都是英语本族语者,他们的职业不同(有秘书、工程师、语言学家、家庭主妇、大学生、航空专家、科学家、计算机系统分析员、开发工人、翻译人员、技工、经理、工厂工人、看门人、营销人员、公务员、医生、销售代理、前台服务员、银行总监、信息技术顾问、教师、画家、退休人员等)。他们的年龄从 20 岁到 65 岁不等(平均年龄 40.5 岁)。

5.1.2.2 自变量

其中一个自变量——相似的情景,在两种问卷的每一种里,都包含三个层次的相似的情景。这主要用来影响对任务的处理负荷的,对于角色扮演单一补全问卷,我们要求每一个受试者写出在 24 种假设的请求情景中他们想说的话。有 8 个情景包含相同的请求目标(请求借东西)和相同的情景特征,另外 8 个情景包含相同的请求目标但是不匹配的情景特征,还有 8 个情景包含不同的请求目标和不同的情景特征。

这三种条件形成了三个层次的相似情景因素。在角色扮演多项补全问卷中,我们要求每一个参与者写出在 24 种假设的请求情景下的每一个中他们可能会说的 5 种不同的请求。这一问卷在以下方面和角色扮演单一补全测试是一样的,那就是,有 8 个情景包含相同请求目标和相同的情景特征,8 个情景包含相同情景目标不匹配的情景特征,还有 8 个情景包含不同的请求目标和不同的情景特征。这三种条件也形成了三个层次的相似情景因素。相似的情景和两种类型的问卷构成了前两个自变量。

这一实验要研究的是情景因素对言语行为序列一致性的影响,为了使实验结果具有可信度,我们还在两种问卷中设计了包含匹配的情景特征的请求类型。在角色扮演单一补全测试中的同一目标同一情景特征完形的情景下,参与者的目标是借东西,在同一目标不同情景特征完形的情景下,参与者的目标是要阻止一个行为的发生(借东西—阻止行为情景)。

在角色扮演多项补全测试中的前一种情景下,包含一个阻止某一行为的请求目标,后一情景中包含一个借东西的请求目标(停止行为—借东西情景)。两种问卷中还设计了相同目标相同情景特征条件下的相关的社会特征。在请求类型变量的第一层面,相同目标相同情景特征条件下,有一半参与者要面对的相关的社会特点是交际双方的亲密程度高,而且请求的内容强加度很高,另一半参与者面对的是亲密程度低,请求内容强加程度低。相关的社会特征被看作是第三个自变量。

5.1.2.3　因变量

为了说明在构建间接请求时的言语行为序列是如何决定的,我们采用了 SPSS 11.5 中的 T 检验和方差分析来研究以上描述的自变量(3×2×2)对因变量——相同言语行为序列发生的次数的最大值的影响。我们计算出了在每一个相似层面中的八种不同情景下的相同言语行为序列出现的平均次数,以此来验证我们的假设二以及假设三和假设四中 Levelt 的序列和平行模式。

为了把平均数差异减到最小,我们的言语行为序列一致性分析主要是针对一个包含三个行为的序列——请求前行为,请求行为,请求后行为。当忽略了其他的行为而只采用这种确定的言语行为序列时,要是参与者利用了预组合序列模板的话,我们通过分析这三种主要的行为就可以得到预测的一致性结果。

5.1.2.4　问卷材料

我们在每种问卷中都把三个自变量中的相似的情景(三个层面)作为一个自变量。第一层面中的八种情景是请求借东西,包括借纸张、钢笔、自行车、汽车、雨伞、出租房、笔记本电脑和钱等。

第二层面的八种情景是请求听话人停止一个行为,包括停下车去买香烟,停止大声地放音乐,停止提高会费,不要让洗手间水龙头开着,不要把汽车停在不方便的地方,不要把脚放在桌子上,不要持一种非正常的固执的观点和停止谈话。

第三层面的八个情景包含请求让自己试穿鞋子,请求调换座位,请求打印一些文件,请求搭顺风车,请求给一盒火柴,请求把打印机打开,请求按照照片画一幅画,请求用车把公寓里的一些东西搬走。

在以上已经描述过的三种情况,即相同请求目标相同情景特征、相同请求目标不同情景特征和不同请求目标不同情景特征,在每一种问卷中都有设计。因为在后两种情况下都有不匹配的情景特征,因此,这些不匹配的情景特征的差异,比如,说话人和听话人的亲密程度(熟悉或不熟悉),绝对的强加程度(高或低),说话人和听话人相比地位高低(高、中或者低)就会使实验结果,即言语行为序列的一致性变得真实可信。

因此,我们使用了两种不匹配的情景特征集合(集合 A 和集合 B)。在每一个集合内,我们把强加程度(高或低)、熟悉度(亲密或疏远)以及说话人的地位(高、中或者低)组合在一起,使得社会特征的差异达到最大化。这两个不匹配的社会特征的集合是互补的,这样,参加第一类问卷的一半受试者,在相同目标不同特征的情景下使用集合 A,另一半受试者在不同目标不同特征的条件下使用集合 B。对于参加第二种问卷的参与者,在前一情景下使用集合 B,在后一情景下使用集合 A。

也就是说,在第一种问卷中我们分别把 24 种假设情节设计成两种。除了 2 名参加者,其他 15 名都参加了这两种。第一种包括:4 个问题,设计的是相同目标相同情景特征中相关社会特征的一种——亲密程度和强加程度都高的情况;还有 8 个问题(3 个是亲密程度和强加程度都高,3 个是关系生疏强加程度低,2 个是亲密程度高但是强加程度低)。

这些是为集合 A 设计的,相同目标不同情景特征中的相关社会特征不匹配的情况。第二种包括:4 个问题,设计的是相同目标相同情景特征中相关社会特征中的另一种,即亲密程度不高强加程度也不高的情况;8 个问题(3 个亲密程度和强加程度都高的,3 个亲密程度和强加程度都低的,2 个亲密程度低而强加程度高的)。这些是为集合 B 设计的,不同目标不同特征下的相关社会特征不匹配的情况。

在第二种问卷中,我们也分别把 24 种假设情节设计成两种。除了 2 名参加者,其他 14 名都参加了这两种。第一种包括:4 个问题设计的是相同目标相同情景特征中的相关社会特征的一种——亲密程度和强加程度都高的情况,这和第一类问卷是一致的。不同的是,第一种还包括另外 8 个问题(3 个是亲密程度和强加程度都高,3 个关系生疏强加程度低,2 个是亲密程度低但是强加程度高)是为集合 B 设计的,即相同目标不同情景特征下的相关社会特征不匹配的情况,设计的第二种在相同目标相同情景特征下和第一种问卷是一样的。

不同的是,这种里面还包含另外 8 个问题(3 个亲密程度和强加程度都高的,3 个亲密程度和强加程度都低的,和 2 个亲密程度高而强加程度低的)是为集合 A 设计的,即不同目标不同情景特征下的相关社会特征不匹配的情况。这种设计是和四个组间受试者参加的问卷类型相交叉的,组间受试者问卷是把请求类型和相关社会特征相交叉后得到的 12 个列表,每一种问卷各 6 个,每个列表中的情节都是按随机的顺序排列的。

5.1.2.5　实验步骤

这两种问卷设计有四种类型 12 个列表,分别由笔者的两名外国朋友分发给 32 名不同职业的梅登黑德人和 30 名里丁大学不同职业的人。参与者首先阅读答题规则,答题规则中解释说,他们是每一种情景中的主角,并要像实际发生的情景那样去回答问题。当梅登黑德那组的参与者,读了角色扮演单一补全测试问卷时,要在每种情景下写出他们最可能对另外一个人说的请求。里丁大学的参与者在对了角色扮演多项补全测试问卷时,要在每种情景下写出他们最有可能对另一个人说的意义相同的 5 个不同的请求。需要强调的是,他们要写出他们首先想到的那些请求,而且整个问卷要在半个小时之内完成。问卷在发放两周后由笔者的三个朋友在里丁大学和梅登黑德收回。

5.1.3 结果分析

两种类型的问卷一共产生了 1140 个请求,其中在角色扮演单一补全测试中产生了 200 个请求,在角色扮演多项补全测试中产生了 940 个请求。为了分析参与者在角色扮演多项补全测试中怎样决定言语行为序列的这个问题,虽然这不是本实验的主要任务,我们还是为每一个情景中的 5 个有序的请求提供了一个得分量表 1～5 分(第一个请求 5 分,最后一个 1 分,中间的依次是 4～2 分)如果相同的序列用相同的方式出现 2 次以上,那么我们会单独计算每一个序列的得分(见表 5-1)。

表 5-1 不同序列言语行为的得分平均值
(多重角色扮演完成的问卷)

情景特征	言语行为序列类型						平均值
	称谓形式请求行为	请求行为解释	单一请求行为	允诺请求行为解释	允诺请求行为	剩余序列	
相同目标相同特征	4.10	3.86	3.00	2.29	2.10	—	3.07
相同目标不同特征	3.79	4.00	3.14	2.57	1.55	—	3.01
不同目标不同特征	3.50	3.21	3.66	2.73	2.40	—	3.10
平均值	3.80	3.69	3.27	2.53	2.02	—	3.06

在 940 个请求中,一共出现了 38 个独特的言语行为序列,其中的 5 个占总请求的 72.0%,它们是:称谓语—请求做某事(22.6%),请求做某事—解

释（17.3%），仅仅请求做某事（14.1%），解释—请求做某事—许诺（9.8%），请求做事—许诺（8.2%），其余的33种序列出现的比例是1.5%或者更低。

为了收集参与者首先想到的那些请求，从而保证实验的信度和效度，我们只对角色扮演多项补全测试的参与者在每个情景中写出的第一个请求进行了分析，其他的请求以备以后的分析使用。我们对角色扮演多项补全测试中的188个请求进行了分析，为了使单元尺寸相等，我们对角色扮演单项补全测试中的12个请求进行了排除，这个前面已经提到过了。一共整理了376个请求，并把它们看作独立分句用来分析言语行为序列。

为了使我们对内部编码的估计确实可信，我们让两名英语第一语言者独立判断了50分请求，刚开始，他们只是对其中的三份意见有分歧，但是，进一步分析讨论之后，他们对所有的请求都取得了一致意见。然后，我们对每一个言语行为所包含的单位进行了编码。

编码计划包含以下14种的言语行为：请求做某事——规约间接请求，请求做某事——不规约间接请求，请求做某事——直接请求，请求做某事——提议、解释、对世界的陈述、许诺、道歉、请求提供信息、称赞、恳求、主张要求、表达感激和其他等。为了保证可信度，300个请求（579个单位）分别由本人和一个英语本族语者进行独立的编码。一致性达到0.96。进一步讨论之后，我们对300个请求的取得了完全一致的编码。其他的76个请求（143个单位）由本人单独完成编码。另外，解码是和另外一名英语本族语者讨论进行的，他也赞同我的分析。

为了证明工作记忆中的言语行为序列是如何进入一个请求信息的特定计划中去的，我们对每一个请求中包含多于3个言语行为的核心序列进行了识别。这些行为包括：请求做某事前的言语行为，请求做某事，以及请求做某事后的言语行为。我们把言语行为序列限制在3个，目的是考虑到情景相似这一因素，我们要减少平均言语行为数量的差异。

因为有些请求只有一个或者两个言语行为，但是采用了三个言语行为序列只能为这种区别提供部分的控制。对言语行为平均数的方差分析 A3（情景相似性）×2（请求类型）×2（相关社会特征），产生了三种情景特征的相互作用〔$F_{(2,112)} = 8.411, p = .000$〕。方差齐次性检验结果表明，各组的因变量的误差方差是一样的〔$F_{(15,96)} = .631, p = .842$〕（本章中所有其他实验的方差齐性检验都发现，因变量在各组中的误差方差都是一样的，因此，在以后的实验中，我们将不再一一说明）。

单变量方差分析表明，对组间实验的结果中，相关社会特征的影响并没有一个显著性差异〔$F(3,112)=1.879$，$p=.138$〕，而且，请求类型，请求特征和相关社会特征之间的相互影响也没有显著性差异〔$F(2,112)=.420$，$p=.658$〕。均值显示不同情景特征下的言语行为平均数量具有显著性差异（相同目标，相同特征下均值 $M=1.688$，相同目标不同特征下均值 $M=1.922$，不同目标不同特征下均值 $M=2.029$），多重比较实验中，在对情景特征的多重比较后，发现相同目标相同特征和相同目标不同特征之间，以及相同目标相同特征和不同目标不同特征之间存在显著性影响。（$p=0.006$ vs. $p=0.001$）（见表5-2）

表 5-2　三个情景特征之间的互动多重比较

情景特征	情景特征	平均差（I-J）	标准差	显著性
相同目标 相同特征(借)	相同目标 不同特征（阻止）	-.2946（*）	.08929	.006
	不同目标 不同特征	-.3482（*）	.09320	.001

注释:1. 基于可观察的均值。

2. *平均差在 0.05 水平是显著的。

独立样本 T 检验表明,在借东西—阻止某个行为/关系生疏—强加程度低的条件下,当目标相同特征相同时,言语行为的平均数量（$M=1.57$）比目标相同特征不同条件下的数量（$M=2.2$）要少（$t=-3.332$，$p=.004$）。通过把请求类型和匹配的相关社会特征相交叉对比,我们发现,这种相同的显著性差异也存在于其他三组组间实验中,即借东西—阻止某个行为/亲密关系—强加程度高情况下（$M=1.6154$ vs. $M=1.9$，$t=-1.192$，$p=.250$），阻止某个行为—借东西/关系生疏—强加程度低（$M=1.54$ vs. $M=1.9$，$t=-1.849$，$p=.085$）和阻止某个行为—借东西/亲密关系—强加程度高（$M=2.0$ vs. $M=1.7$，$t=-1.419$，$p=.174$）。

在四组组间实验中的一组中,我们还发现,相同目标—不同特征和不同目标—不同特征两种情况下,言语行为的平均数也存在显著性差异。独立样本 T 检验还表明,在阻止某个行为—借东西/关系亲密—强加程度高的情况下,相同目标不同特征中的言语行为平均数量（$M=1.7$）比不同目标不同特征下的数量（$M=2.3$）少,而且成显著性差异（$t=-3.464$，$p=.009$）。

通过把请求类型和匹配的相关社会特征两者交叉对比之后,我们会发现,相同的差异在其他三组组间实验中不具有显著性,即阻止某个行为—借东西/关系生疏—强加程度低($M=1.9$ vs. $M=2.3$, $t=-1.461$, $p=.182$),借东西—阻止某个行为/亲密关系—强加程度高($M=1.9$, vs. $M=1.8$, $t=.447$, $p=.667$)以及借东西—阻止某个行为/关系生疏—强加程度低($M=2.2$ vs. $M=1.9$, $t=1.897$, $p=.094$)。图5-1显示的是参与者在三个情景特征不同的情况下使用的言语行为的平均数量。

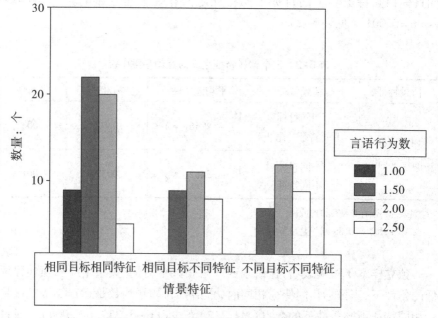

图5-1　三个不同情景中言语行为的平均数

　　为了检验前面的假设,即同一言语行为序列出现的平均次数在相同目标相同特征情况下比在相同目标不同特征情况下出现的次数多,我们计算了每一个参与者在每一个情景特征相似的层次上的八个情景中使用的相同言语行为序列的最大值。

　　但是,为了使以上提到的每一个相似情景中的两种相关社会特征下出现的言语行为序列的数量一致且便于计算,我们随机去掉了两个情景,即在相同目标相同特征下的关系生疏强加度低和关系亲密强加度高的这两个情景。我们将这些分值叫作"一致性"分值,表5-3显示的是通过正交试验设计的每一个言语行为序列的平均值。

表5-3 言语行为序列平均一致性得分

情景相似性	相关社会特征		平均值
	不熟悉 低强加	很熟悉 高强加	
	借物行为终止条件		
相同目标 相同特征（借）	2.07	1.92	2.00
相同目标不同特征（终止）	1.80	2.00	1.90
不同目标不同特征	1.20	1.00	1.10
平均值	1.69	1.64	1.67
借物行为终止条件			
相同目标相同特征（终止）	1.64	1.64	1.64
相同目标不同特征（借）	2.40	2.20	2.30
不同目标不同特征	1.60	1.40	1.50
平均值	1.88	1.75	1.81

注释：表5-3中的数字表示6种请求情景中言语行为相同序列发生的平均数（除了相同情景相同特征层面相等状态）。

图5-1中的A3（情景相似性）×2（请求类型）×2（相关社会特征）单独的方差分析显示了这些一致性分值。单因素方差分析说明，情景相似性的影响具有显著的差异〔$F_{(2,93)} = 7.429, p = .001$〕。单变量方差分析表明，情景相似性和请求类型之间的相互作用具有显著性特征〔$F_{(1,93)} = 3.876, p = .024$〕。

图5-1还显示，单独进行的情景相似性和请求类型的两两比较检验（借东西—阻止某个行为和阻止某个行为—借东西）证明，在情景相似性和请求类型之间的相互影响也是显著的。

在前面陈述过的关于言语行为模板的激活因素的预测中，我们期望相同目标相同特征情况下的相同言语行为序列出现的次数会比相同目标不同特征情况下的次数多。

当相同目标相同特征条件下包含的是借东西的请求，而相同目标不同特征条件下包含的是阻止某一行为的请求时（借东西—阻止某个行为条件），前一条件下序列出现的一致性（$M = 2.0$）比后一条件下序列的一致性（$M =$

1.9)要高一些,但是,这些差异没有统计学意义(t=.396,df=36,p=.694)。

和我们的预测相反的是,当相同目标相同特征条件下包含的是阻止某个行为,相同目标不同特征条件下包含的是借东西时,(阻止某个行为—借东西条件)后一条件下的一致性(M=2.3)比前一条件下的一致性(M=1.64)要高得多(t=-2.486,df=36,p=.018)。

因此,我们的实验结果并不支持这一预测。另外一个预测认为,在相同目标不同特征条件下言语行为序列的一致性要比不同目标不同特征条件下的一致性要高一些。

实验结果是,当相同目标不同特征条件下包含的是阻止某一行为的请求时(借东西—阻止某一行为条件),前一条件下的一致性(M=1.9)要比在不同目标不同特征条件下的一致性(M=1.1)要高些(t=3.151,df=18,p=.006)。

当在相同目标不同特征条件下包含借东西请求时(阻止某一行为—借东西条件),相同序列出现的平均次数(M=2.3)也比在不同目标不同特征条件下的平均次数(M=1.5)明显地高(t=2.954,df=18,p=.008)。因此,实验结果是支持我们的这一预测的。在三种不同情景特征条件下相同言语行为序列出现的平均数情况见图5-2。

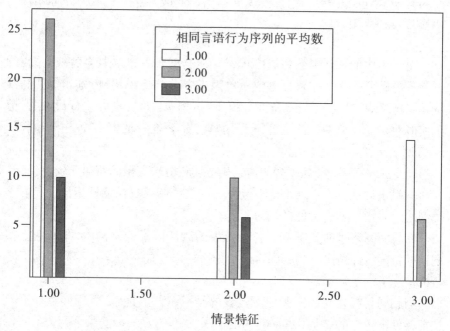

图5-2　三个情景中言语行为序列的平均数

　　图 5-2 中对四组组间实验中的一组(阻止某一行为—借东西/强加程度高情况)进行的独立样本 T 检验表明,在相同目标不同特征条件下的言语行为平均数量比在不同目标不同特征条件下的数量要少。

　　图 5-2 中的平均分值表明,当请求中的言语行为的数量少的时候,相同的言语行为序列出现的次数就有可能会多,这一因素可能会对阻止行为—借东西这一条件产生影响(见表 5-4)。

表 5-4　终止借行为比较一致性得分/高强加条件

情景相似性	言语行为平均数	相同言语行为序列数
相同目标不同特征	1.7	2.2
不同目标不同特征	2.3	1.4

　　独立样本 T 检验表明,在其余的阻止—借东西/低强加条件下,相同目标不同特征下的言语行为序列的一致性(M=2.4)比在不同目标不同特征下的一致性(M=1.60)要高(t=2.309,df=8. p=.049)。T 检验表明,总的来讲,在阻止—借东西状况下,在相同目标不同特征下的言语行为序列一致性得分(M=2.3)比在不用目标不同特征下的得分(M=1.5)要明显地高(t=2.954,df=18,p=.008)。(见表 5-5)

表 5-5　言语行为序列平均一致性得分及终止借物行为条件下两个不匹配情景特征之间的互动

情景特征	数量	平均值 2	Levene 的方差齐性检验		平均值齐次性 T-检验		
相同目标不同特征	10	2.30	显著差异	显著性	t 检验	差异	显著性(2-tailed)
不同目标不同特征	10	1.50	.336	.569	2.954	18	.008

　　因为在借东西—阻止/强加程度高和借东西—阻止/强加程度低这两种条件下,言语行为的平均数量存在明显性差异,因此,和不同目标不同特征条件相比,我们观察到的相同目标不同特征条件下的言语行为序列的更高的一致性不可能会对言语行为的平均数量产生影响。

　　前人的研究表明,预组合言语行为序列是由以请求目标和情景特征为特征的图式所激活的(Meyer,1994)。如果这是正确的话,包含相同目标相

8

同言语行为序列的情况下,要是所有情景都包含相同的情景特征,相同言语行为序列出现的频率应该比包含不匹配的情景特征下出现的频率要高。但是我们的实验结果并没有支持这一预测。但是,在相同请求目标情况下,相同序列出现的次数比不同情况目标下出现的次数要更加频繁。这样来讲,请求目标似乎更便于预测言语行为序列出现的次数。(见表5-6)

表5-6　言语行为序列观察中请求目标预测一致性

(I)情景特征	数量	Mean	(I)情景特征	(J)情景特征	平均差(I-J)	显著性
相同目标 相同特征(借)	56	1.82	相同目标 相同特征(借)	相同目标 不同特征(终止)	-.2786	.298
				不同目标 不同特征	.5214(＊)	.016
相同目标 不同特征(终止)	20	2.10	相同目标 不同特征(终止)	相同目标 相同特征(借)	.2786	.298
				不同目标 不同特征	.8000(＊)	.002
不同目标 不同特征	20	1.30	不同目标 不同特征	相同目标 相同特征(借)	-.5214(＊)	.016
				相同目标 不同特征(终止)	-.8000(＊)	.002

注释:＊平均差在0.05水平显著。

　　参与者在相同的情景下的确使用了相同的序列,对这种相同序列程度的研究的确是非常有用的。本研究的一个预测,即在包含匹配的目标和匹配的特征的情况下,受试者在8个请求中都会采用相同的序列。但我们的实验结果中并不能看出这一点。在相同目标相同特征条件下,相同序列出现的平均次数仅有1.82次。38个核心序列的结果显示,出现频率最高的序列(称呼—请求)出现的比例大约是五分之一(22.6%),而且平均来讲,参与者的确在八种请求中几乎是两次使用了相同的序列,说明信息是过量的。但是,数据并没有证明以下这个观点:在借东西—阻止行为目标情景下,当相关社会特征(比如强加程度和熟悉度等)是一样的时候,参与者使用相同的言语行为序列。

　　对于一致性相对较低的分值,可以用顺序随机决定的观点来解释(Merger,1988;Meyer,1994)。这一观点认为,对于很多请求而言,参与者计划中的言语行为顺序是有随机的方法确定的,而不是有一个被检索的模板决定的。当情景图式同时向多个平行的言语行为发出激活信号时,这些行为因为在信息产出之前已经排好了顺序,因此变得更加容易获得。这种情况可以解释以上的观点。至于在相同目标(在借东西—终止情景下 M = 1.95;在阻止—借东西情景下 M = 1.97)情景下的一致性是否显著地高于不同请求目标(在借东西—终止情景下 M = 1.10;在阻止—借东西情景下 M = 1.50)情景下,这可能要取决于这样一种事实,即相同的非排序的一些言语行为在前一情景下更容易被激活。这就会提高用相同序列构建一个计划的可能性。但是,在相关社会特征条件下并没有发现更高的一致性(关系疏远且强加程度低时 M = 1.79;关系亲密且强加程度高时 M = 1.70)。这有可能说明,请求目标对被检索的言语行为序列的影响要比强加程度和亲密程度等相关情景特征对其的影响更大一些。

实验结果似乎更加支持言语行为序列是随机排序的这一说法。当然了,对于实验结果我们还有另外一种解释,那就是,参与者平时使用检索预组合序列的频率要比他们在实验中使用的频率高一些。要是参与者用来组织他们对情景感知的认知结构有可能包含除了社会地位、强加程度和熟悉度等之外的特征的话,以上的解释就可以讲得通。这些特征有可能包括权利,说话者的个人利益和其他的利益等。

如果真是这样的话,受试者在包含相同目标相同特征的八个情景下有可能会激活大于八个的不同图式。如果这些图式能够激活不同的序列的话,就可以解释在那些情景下得分低的原因了,而且还可以解释为什么在相同目标相同特征下的一致性得分(M = 1.82)比在相同目标不同特征下的一致性得分(M = 2.10)低的原因了。这一解释说明,在包含许多情景特征的情景下(包含除了社会地位,强加程度和熟悉度之外的其他特征),而不是像在本实验中仅仅包含三个相关社会特征下,前者的一致性可能会比后者更高些。

研究结果似乎证明,请求目标比相关的社会特征(强加程度、熟悉度)更能预测出言语行为序列的一致性,因此似乎可以支持我们的假设4,即计划目标决定说话者在构建请求时的言语行为序列。前人的许多关于社会特征对请求行为的影响的研究(Berger,1988;Greene and Lindsey,1989;Leichty and Applegate,1991;Greene,McDaniel,Buksa and Ravizza,1993;Cody,Canary and Smith,1994;Meyer,1994;Turner,1996;Reiter,2000;Barron,2002;Upadhyay,2003;Hernandez and Mendoza,2002)都证明了本实验的假设,即对请求目标的研究和对社会特征的研究一样重要。

　　如果我们对于请求目标作为一个独立变量起作用的特殊性水平有更多的了解将会是非常有用的。正像我们预测的那样,在包含相同请求目标情景下,言语行为序列的一致性水平要高于包含不同请求目标的情景。实验结果还说明,不管情景中包含匹配的还是不匹配的情景特征,对言语行为序列过量现象没有太多的影响。我们所观察到的言语行为序列一致性相对较低的情况说明,计划中的言语行为序列可能更多情况下是随机性的,而不是由对一个抽象模板检索出来的。但是我们的实验说明,预组合序列可能是基于重复地使用由随机方法排列的相同言语行为序列之上而产生的。

5.2　实验二:构建间接请求的语言机制的决定因素

5.2.1　概述

　　许多研究者认为,在间接请求的微观计划之前,说话者已经决定了有可能使用的语言机制范围。但是,让人难以理解的是,说话者是怎样决定在间接言语行为中,即我们所熟知的间接请求行为中采用哪种语言机制的。现存的认知模式表明,间接请求的单一的语言机制是从许多语言机制中选出来的,而这些语言机制都是通过被激活而选出的。Brown、Levinson(1987)的5个优先策略可以看出这些。这五个优先策略是:积极策略,消极策略,非公开策略,公开策略和不作为策略。(Brown and Levinson,1987;Levelt,1989;Farch and Kasper,1986;Meyer,1994;Harley,2001;Barron,2002;Upadhyay,2003 等)。

　　我们知道,说话者的确采用了许多的会话机制,其中包括对于听话人能力的提问,比如"你能告诉我你们今晚几点关门吗?",对听话人意愿的提问,比如"你愿意给我带一瓶啤酒吗?",或者请求别人允许的,比如"我可以给它贴上邮票吗?"等。根据障碍假设(Gibbs,1981:9,6),说话者对语言机制的选择受到其对主要的障碍(听话者的能力、意愿等)的认知的影响,并且用言辞表达这一请求,为的是明确这一障碍。

　　障碍假设理论阐述了一些在选择间接请求的恰当的语言机制时所使用的认知机制。但是,值得注意的是,有些话语,比如"你能告诉我现在是几点了吗?"经常在听话者的能力没有障碍的情况下使用。这就说明,语言机制的选择可能受到除了障碍之外的其他因素的影响。

　　现存的理论说明这样的因素有可能是说话人希望表达的礼貌程度。

Clark、Schunk(1980)和 Brown、Levinson(1987)的研究可以证明,不同的语言机制表达不同的礼貌程度。这个证据说明,某个情景所需要的礼貌程度受到三个独立的社会变量的影响,即说话者的地位、熟悉度和强加程度。如果语言机制的选择受到礼貌程度的影响,那么似乎我们可以相信,以请求目标和情景特征为特征的图式也许可以成为激活语言机制的条件。

　　在实验一中,我们发现,请求目标在言语行为序列中似乎更可能成为一个预测的因素,但是,我们不清楚请求的内容是否会影响对语言机制的激活。我们有理由说明这有可能是事实。比如,"你有……?"这个句子在表达请求时,在借东西的可能性比其他的可能性要大。这个实验的目的是要证明我们的论断:语言机制是由包含间接请求内容和情景特征的图式所激活的。

　　这个实验收集的语料是用来分析间接请求中使用的语言机制的一致性的平均分值,这和实验一中要验证的言语行为序列是平行的。如果参加者是依赖于某个语言机制的间接请求内容和情景特征所规定的图式的话,那么对于某个特定的个体来讲,在相同间接请求内容相同特征情景下使用相同语言机制出现的次数要比在相同请求内容不同特征情景下出现的次数要多。

　　这一假设可以推出,相同语言机制类型在相同间接请求内容相同特征情景下出现的平均次数要比在相同间接请求内容不同特征情景下出现的次数要明显的多。如果间接请求的内容和有关的情景特征都和言语行为语言机制的选择有关的话,就可以证明这个观点。

　　在实验一的结果中似乎可以看出,一个既定的语言机制会和许多不同的情景图式产生关联。如果间接请求的内容和语言机制的选择有关的话,当图式包含相同的间接请求内容时,激活同一机制的不同图式出现的可能性比不包含相同请求内容时出现的可能性要大。以此,我们可以判断,语言机制使用的一致性在包含相同间接请求内容但是不匹配的情景特征下,比在不同间接请求目标和不匹配的情景特征条件下的一致性要高一些。因此,我们可以初步认为,相同的语言机制类型出现的平均次数在包含相同间接请求目标不同特征条件下比在包含不同请求目标不同特征条件下会明显地高。

　　为了验证以上两种假设,以便发现某个语言机制是如何通过被激活的,从一些语言机制中被挑选出来的,以及来验证假设五的内容,即在构建间接请求时请求的内容会激发对某些语言机制的使用,以及来证明器械使得说话者决定使用某一语言机制的其他的语用因素,我们设计了两种问卷——

角色扮演单一补全测试问卷和角色扮演多项选择问卷(从给出的九个句子中选择一个最适合每一情景的句中)来收集语料。这个实验有三个内容——情景相似性环境,每个句中都采用了六个或八个情景来验证以上描述的相关假设。为了具有普遍性,在相同间接请求内容——相同特征环境下,情景特征的设置也做了一些特定的处理。

5.2.2　实验方法

5.2.2.1　受试者

为了研究需要,有梅登黑德地区的33个人参加了角色扮演单一补全测试问卷。其中2名受试者的问卷被排除,因为没有按照要求或者没有完成整份问卷。另外为了单元格能够一致,有一名受试者被随机的排除。因此33名受试者只有30名(16名男士,14名女士)的问卷参与了结果分析。

另外在里丁大学的32个人参加了角色扮演多项选择问卷(从给出的九个句子中选择一个最适合每一情景的句中)。其中两名被排除,因为没有按照要求或者没有完成整份问卷。因此32名受试者中只有30人(13名男士,17名女士)的问卷完成了问卷并最后参与了结果分析。所有的受试者都是英语本族语者,他们的职业不同,实验一中已有描述。年龄从18到64不等(平均年龄41.8岁)。

5.2.2.2　自变量

我们在两种问卷中都设计了三个层次的内容——情景相似性的情景作为一个独立变量。在角色扮演单一补全测试问卷中,要求每名受试者分别在22个假设的请求情景下写出一个他将会说的句子。有六个情景包含相同的间接请求内容(比如,请求想要属于听话人的某个东西)和相同的情景特征。有八个情景包含相同的间接请求内容但是不匹配的情景特征。

另外还有八个情景包含不用的请求内容和不同的情景特征。这三种情况的差异构成了三个层面的内容——特征相似性因素。在角色扮演多项选择问卷中,要求每位受试者在给定的22个假设的请求语境下从9个不同的句中中选出自己认为最合适的话。这种问卷和角色扮演单一补全测试问卷是一样的:6个情景包含相同的间接请求内容和相同的情景特征。

有8个情景包含相同的间接请求内容但是不匹配的情景特征。另外还有8个情景包含不用的请求内容和不同的情景特征。这三种情况也构成了三个层面的内容——特征相似性因素。这种内容——情景相似性和两种类型的问卷构成了前两个自变量。

虽然这个实验主要是研究间接请求内容—情景因素对语言机制一致性的影响,为了使得结果相对可信,两种问卷中都设置了间接请求的内容。在角色扮演单一补全测试问卷中,在相同间接请求内容—相同特征情景中,受试者要面临的情景是要索取某一个东西,而在相同内容不同特征下受试者要劝说别人做某事(索取—劝说条件)。

在角色扮演多项选择问卷中,在前一情景中受试者要面临的情景是去劝说别人做某事,而后一情景中要索取某样东西(劝说—索取条件)。同样我们还设置了相同目标相同特征下的相关社会特征。在简介请类型的第一层面,两种问卷中描述的相关社会特征都是一半是关系亲密和强加程度高,另一半是关系疏远和强加程度低。相关社会特征是第三个自变量。

5.2.2.3 因变量

我们采用了 SPSS11.5 中的 T 检验和单独的方差分析来验证我们所描述的自变量对因变量的影响——在构建间接请求时同一语言机制出项的最多次数。我们对每一个内容—相似情景层面的相同语言机制出项的平均次数都做了统计,来验证假设二和假设五,假设五即在构建间接请求时请求的内容会决定采用哪一种语言机制。

5.2.2.4 问卷材料

我们设计了四类 22 种假设情景。每一类都有 15 或者 16 个参与者完成。每一种问卷都包含两类。每一种问卷中都设计了一个自变量(三个层面)。每一种问卷中,有八个情景(6+2)是说话者索取某个东西,包括 10 英镑、一本很受欢迎的小说、一支烟、一瓶啤酒、一双鞋、六枚邮票、骆驼牌香烟和一些蛋糕等。有八个情景(6+2)是说话者说服听话人做某事,包括劝说某人消减会费,把车停在方便的地方,把脚从桌子上挪开,把烟头放进垃圾桶,买一台新的 IBM 笔记本电脑,不要吃太多过咸的食物,及时付房费,放弃抽烟等。

另外的八种情景是说话者请求听话人重新考虑自己的决定,和听话人换位置,帮说话人打出一些文件的题目,让说话人搭顺风车,参照说话人女(男)朋友的照片画一幅当作礼物的画,把球扔回来,修理复印机,再次提交下次会议的提案。

每种问卷中一共有三种场景:相同情景内容和相同特征,相同内容不同特征,不同内容不同特征。因为在相同内容不同特征和不同内容不同特征两种场景都包含不匹配的情景特征,在这些不匹配的特征中的差异的最大化,比如说话人和听话人的距离(熟悉或者不熟悉),强加的程度(高或者低),和听话人相比说话人的地位(高、平等或者低)将会使得实验中使用语言机制的一致性的结果更加可信。因此,我们对不匹配的情景特征采用了两个集合(集合 A 和集合 B)。

在每个集合内,强加程度(高或者低)、熟悉度(亲密或者疏远)和说话者地位(高、平等或者低)被组合在了一起使得相关社会特征的差异最大化。两个集合中的不匹配的社会特征是互补的,这样,参加第一种问卷的受试者在相同内容不同特征情景下使用集合 A,在不同内容不同特征情景下使用集合 B,而对于参加第二种问卷的受试者,在前一情景下使用集合 B,在后一种情景下使用集合 A 也就是说在前一种问卷中,我们设计了两类共 22 个假设的间接请求的情景,有 15 名或者 16 名受试者完成了第二种的一类。

第一类设计的是在相同内容相同特征场景下的相关社会特征(亲密关系高强加)有关的三个问题,还有 8 个问题(3 个是亲密程度和强加程度都高,3 个是关系生疏强加程度低,2 个是亲密程度高但是强加程度低)。这些是为集合 A 设计的,相同目标不同情景特征中的相关社会特征不匹配的情况。第二类包括:3 个问题,设计的是相同目标相同情景特征中相关社会特征中的另一种,即亲密程度不高强加程度也不高的情况;8 个问题(3 个是亲密程度和强加程度都高的,3 个是亲密程度和强加程度都低的,2 个是亲密程度低而强加程度高的)。

这些是为集合 B 设计的,即不同目标不同特征下的相关社会特征不匹配的情况。在第二种问卷中,我们也分别设计了 2 类共 22 种假设情景。15 名都分别参加了这两类。第一类包括:3 个问题设计的是相关社会特征的,即相同目标相同情景特征中的亲密程度和强加程度都高的情况,这和第一种问卷是一致的。不同的是,第一类还有另外 8 个问题(3 个是亲密程度和强加程度都高,3 个是关系生疏强加程度低,2 个是亲密程度低但是强加程度高)是为集合 B 设计的,即相同目标不同情景特征下的相关社会特征不匹配的情况,设计的第二类在相同目标相同情景特征下和第一种问卷是一样的。

不同的是,第二类里面还包含另外有 8 个问题(3 个是亲密程度和强加程度都高的,3 个是亲密程度和强加程度都低的,2 个是亲密程度高而强加程度低的)是为集合 A 设计的,即不同目标不同情景特征下的相关社会特征不匹配的情况。这种设计是和 2 个组间受试者参加的问卷类型相交叉的,组间受试者问卷是把请求类型和相关社会特征相交叉后得到的 12 个列表,每一种问卷各 6 个,每个列表中的情节都是按随机的顺序排列的。

5.2.2.5　实验步骤

这两种问卷设计有 12 个列表 4 种类型,分别由笔者的两名外国朋友分发给 33 名不同职业的梅登黑德人和 32 名里丁大学不同职业的人。参与者首先阅读答题规则,答题规则中解释说他们是每一种情景中的主角,并要像实际发生的情景那样去回答问题。梅登黑德那组的参与者在读了角色扮演单一补全测试问卷时,要在每种情景下写出他们最可能对另外一个人说的请求。里丁大学的参与者在对了角色扮演多项补全测试问卷时,要在每种情景下的 9 个意义相同的句子中选出他们最有可能对另一个人说的一个请求。需要强调的是,他们要写出他们首先想到的那些请求,而且整个问卷要在半个小时之内完成。问卷在发放两周后由笔者的三个朋友在里丁大学和梅登黑德收回。

5.2.3　实验结果分析

两种类型的问卷一共产生了 345 个请求,其中在角色扮演单一补全测试中产生了 175 个请求,在角色扮演多项补全测试中一共选出了 170 个请求。为了单元格一致,我们把角色扮演单一补全测试种 5 个句子排除了。因此一共有 340 个句子作为独立的句子参与了分析。为了验证假设 5,所有的这些句子都由 2 名英语本族语者按照间接请求行为进行了独立的编码。

刚开始时,他们对其中的 8 个句子意见有分歧,但是进一步分析讨论之后,他们认为 4 个句子不是间接请求别人做某事的行为,而剩下的 336 个句子两人认为都是。每一个句子作为间接请求行为,都从它所使用的语言机制方面被编了码。编码体系表明受试者一共使用了以下的 9 中不同的语义机制。

允许说话人征询听话人同意满足说话人的请求行为(我可以……吗?);想要/愿望—说话人表达了一种特别的愿望,从中听话人可以推断出自己要采取行动来满足说话人的愿望(我想……可以吗?);陈述事实—非规约间接请求,说话人陈述某一事实,从中听话人可以推断出有必要采取某个行为(这个信息不正确);拥有—说话人询问听话人是否有或者知道某一个想要的行为(你有……?);能力—说话人提问一个有关听话人能力的问题来完成渴望的那个行为(你能……?);强加—说话人给听话人提供一个机会来完成渴望的那个行为(你介意……?);承诺—说话人寻问听话人是否愿意帮助完成这个渴望的行为(你愿意……?);只说出名字—说话人只是简单地说出听话人做某个行为后自己能够得到的物体的名字(一瓶啤酒);嵌入式—说话人只是把一个范畴嵌入到另一个范畴中去(我在想你能否……?)。

为了保证结论的可靠性,我们和一名英语本族语者对属于以上 9 个范畴的间接请求的 100 个句子的语言机制进行了编码,两人的一致率是 0.95。通过进一步讨论后对所有的句子两人意见取得了完全一致。剩下的 236 个句子的编码是由本人单独完成的。解码时,和另外一名英语本族语者讨论并取得了一致意见。使用频率最高的一个语言机制是"能力",占语言机制的 35.1%。其他的语言机制的比例是:许诺(22.0%),陈述事实(15.2%),承诺(14.0%);愿望(5.9%);强加(3.3%);嵌入(2.4%),拥有(1.2%);只说出名字(0.9%)。表5-7是每一个范畴中每一个语言机制的实际数量和比例。

表5-7　10 类语言机制编码比例

类型	句子	数量	占比
能力	Can you …?	118	0.351
允许	May I …?	74	0.220
事物状态	It's not solid enough for the information.	51	0.152
承诺	Will you …?	47	0.140
需求/渴望	I would like …?	20	0.059
强加	Would you mind …?	11	0.033
蕴含	I was wondering if you could …?	8	0.024
所有	Do you have …?	4	0.012
仅表明	The ads booklet.	3	0.009
总数		336	1.000

我们用正交试验设计法来分析内容情景相似性、间接请求类型和相关社会特征三者之间的相互影响,A3(内容情景相似性)×2(间接请求类型)×3(相关社会特征)的方差分析得到了一致性分值。这对内容—情景相似性产生了一个巨大的影响,$[F(2,120)=10.880, p=.000]$,在内容情景相似性和间接请求类型之间有显著的影响$[F(2,120)=16.106, p=.000]$,内容情景相似性、间接请求类型和相关社会特征三者之间有显著性影响$[F(3,120)=3.561, p=.017]$。但是相关射体特征的影响并没有达到显著性水平$[F(2,120)=0.087, p=.916]$。

为了验证假设五,即在相同内容相同特征层次下的 6 个情景中相同语言机制出现的最多次数,我们进行了两种分值的统计。首先,是在相同内容不同特征层次下的 8 种情景和在不同内容不同特征层次下的 8 个情景,其次,每一个受试者在内容—情景相似层次下的 6 个情景中相同语言机制出现的最大次数都做了统计,这些分值我们称之为一致性分值。图 5-3 和图 5-4 分别展示的是在 3 种相关社会特征下和两种相关社会特征下的索取—劝说和劝说—索取条件下的语言机制的平均一致性分值的对比。

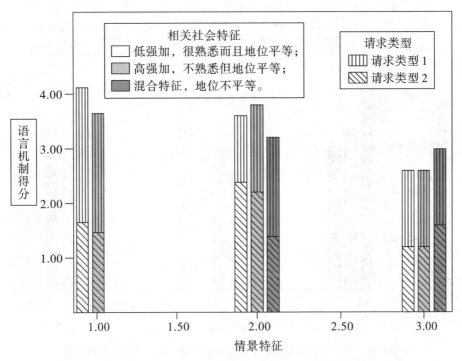

图 5-3 三个内容情景特征中语言机制平均一致性得分之间的比较

我们前面预测过,在相同请求内容相同特征条件下,相同语言机制出现的次数比在相同请求内容不同特征条件下的次数要高。当相同内容相同特征条件下要作出索取的请求,而相同内容不同特征条件下要作出劝说某人做某事(索取—劝说)的请求时,独立样本 T 检验表明,在前一条件下(两种相关社会特征下 M=2.34)受试者使用相同语言机制的一致性比在后一种条件下(3 种相关社会特征下 M=1.53,在两种相关社会特征下 M=1.40)更高一些(前一条件下 t=4.711,df=43,p=.000,后一条件下 t=5.233,df=38,p=.000)。

　　在劝说—索取情况下,一致性得分和我们的预测完全相反。在相同内容不同特征下进行索取请求时,一致性(三种相关社会特征下 M=2.00,两个相关社会特征下 M=2.3)要比在相同内容相同特征下进行劝说请求时(M=1.57)一致性显著地高(前一情况下 t=-2.458,df=43,p=.018,后一情况下,t=-4.024,df=38,p=.000)。因此,两种社会特征和三种社会特征的状况都不支持我们的预测。

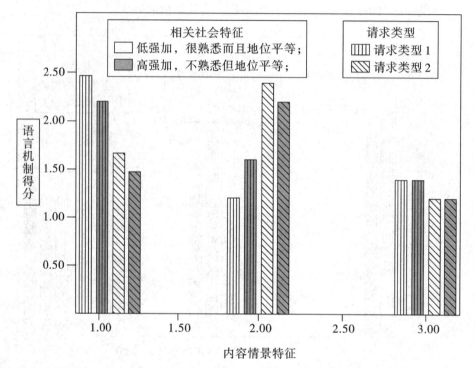

图5-4　三个内容情景特征中语言机制平均一致性得分之间的比较

　　我们的另一预测是,在相同内容不同特征条件下语言机制的一致性比在不同内容不同特征条件下的一致性要高。独立样本 T 检验表明三种相关社会特征下当在相同内容不同特征下作出请求时(索取—劝说条件),语言机制的一致性(M=1.53)并没有比在不同内容不同特征条件下(M=1.40)的一致性高(t=0.632,df=28,p=.532)。在有两种相关社会特征下,相同内容不同特征条件下的得分和在不同内容不同特征条件下的得分是一样的(t=.000,df=18,p=1.000)。

　　但是独立样本 T 检验表明,当在相同内容不同特征条件下(M=2.0)作

出请求时(劝说—索取),语言机制的一致性比在不同内容不同特征条件下
(M=1.33)的一致性要高(t=3.162,df=28,p=.004)。而且在有两个相关
社会特征时,相同内容不同特征条件下(M=2.30)作出请求时也比在不同内
容不同特征下(M=1.2)一致性要高(t=5.425,df=18,p=.000)。这样,我
们的预测只有在劝说—索取情况下才成立。

表5-8 和表5-9 分别展示的是 A3(内容情景特征)×2(间接请求类型)
×3(相关社会特征)的方差分析的语言机制的平均一致性得分的分布情况。
表5-8 和表5-9 代表在所有渐渐请求情景下相同语言机制出现的平均次
数,通过对比我们发现,在间接请求内容一样时,包含匹配特征的情景中,且
在索取—劝说情况下,比包含不匹配的特征时相同语言机制重复的可能性
更大一些。这可以支持我们前面的预测。但是当在劝说—索取状况下,劝
说情景包含匹配的特征,索取情景包含不匹配的特征时,请求的语言机制的
一致性依然很高。

表5-8　语言机制平均一致性得分(在三个相关社会情景中)

情景内容相似性	相关社会特征			平均值
	不熟悉 低强加	很熟悉 高强加	非匹配 社会特征	
请求—劝说条件				
相同内容相同特征(请求)	2.47	2.20	＊　＊	2.34
相同内容不同特征(劝说)	1.20	1.60	1.80	1.53
不同内容不同特征	1.40	1.40	1.40	1.40
平均值	1.69	1.73	1.60	1.76
劝说—请求条件				
相同内容相同特征(劝说)	1.67	1.47	＊　＊	1.57
相同内容不同特征(请求)	2.40	2.20	1.40	2.00
不同内容不同特征	1.20	1.20	1.60	1.33
平均值	1.76	1.62	1.50	1.63

注释:表中的数字表示相同语言机制在三个相关社会情景中各种请求情况下所发生的平均数。

表5-9　语言机制平均一致性得分(在二个相关社会情景中)

内容情景相似性	相关社会特征		平均值
	不熟悉 低强加	很熟悉 高强加	
请求—劝说条件			
相同内容相同特征(请求)	2.47	2.20	2.34
相同内容不同特征(劝说)	1.20	1.60	1.40
不同内容不同特征	1.40	1.40	1.40
平均值	1.69	1.73	1.71
劝说—请求条件			
相同内容相同特征(劝说)	1.67	1.47	1.57
相同内容不同特征(请求)	2.40	2.20	2.30
不同内容不同特征	1.20	1.20	1.20
平均值	1.76	1.62	1.69

注释:表中的数字表示相同语言机制在两个相关社会情景中6种请求情况下所发生的平均数。

正像表5-8和表5-9显示的那样,情景中包含索取还是劝说内容这一因素对语言机制的一致性的影响比包含匹配的还是不匹配的特征对其影响更大些。在相同内容不同特征情况下和不同内容不同特征情况下(索取—劝说),语言机制一致性没有达到显著性差异(见表5-10)。

表5-10　语言机制平均一致性得分及二种不匹配特征在请求劝说条件下独立样本T检验
(三个相关社会特征中)

内容情景特征	数量	平均值	Levene 的方差齐性检验		平均值齐次性 T-检验		
			差别显著性	显著性	t 检验	差别	显著性(2-tailed)
相同内容不同特征	15	1.533	1.622	.213	.632	28	.532
不同内容不同特征	15	1.400					

从表5-10中也可以看出,情景特征不会影响相同语言机制的使用。因

此,表 5-8 和表 5-9 中展示的索取—劝说情况下两者的相互影响似乎只能归因于请求内容是索取时比内容情景相似时的语言机制一致性要高这一原因了。

　　我们的实验设计还假定了相同语言机制在相同间接请求内容情景下比在不同请求内容情景下出现的次数要高,其中设计的两个集合的情景都包含不匹配的特征。这一假设只有在间接请求内容是索取时才成立。有趣的是,在请求内容是劝说的情况下语言机制重复的次数很少。但是,像表 5-8 和表 5-9 展示的那样,当相同内容不同特征情况下内容是劝说时和相同内容相同特征情况下内容是劝说时,语言机制的一致性似乎受到劝说内容的影响比受到情景特征的影响要大一些,因为,在相同内容不同特征条件下内容为劝说时(有三个相关社会特征时 M=1.53,有两个相关社会特征时,M=1.40)比在相同内容相同特征条件下内容为劝说时(三个或两个社会特征时 M=1.57)语言机制的一致性并无显著性差异(见表 5-11)。

表 5-11　两种不匹配特征之间劝说内容独立样本 T 检验(在两种请求类型之间)

Levene 的方差齐次性检验		平均值齐次性 T-检验			
差别显著性	显著性	t 检验	差别	显著性(2-tailed)	平均差
.155	.696	−.900	38	.374	−.1667

　　这些发现表明说话者在间接请求时可能习惯性地依赖某个特定的语言机制,被选择的语言机制的一致性似乎受到请求内容的影响比收到情景特征的影响要大些。要是从间接请求内容和语言机制中获得联想的可能性是激活频率的作用的话,那么对于受试者来讲索取请求可能比劝说请求会出现得更加频繁(在有三个情景特征下索取请求时 M=2.17,劝说请求时 M=1.55;有两个情景特征下索取请求时 M=2.32,劝说请求时 M=1.485)(见表 5-12)。

表 5-12　请求及劝说内容之间出现频率独立样本 T 检验(两个相关社会特征中)

Levene 的方差齐性检验		平均值齐次性 T-检验		
差别显著性	显著性	t 检验	差别	显著性(2-tailed)
5.106	.027	7.297	78	.000

这些发现表明,不管内容是索取的还是劝说的请求,在构建间接请求时,正是请求的内容,而不是情景特征能够导致对某些语言机制的使用。这可以支持我们的假设5,即在构建间接请求时,请求的内容会导致某些语言机制的使用。因此我们还可以说,在构建间接索取请求时采用的语言机制比在构建劝说请求时使用的语言机制的使用要频繁一些。

这一发现表明,社会地位,熟悉程度和强加程度并不是语言机制被激活的相关的条件,因为表5-9可以看出,在索取—请求状况下,当关系疏远强加程度低的时候(M=1.69)语言机制的一致性比在关系亲密强加程度高的时候(M=1.73)并不高。而且劝说—索取状况下,当关系疏远强加程度低的时候(M=1.76)语言机制的一致性比在关系亲密强加程度高的时候(M=1.62)也并无显著性差异(见表5-13)。

表5-13 二个相关社会特征独立样本T检验(在两个请求类型之间)

Levene 的方差齐性检验		平均值齐次性 T-检验		
差别显著性	显著性	t 检验	差别	显著性(2-tailed)
.395	.531	.920	98	.360

受试者并没有在包含相同间接请求内容的任何情景下都采用相同的语言机制,这就说明,是其他的因素而不是索取或劝说内容影响了对语言机制的选择。有可能是我们所控制的情景因素之外的因素导致了这一差异,另一个可能是,受试者对语言机制的选择一部分受到语境知识的影响,语境知识就是在给定的交际情景下出现的和语境决定因素有关的一些特征,另一部受到了世界知识的影响,世界知识即世界上存在的事实、物体、关系等。

以上的研究发现表明,间接请求的内容是从间接请求信息中选择的语言机制的主要的影响因素。还说明我们有必要进一步对间接请求内容和情景特征对语言机制的影响这一问题进行独立的研究。语言机制使用的一致性似乎受到间接请求内容的影响要大于受到情景特征的影响。而且说明包含间接请求内容和情景特征的图式可以作为选择语言机制的激活条件,也许是间接请求的语境决定了语言机制的选择。

5.3　实验三：对构建规约和非规约间接请求时的障碍描述的检测

5.3.1　概述

Gibbs(1986)证实了障碍和间接请求的构建有关系,认为说话者要克服一些潜在的障碍才能构建间接请求。假设 Mary 想知道那天早上海报上宣布的一个演讲的时间的话,并且她认为她的朋友 John 要是看到了这个海报的话,一定会愿意告诉她时间的。那么她将把 John 看海报这件事情看作是 John 告诉她时间的一个潜在的障碍,她会问:"你是否碰巧看到了今天早上的海报上说的刘教授今天发表演讲的时间了?"她不会这样说:"你愿意告诉我今天刘教师做报告的时间吗?"因为这句话的言外之意是,和她的假设相反,John 知道演讲是时间但是可能不愿意告诉她。

这样 Mary 要克服的障碍就出现了,因为她想从 John 那里得到信息。她对目前的状况、她认为她和 John 的关系、John 的习惯等等这些先决条件进行了评估。然后得出以下的问题:从我的观点看,要想得到我想要的信息,什么是潜在的障碍?对她来讲,克服这些障碍的有效的办法就是发出一个条件请求——能够消除障碍或者使障碍消失的一个请求,间接请求是一种可以用来克服这种障碍的条件请求。

当 Mary 问 John:"你是否碰巧看到了今天早上的海报上说的刘教授今天发表演讲的时间了?"她的意思实际上是说:"你看到有关演讲的时间了吗? 要是看到了,告诉我是几点。"如果 John 的回答是"是的",那么他将会告诉 Mary 时间,要是回答"没有",他将把 Mary 询问时间的请求看作是无效的。因此,间接请求有 2 个特征使得它们非常适合表达说话者的意图。第一,它们是条件请求(if or because,p,do q);第二,它们将注意力放在条件(p)上,而不是请求(do q)本身上。

对障碍的预料是和说话人处理障碍的方式有关系的。有可能被局限于说话人对目前情景的了解上。在以上例子中,要是 Mary 不确定 John 发现这一信息,记住这个信息或者被允许告知这一信息哪种情况是请求障碍的话,那么在她的请求中她可能会认为 John 不会告诉她演讲的时间。如果 Mary 把请求障碍缩小到也许 John 没看到海报上的信息,那么在她的间接请求中对障碍的描述就会更加具体。也就是说,说话人多障碍描述得越详细,请求就会变得越具体。对障碍的描述可能受到另外两个因素的影响。

第一,只要说话人精确地判断出了潜在的障碍,说话人的间接请求(条件请求)就可以帮助听话人找到一个回答的方法。第二,有些特定的情景说话人是不应该详细地指出来的。比如,要是说话人认为听话人要是回答了某个信息后会很尴尬的话,那么说话人会选择另外一种请求方式避免出现尴尬的情况。因此,准确地说,说话人怎样克服请求障碍取决于她/他能否直接或者间接地处理请求障碍。

这个实验主要是检测说话人如何构建一个其中描述了阻碍听话人遵照请求的障碍间接请求。例如,当主要的障碍在于拥有某物品或渴望的信息时,说话者构建这样一个请求"你有……吗?"的频率会是多少。因此,我们可以判断,说话人会通过对障碍的预测,构建一个和请求目标与计划一致的请求。

另外,这一实验也要证明对障碍的描述是否使得某些间接请求成为规约间接请求而另一些成为非规约间接请求。间接请求的规约性也许很大程度上取决于听话人在顺应说话人请求时话语对其映射的障碍的描述程度。例如:"你知道几点了吗?"这句话也许用于在街上对行人作出的请求时是规约的,因为对于听话人来讲,提供信息的最大的障碍也许就是她/他不知道时间也没有钟表等。

因此,说话人不能排除这种特殊情况,他/她必须围绕这一障碍来设计自己的请求。但是,当你想要知道一家商店几点关门而对店主说"你知道你家店几点关门吗?"很明显是不恰当的,因为我们假定店主是知道他的店是几点关门的。因此,我们的第二个预测是,说话者会把那些障碍很详细的间接请求列入规约间接请求的范畴。

为了验证这两个预测——说话者怎样构建有障碍的间接请求以及障碍是否能够使得某些请求成为规约请求而其他的则不能,从而验证假设6,即在某个特定的语境下对障碍的描述使得某些请求成为规约请求,而另一些则不能,同时也为了验证在构建间接请求时还有其他的程序参与,我们设计了两种问卷——角色扮演单一补全问卷和角色扮演多项选择问卷(从10个给定的句子中选出6个适合每一个语境的句子并排序)来收集语料。

第一种问卷共有36个情节(有3种不同的障碍的12个匹配情节),包含12个有具体障碍的语境,12个明显没有障碍的语境和12个障碍预计不同的语境。第一种问卷中用的24个情节(两种不同障碍的12个匹配情节),其中包含12个具体障碍的语境和12个不同障碍设计的语境(去掉了没有障碍的情景)在经过修改后构成第二种问卷。

5.3.2　实验方法

5.3.2.1　受试者

为了研究需要,共有 34 名梅登黑德的受试者参加了角色扮演单一补全测试。其中有 2 名受试者的问卷因为没按要求或者没有完成问卷而被排除。因此 34 人中只有 32 人(16 名男性、16 名女性)完成了问卷并参与了实验结果的分析。另有里丁大学的 31 人参加了角色扮演多项选择测试(从从 10 个给定的句子中选出 6 个适合每一个语境的句子并排序)。其中 3 人的问卷因为没有按要求或者没有答完而被排除。因此 31 人中有 28 人(15 名男性、13 名女性)的问卷按要求完成并进入实验结果的分析。所有的受试者都是和实验 1 中描述的一样,是操有不同职业的英语本族语者,他们的年龄从 16 到 65 不等(平均年龄 42.6 岁)。

5.3.2.2　自变量

实验中使用的一个自变量是不同障碍的情景,有包含三个不同障碍的情景(一个是具体障碍,一个明显没有障碍,第三个是不确定的障碍),以及包含两种不同的障碍情景(一个是具体的障碍,一个是不确定的障碍)。在角色扮演单一补全问卷中使用的是第一种,我们设计了 36 个情节(12×3 种障碍),其中 12 个情景中有具体的障碍,12 个明显没有障碍,还有 12 个有不确定障碍。我们要求受试者分别用一句话写出在 36 个情节中会说的话。这三种不同的障碍状况构成了三个层面的障碍差异因素,以下的三个情节举出了听话人在试图满足说话人请求时会遇到的三个障碍情景。

　　Mary 和她的一个朋友 John 在一家餐馆吃饭。John 在一个管弦乐队弹奏钢琴。Mary 想知道下次演奏会的时间。她将会怎么说?(有具体障碍的)

　　Mary 和她的一个朋友 John 在一家餐馆吃饭。Mary 想知道下次演奏会的时间。她将会怎么说?(没有障碍的)

　　Mary 和她的一个朋友 John 在一家餐馆吃饭。John 在一个中学教音乐。Mary 想知道下次演奏会的时间。她将会怎么说?(有不确定障碍的)

　　在有具体障碍的情节中,Mary 的朋友 John 可能已经知道了演奏会的时间,因为他自己就在演奏会里弹钢琴,因此可能会提供需要的信息。在明显没有障碍的情节中,我们不知道 John 是否已经知道了演奏会的事情以及能否提供所需要的信息。在不确定障碍情节中,也许 John 对音乐会很感兴趣,但是不确定他是否知道音乐会的事情。我们期望,说话者在试图克服具体障碍时能够构建一些和某些语义范畴相匹配的很相似的间接请求机制,在明显没有障碍时能够构建一些和某些语义类别相匹配的不太相似的间接请求机制,而在有不确定障碍时构建的一些间接请求相似的机制是介于具体障碍情景下和没有明显障碍情景下之间的。

在角色扮演多项选择问卷中,我们将第一种问卷中的两种不同障碍情景作了修改,设计了 24 个情节(12×2 种障碍),其中 12 个情景是具体障碍的,12 个是不确定障碍的。我们要求受试者在每个情节中从 10 个给定的不同句子中选出 6 个句子,并将选出的 6 个句子按照在某个给定的语境下,他们有可能使用的顺序在 1-6 量表上排序。这两种不同障碍情况构成了两个层次的障碍差异因素。以下列举了两种障碍情景以及每个情景中供选择的10 个句子。

Ann 和 Beth 正在学打网球。每个周末他们都会去球场打球。他们打得不好,有一次 Beth 把球打到了相邻的那个球场去了。她有点尴尬地对正在那里打球的人喊道……(有具体障碍)

Ann 和 Beth 正在学打网球。每个周末他们都会去球场打球。他们打得不好,有一次 Beth 把球打到了相邻的那个球场去了。正好在那里观看别人打球的他的朋友 John 把球捡了起来,Beth 说……(有不确定障碍)

(1)你介意把球扔给我吗?

(2)我的球跑到你的球场去了。

(3)把我的球扔给我。

(4)我可以把我的球拿回来吗?

(5)你愿意把我的球扔给我吗?

(6)我想把球拿回来。

(7)你认为你可以把我的球扔给我吗?

(8)你能把我的球扔给我吗?

(9)把我的球扔过来怎么样?

(10)我在想你能否把我的球扔给我?

需要注意的是,虽然以上的每一个句子都可以看作是间接请求的规约方式,但是这并不意味着在以上语境下每一个都是规约的。一个很好的检测方法就是看在一个特定的语境下每一个句子使用的频率是多少。如果"你介意把球扔给我吗?"这个句子使用频率很高的话,那就说明只有这个句中而不是其他的句子最能描述出现的障碍(以上第一个情节中的障碍),这个句中就是最规约的。我们期望最能够详细描述具体障碍的请求可能被看作是最规约的请求。两种不同的障碍情况和两种问卷构成了前两个自变量。

虽然我们的实验关注的是不同障碍因素对使用不同间接请求的影响,为了使我们的结果可信,我们把不同的语义范畴也设计在内。两种问卷中,在不同层次的障碍变量下,有一半受试者遇到的语义范畴是允许和能力,另一半是想要和拥有。这种语义范畴是第三个自变量。

5.3.2.3　因变量

我们采用了 SPSS11.5 中的 T 检验和独立方差分析来验证自变量对以上两种问卷中描述的两个因变量的影响:在不同语境下描述障碍的间接请求的顺序以及最能精确描述障碍的间接请求的等级。我们会统计每一个层面的障碍差异因素下间接请求出现的平均次数和等级来验证我们的假设 6(在特定语境中,对障碍的描述使得某些正在发生的间接请求使用更加规约的请求方式,而另一些则不能),同时也证实假设 3 中 Farch、Kasper(1989)的自动和创造性处理。

5.3.2.4　问卷材料

我们设计了两种问卷。在角色扮演单一补全测试中,我们设置的有三个层次的自变量——包含具体障碍的 12 个情节,明显没有障碍的 12 个情节和包含不确定障碍的 12 个情节。每个情节中使用的具体障碍有 4 个语义类别,这四个语义类别是从 Gibbs(1986)和 Holtgraves(19999)的 6 个中选出来的。他们是:1)拥有——听话人也许拥有或者不拥有说话人想要的东西或者想知道的信息;2)允许——听话人也许可以允许或者不允许说话人得到信息;3)能力——听话人也许能够或者不能给提供说话人所请求的东西;4)愿望——听话人也许能够认识到或者认识不到说话人需要或者想要一些信息,物品或者让听话人做某个行为。

以上每一个语义范畴都包含有具体障碍的三个不同情节。四个类别一共有 12 个不同情节。在同一范畴内有不确定的障碍和具体障碍。每一个类别中都没有设置明显没有障碍的情况。我们要求受试者分别在 36 个情节中作出一个请求使得别人能够满足说话人的愿望。在读了每一个情节后,受试者要构建一个请求来让别人满足自己的愿望。

除了以上的四个类别,还有另外八个类别:1)世界状态——听话人可能意识到或者没有意识到世界上一件事的状态,这件事要求提供给说话人一些物体、信息或者对某个行为的执行;2)强加——听话人也许已经在忙着做别的事情,从而会影响他提供给说话人信息,物品或者执行某个行为;3)答应做—说话人问听话人是否愿意答应执行这个说话人很希望的行为;4)嵌入—说话人把请求的一个范畴嵌入另一个中;5)直接请求—说话人向听话人陈述一个直接的祈使的请求;6)直接提问——说话人向听话人问一个直接的问题,这个问题和其他疑问句的表面形式的差异是这个问题的答案正好可以满足请求;7)只说出名字—说话人简单地说出他想让听话人对其有所行为的物体的名字;8)独特的方式—这类没有普遍性,只包含一些独特的内容。

在这个实验中,我们又使用了包含两个层面的一个变量,即在角色扮演多项选择问卷中的具体障碍的 12 个情节和在角色扮演单一补全测试中不确定障碍的 12 个情节。这些具体障碍和不确定障碍情形下使用的语义类别和在第一类问卷即角色扮演多项选择问卷中的语义类别是一样的。我们对在角色扮演单一补全问卷中使用的有不同障碍的 24 个情景做了修改,受试者读了之后从每个情景中随机排列的 10 个句中选出 6 个。

受试者的主要任务时在给定语境中按照他们怎样使用这些句子来表达间接请求的顺序给这 6 个句子在量表上进行排序。这 10 个句子也是根据描述的语义特征得来的,而且每个句子中都包含和每个情节相匹配的语义特征。每个情节中两个不同障碍条件下出现的 10 个句子使用的是相同的语义类别。所有的情节在描述障碍的时候,没有像平时那样使用相同的单词,为的是在特定语境下作出恰当的请求。

我们一共设置了 4 个类型共 60 个假设情节(第一种问卷中 12×3 个情节,这三个情节由 3 个不同障碍类型组成;第二种问卷中有 12×2 个情节,这三个情节由 2 个不同障碍类型组成)。每个类型的问卷分别由 14 或者 16 个受试者完成。每一种问卷各有 2 个类型。在角色扮演单项补全测试的第一类问卷中,有具体障碍的 6 个情节,没有明显障碍的 6 个匹配情节和不确定障碍的 6 个匹配情节。

这些包括允许和能力两个类别,其中有给休课卡盖章,买些蛋糕吃,买些邮票,关门,教某人怎么使用机器和停车。在角色扮演单项补全测试的第二类问卷中,有具体障碍的 6 个情节,明显没有障碍的 6 个匹配情节和不确定障碍的 6 个匹配情节。这些包括希望和拥有两个范畴,其中有索要停车许可证,买骆驼牌香烟,啤酒,换一英镑零钱,一本有关"老鼠和人类灵魂"的书,一些好吃的。第二种问卷中的两个类型都是不同的障碍情节,这些情节除了没有明显障碍的之外,就和第一种问卷是一样的。这一问卷中两种类型障碍的语义类别和第一种问卷中是一样的。

这个实验中,我们对第一种问卷(3 个层面)和第二种问卷(2 个层面)中都设置了障碍差异这一自变量。其中第一种问卷设置的障碍差异包含 3 个层面,具体障碍,明显没有障碍和不确定障碍。我们设计了两种类型共 36 个间接请求的假设情节。每个类型有 16 名受试者完成。第一个类型包括:在三个不同障碍情况下的有关允许的 3 个问题(3×3=9 个)和三个不同障碍情况下的三个有关能力的三个问题(3×3=9 个),第二个类型包括:在 3 个不同障碍在三个不同障碍情况下的有关愿望的 3 个问题(3×3=9 个)和三个不同障碍情况下的三个有关拥有的三个问题(3×3=9 个)。

在第二种问卷中设置的障碍差异包含两个层面:具体障碍和不确定障碍。我们设计了两类共 24 个间接请求的假设情节。每一类分别有 14 个受试者完成。第一类包括在两个不同障碍条件下有关允许的 3 个问题(3×2=6 个)和在两个不同障碍条件下有关能力的 3 个问题(3×2=6 个),第二类包括在两个不同障碍条件下有关愿望的 3 个问题(3×2=6 个)和在两个不同障碍条件下有关拥有的 3 个问题(3×2=6 个)。这种实验设置和通过把不同障碍状况和不同范畴相交叉产生的 2 个组间类型相交叉产生了 8 个列表由受试者完成,即每一种问卷有 4 个列表,每一个列表中的情节是由随机的方式分配的。

5.3.2.5 实验步骤

两种实验中设计的 4 个类型 8 个列表分别由笔者的两位外国朋友发放给梅登黑德不同职业的 34 人和里丁大学不同职业的 31 人。受试者首先阅读答题规则,答题规则中解释说他们是每一种情景中的主角,并要像实际发生的情景那样去回答问题。梅登黑德那组的参与者,在读了角色扮演单一补全测试问卷时,要在每种情景下写出他们最可能说的能让另外一个人满足他的请求的句子。

里丁大学的参与者在参加角色扮演多项补全测试问卷时,要先阅读每个情景,每个情节后都有 10 个按随机顺序排列句子这些句子在某个特定语境是恰当的表达间接请求的方法,他们的任务是根据在某个特定语境中它们是否可能被用来作为间接请求,从而选出 6 个适合每一个语境的句子并在量表中排序(第一,最有可能;第二,比第一个可能性小;第三,比第二个可能性小;等等)。需要强调的是,他们要写出他们首先想到的那些请求,而且整个问卷要在 40 分钟之内完成。问卷在发放两周后由笔者的 3 个朋友在里丁大学和梅登黑德收回。

5.3.3 实验结果分析

在角色扮演单一补全测试中产生了 576 个句子,在角色扮演多项选择中一共选出了 420 组句子(420×6)并在量表上排了序。在第一种问卷中所有情景下产生的所有句子都被作为独立的句子进行分析。从 10 个句子中选出的 6 个句子的平均排序等级以及在两种障碍状况下每一个情景中的 6 个句子都进行单独地分析。

为了使结果可信,在第一种问卷中产生的每一个句子都分别由两名英语本族语者将其归入间接请求的 12 个语义类别的某一个中。每一名鉴定者对句子进行了编码,编码时并没有依据句子所产生的语境。最初,鉴定者对其中的 5 个句子有异议。仔细讨论后对所有的 576 个句子取得了一致意见。

在第二种问卷中,虽然并非每个语义范畴在每个语境下都有体现,我们还是通过挑选尽可能多的语义范畴,对每一个情节中间接请求的 10 各句子的语义类别做了整理归类。笔者和一名英语本族语者对每一情节下的 10 个句子的类别分别进行了编码。一致率达到 0.98。进一步讨论后对所有句子都取得了一致看法。

我们用正交试验设计法来分析不同障碍,刺激类型和语义范畴三者之间的相互影响。A3(不同障碍)×2(刺激类型)×4(语义范畴)一致性分值的方差分析发现障碍差异对分值差异有重要的影响$[F(2,212)=107.351,p=.000]$。语义类别的主要影响$[F(3,212)=.351,p=.814]$。刺激类型和范畴的互相影响$[F(3,212)=.449,p=.719]$,障碍类型和语义类别之间的互相影响$[F(6,212)=.345,p=912]$,障碍类型,激发类型和语义类别之间的互相影响$[F(3,212)=.128,p=.943]$并没有达到显著性水平。

为了验证假设六,(即在特定语境下信息中的障碍描述使得某些正在发生的请求使用更加规约的间接请求方式,而另外一些则不是),我们对每个受试者的(和在角色扮演单一补全问卷中的具体障碍,明显没有障碍和不确定障碍三个层次中的每个层面下的 12 个情景中的 4 个语义类别相匹配的)间接请求机制的数量和(和在角色扮演多项补全问卷中的具体障碍和不确定障碍两个层面下的 12 个情景中的 4 个语义类别相匹配的)间接请求机制在量表中的等级都分别做了统计。

这些分值被称为"一致性"分值。图 5-5 和图 5-6 分别是(和在角色扮演单一补全问卷中的三个层次中的每个层面下的 4 个语义类别相匹配的)间接请求机制的平均一致性分值的比较以及(和在角色扮演多项补全问卷中的两个层面下的 4 个语义范畴相匹配的)间接请求机制在量表中的等级的平均一致性分值的比较。通过对受试者在 4 个语义类别中 6 个间接请求句子的量表等级取平均数我们得到了等级的平均值。

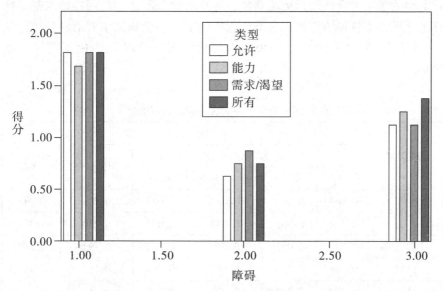

图5-5 语言机制在三个障碍条件下形成的数量平均一致性得分之间的比较

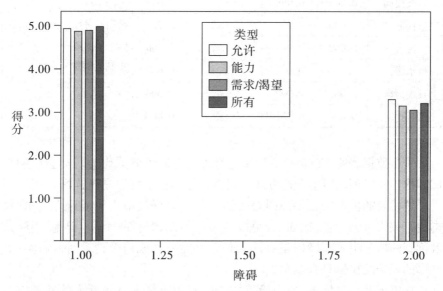

图5-6 语言机制在三个障碍条件下匹配的数量平均一致性得分之间的比较

　　我们的预测之一,即说话人描述请求中的障碍来使得听话人满足自己的请求。在举有不同障碍情形下的所有情节中,有些间接请求的语义类别比其他的语义类别使用得更加频繁。这并不意味着每一种间接请求都是同样适用于某个特定语境的。根据角色扮演单一补全测试中对语料的统计结果,表5-14展示的是在每一个障碍情形下每一个范畴中使用的请求的比例。

表5-14　每个障碍条件下请求构建的比例

语义范畴	障碍区分					
	语义范畴具体障碍				明显拒绝	差别
	允许	能力	需求/渴望	所有		
允许	0.604	0.063	0.083	0.083	0.208	0.375
能力	0.104	0.563	0.042	0.021	0.250	0.417
需求/渴望	0.042	0.083	0.646	0.063	0.292	0.375
所有	0.104	0.063	0.063	0.708	0.250	0.458
世界状态	0.083	0.042	0.021	0.021		
强加	0.000	0.021	0.000	0.021		
直接提问	0.063	0.063	0.000	0.063	在明显拒绝及不同投射障碍条件下,与这4种相同范畴匹配的其它语言机制比例忽略不计	
仅仅命名	0.000	0.000	0.042	0.021		
蕴含	0.000	0.042	0.021	0.000		
承诺	0.000	0.042	0.021	0.000		
直接请求	0.000	0.000	0.042	0.000		
独特性	0.000	0.021	0.021	0.000		

表中数据表明,在任何一个给定的情景中描述的障碍类型都会影响受试者构建间接请求时的表达方式。表中具体的数字可以具体解释为:(1)当受试者读到的情节中主要障碍是听话人是否允许说话人完成这个请求时,构建有关许可的句子,比如"我可以……?"的比例是60.4%。但是,当受试者读到的情节中主要障碍是听话人是否有能力完成这个请求时,构建有关许可的句子的比例只有是6.3%。

在以下两个语境下,即当障碍主要是有关听话人从说话人的独特需要或者愿望中推断出要采取行动来完成说话人的愿望时,当障碍主要是有关听话人是否拥有说话人想要的那个物品时,受试者构建有关许可的句子的比例都是8.3%。

(2)受试者在主要障碍是有关听话人完成请求的能力的情节下,构建有关能力的表达方式的比例是 56.3%。当障碍是有关听话人是否拥有说话人想要的物品时,构建有关能力的表达方式的比例是 2.1%,当障碍是听话人从说话人的独特需要或者愿望中推断出要采取行动来完成说话人的愿望时,构建有关能力的表达方式的比例是 4.2%,当障碍主要是有关听话人是否允许说话人完成自己的请求时,构建有关能力的表达方式的比例是 10.4%。

(3)当障碍主要是有关听话人从说话人的独特需要或者愿望中推断出要采取行动来完成说话人的愿望时,受试者构建想要/愿望的表达方式比如"我想要……"的比例是 64.6%。但是当障碍主要是有关听话人是否允许说话人完成自己的请求时,构建有关想要/愿望的表达方式的比例只有 4.2%。

当障碍是有关听话人是否拥有说话人想要的物品时,构建有关想要/愿望的表达方式的比例是 6.3%。主要障碍是听话人是否有能力完成这个请求时,构建有关想要/愿望的表达方式的比例是 8.3%。

(4)当障碍是有关听话人是否拥有说话人想要的物品时,构建有关拥有的表达方式的比例是 70.8%。但是,当主要障碍是听话人是否有能力完成这个请求时和当障碍主要是有关听话人从说话人的独特需要或者愿望中推断出要采取行动来完成说话人的愿望时,构建有关拥有的表达方式的比例只有 6.3%。当障碍主要是有关听话人是否允许说话人完成自己的请求时,构建有关拥有的表达方式的比例是 10.4%。

数据表明,当特定的语义范畴和每个语境中的特定障碍相匹配时,受试者构建的相似的间接请求机制比在当特定的语义范畴和每个语境中的特定障碍不匹配时的构建的相似的间接请求机制要多得多。这就说明说话人构建请求时对障碍的描述是为了使得听话人满足自己的请求。

我们对(在具体障碍,明显没有障碍和不确定障碍三个层次中的每个层面下的 12 个情景中的四个语义类别相匹配的)间接请求的构建进行了分析,独立样本 T 检验表明,在特定障碍情形下,使用的四个语义类别相匹配的语义机制的一致性($M=1.89$)比在明显没有障碍状况下($M=0.75$)的一致性要高跟多($t=8.485, df=94, p=.000$)。

在具体障碍—不确定障碍条件中,在前一状况下的一致性($M=0.75$)也比后一状况下的一致性($M=1.22$)要高($t=4.775, df=94, p=.000$)。在明显没有障碍—不确定障碍状况下,在四个语义类别内构建的语义机制的平均数量也有显著差异($M=0.75$ vs. $M=1.22$)($t=-3.346, df=62, p=.001$)。除此之外,事后比较检验表明在三个不同层面的障碍因素下(具体障碍,明显没有障碍和不确定障碍)和 12 个情景中的四个语义范畴相匹配的语义机制也有显著性差异(见表5-15)。

表5-15 语言机制在三个障碍条件下匹配的平均差之间的多视角比较

依存变体:得分

(I)水平	(J)水平	平均差(I-J)	标准差	显著性
具体障碍	明显拒绝障碍	1.1406(＊)	.13550	.000
	不同投射障碍	.6719(＊)	.13550	.000
明显拒绝障碍	具体障碍	-1.1406(＊)	.13550	.000
	不同投射障碍	-.4687(＊)	.15647	.013
明显拒绝障碍	具体障碍	-.6719(＊)	.13550	.000
	明显拒绝障碍	.4687(＊)	.15647	.013

注释:1. 基于可观察方式。

2. ＊平均差在0.05水平是显著的。

图5-7 中的轮廓图揭示了三个不同层面的障碍因素下的 12 个情景中的四个语义范畴相匹配的语义机制之间并没有相互影响,同时也说明在三个不同障碍条件下任何一个匹配的语义类别之间都有显著性差异(见图5-7)。

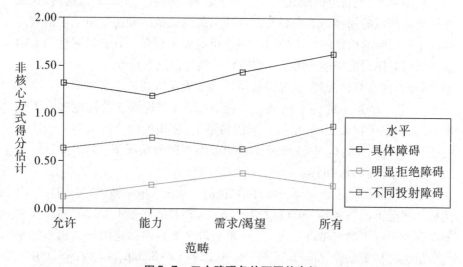

图5-7 三个障碍条件下图状表征

独立样本 T 检验,事后比较检验和轮廓图都表明在有具体障碍情况下受试者构建的恰当的间接请求比在相对明显没有障碍和不确定障碍情况下的比例额要大很多。而且,分析还表明,当障碍描述和特定的语义范畴相匹配时,受试者构建的间接请求也比在明显没有障碍条件下构建的间接请求多。这就支持了我们的预测,即说话人在构建间接请求时对障碍的描述是为了让听话人满足自己的请求。表 5-16 展示的是在 12 个有具体障碍、明显没有障碍和不确定障碍条件下,和四个语义范畴相匹配的语义机制平均数的描述统计。

表 5-16　语言机制在三个障碍条件下匹配的平均一致性得分

障碍区分	语义范畴				
	允许	能力	需求/渴望	所有	平均值
具体障碍	1.8125	1.6875	1.9375	2.1250	1.8906
明显拒绝障碍	0.6250	0.7500	0.8750	0.7500	0.7500
不同投射障碍	1.1250	1.2500	1.1250	1.3750	1.2188
平均值	1.1875	1.2292	1.3125	1.4167	1.2865

注释:表中的数字表示在三种不同障碍条件下与四种语义范畴对应的语言机制发生的平均数。

另一个描述构建的不同间接请求的方法是区分间接请求的两种规约类型(cf,Clark,1979)。首先,方式规约,描述了一个可以执行间接请求的语义机制。例如,在角色扮演单一补全测试中的数据中看,当说话人通过提问有关听话人是否有能力来执行说话人想要的行为时,能力范畴就描述了方式规约。这种方式规约可以有不同类型的句子来完成,比如,"你能……?""你能够……?""有没有可能……?"。除此之外,还有形式规约,指的是特定的间接请求的措辞,因此,"你能把盐递给我吗?"经常被看作是非常规约的间接请求方式,而"你有没有可能把盐递给我?"就不是。

其次,有趣的是,在方式规约上,这个实验中的请求都是有差异的,但是在形式规约上并没有差异。换句话说,虽然人们经常使用能力句子来构建请求,但是在措辞上基本没有变化(例如,Can you…? Could you…?)。这一发现和 Gibbs(1986)和 Holtgraves(1999)的研究发现是相似的。

这一分析结果对我们的预测是一种强有力的支持,即说话人对听话人在特定语境中遇到的潜在障碍是非常敏感的,因此说话人构建请求时会很详细地描述这些障碍。这些分析还说明间接请求的明显地规约性一部分是有对听话人在满足说话人愿望时所遇到的障碍的描述程度上的。

我们的另一个预测是,说话人将把那些最精确描述障碍的请求看作是最规约的请求。我们对从角色扮演多项选择问卷中收集的语料进行了分析,表5–17展示的是在具体障碍和不确定障碍两种情形下的每一个语义范畴内所使用的间接请求的等级分值(见表5–17)。

表5–17 两种障碍条件下直接请求平均匹配得分

障碍区分	类型	语义范畴障碍			
		允许	能力	需求/渴望	所有
具体障碍	允许	4.9286	3.5556	4.1667	3.1667
	能力	4.0833	4.8564	3.8889	3.7500
	需求/渴望	3.5833	2.9167	4.8814	3.3333
	所有	3.2222	3.2222	3.9166	4.9764
	世界状态	2.1667	2.8889	1.5000	2.0833
	强加	2.7500	3.1667	2.4167	2.5000
	其他	—	—	—	—
不同投射障碍	允许	3.2857	2.3333	2.1667	2.0952
	能力	3.1190	3.1443	2.8714	3.0857
	需求/渴望	2.5714	2.2857	3.0471	2.1905
	所有	2.9524	2.0476	2.8571	3.1914
	世界状态	2.8571	2.5714	1.8095	2.2381
	强加	2.9048	2.2381	2.0476	1.8571
	其他	—	—	—	—

上表说明在任何语义范畴中具体障碍都对受试者构建的请求产生了很大的影响,在任何语义范畴内不确定障碍都没有对受试者构建的请求产生很大影响。我们对在两个层面的障碍差异因素下的详细描述障碍的请求和障碍不确定的请求的等级分值进行了统计,在特定语境下,受试者将把那些描述障碍最详细的请求视为最规约的间接请求。

独立样本 T 检验说明,在具体障碍条件下四个语义范畴内的间接请求的语义机制的等级(M = 4.9107)比在不确定障碍条件下的等级(M =

3.1671)要高(t=-12.978,df=82,p=.000)。单变量分析显示组间测试对障碍差异产生了重要的影响〔F(1,84)= 157.965,p=0.000〕。

单因素方差分析表明障碍差异对下列语义范畴的重大的影响分别是:允许〔F(1,20)= 32.955,p=0.000〕,能力〔F(1,20)= 34.795,p=0.000〕,想要/愿望〔F(1,20)= 47.784,p=0.000〕拥有〔F(1,20)= 44.652,p=0.000〕。轮廓图表明在两种不同障碍条件下的和四个语义类别相匹配的平均语义机制分值之间没有任何影响,还说明在两种不同障碍条件下的任何匹配的语义类型之间都存在显著差异(见图5-8)。

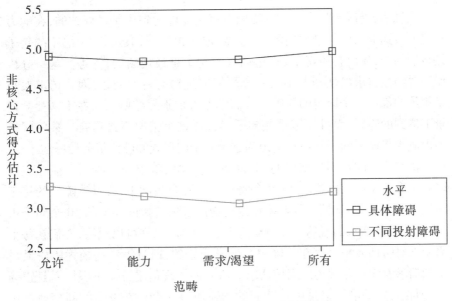

图 5-8 两个障碍条件下非互动图状表征

这些分析说明,不仅在两种障碍条件下的四个语义类型整体上存在显著性差异,而且每个语义类型之间也存在显著差异。也就是说,在每一个特定语境下,人们把某些特定的间接请求方式看得比其他的方式更加的规约一些,对于一个特定的语义类别来说,受试者在不同的语境下对请求的规约性等级的判断有显著的差异。表5-17 表明在 12 个语义类别中的有 6 个这种影响是存在的。

这些发现表明在一个情景下被看作是规约的请求在另一个情景下可能会是不规约的。对于任何一个语义类别来讲,都会有一些间接请求的等级很高,因为在那些语境下它们是规约的,而属于同一语义类别的其他的间接请求则在那些独特的情景中是不规约的。这就说明离开了语境,我们就很难判断说一个给定的请求时规约的还是不规约的。

因此,根据受试者对在特定情景下使用一个间接请求的频率和直觉这种对规约的实际操作才是我们决定哪些请求是规约的,哪些是不规约的可信的方法。通过对在特定语境下的间接请求的具体例子的进一步分析,比如"我能喝啤酒吗"(允许),"我想要一盒骆驼牌火柴"(想要/愿望),"你能把门关上吗"(能力),发现对于每一个障碍语境,受试者认为那些最精确描述障碍的请求的等级要高于其他可能的选项(受试者和每个条目的对比 $p<=.01$)。

这说明,受试者认为在允许语境下表达允许的句子是最规约的,在能力语境下表达能力的是最规约的,在想要/愿望语境下,表达想要/愿望的句子是最规约的,在拥有语境下,表达拥有的句子是最规约的,等等。这一分析说明对间接请求的使用并不是一个严格的规约与否的问题,因为请求似乎是规约的都有一个固定的原因。人们学着去识别那些听话人在不同社会情景下遇到的障碍,而且知道哪些句子形式在这个情况下最适合。某些间接请求成为表面上的规约请求是因为这个句子的形式和障碍情形最搭配。

这和我们的预测是相似的,即说话人构建的请求使得听话人能够克服障碍来满足说话人的请求。(角色扮演单一补全测试中,有具体障碍的特定语境下构建的)间接请求的频率和角色扮演多项选择问卷中从 10 个句子中选出的)间接请求的规约等级($r=.791, p=.000$)也许可以说明,人们在每个语境下对听话人来讲存在的障碍是非常敏感的,而且将那些描述障碍最详细的请求看作是最规约的间接请求。所有的发现似乎证明了假设六是正确的,即在特定语境下信息中对障碍的描述使得一个正在发生的间接请求更加规约,而其他一些则不能。

以上研究发现充分说明了在会话中理解间接请求的规约性和语境的重要性。这一发现证明人们在构建间接请求时使用许多的方式规约结构。对于一个特定的方式规约来讲,在形式规约方面几乎是很少有改变的。我们发现一个特点请求机制的规约性和它所产生的语境之间有互相的影响作用。在一个语境下频繁使用的一个有特定机制的间接请求在另一个情景下不一定会被使用。

对于一个特定的间接请求来讲,它的规约性取决于构建这一请求的具体的语境。这些发现表明在语言构建过程中话语的规约性是非常重要的。但并不是说,其他因素对间接请求的构建没有影响。比如面子威胁行为、参与者的社会地位、社会语境的正式程度等将会影响对间接请求的选择。尽管如此,我们对间接请求的障碍情景和规约性的研究发现和其他的因素是不矛盾的。

5.4 实验四:构建间接请求时面子威胁行为对策略的选择

5.4.1 概述

为了验证面子威胁行为对构建间接请求的策略选择的影响,我们应该知道这种面子威胁现象在社会交际中是无处不在的。当面子威胁的程度增加时,人们就会趋向于选择一个表达面子威胁程度低而礼貌程度高的策略,反之亦然。也就是说,在特定语境下的面子威胁行为的程度将会使得某些礼貌策略的选择成为恰当的规约间接请求,而另外一些则不恰当。在请求时人们使用复杂的策略组合来把对消极面子的威胁降到最低,同时,提升积极面子。

这种情况下,说话者会从那些最适合用来减少特定面子威胁的礼貌策略中选出一个。Brown、Levinson(1987)将说话人使用的礼貌策略分为四个超级策略,其中不包括"不作为"。这四种策略可以按照其对听话人的面子威胁程度排序。最威胁面子的是公开执行面子威胁行为(例如,把窗户关上),最不威胁面子的策略是有暗示的非公开的执行面子威胁行为(例如,这里很热)。这两者之间的是对积极面子需要(积极礼貌策略)和消极面子需要(消极礼貌策略)有补救措施的公开面子威胁行为。

积极礼貌策略是通过表明和听话人保持一致实现的,例如,帮我把门关上怎么样啊? 消极礼貌策略是通过表明说话人是尊重听话人行为自由的而实现的,例如,你能把门关上吗? 消极礼貌策略比积极礼貌策略的威胁程度要小,因为后者是基于听话人同意说话人对他们的关系判断的假设基础之上的。要是其他的事情都是一样的,那么这些策略从最威胁到最不威胁的顺序是:公开,积极礼貌,消极礼貌,非公开。

Brown、Levinson(1987)所分类的这种四个超级策略排序说明要是说话人作出间接请求行为的话,他就必须决定执行面子威胁行为,而且从四个策略中选出一个最能维护面子的策略。也就是说,策略的选择是基于说话人对面子威胁行为的评估上的,而面子威胁行为可以通过三个独立的社会变量计算出来(Brown,2002)。

这些变量包括社会距离(D),相对权势(P)和绝对强加程度(R)。用这种方法,说话人将决定选择用哪种策略来权衡距离、劝说和强加三者的关系。说话人对策略的选择是说话人想要执行的行为对面子的威胁(威胁程度)在起的作用。面子威胁程度是这三个因素共同作用的结果:行为本身的强加程度,说话人对听话人的相对权势和说话人听话人之间的社会距离。这个准则可以被描述如下:

$$Wx = D(S,H) + P(H,S) + Rx。$$

这个公式是 Jaszczolt(2002)提出来的,其中 X 指的是面子威胁行为,D 知道是说话人和听话人之间的社会距离,P 指的是听话人相对说话人的权势,Rx 是面子威胁行为的强加程度。正像这个公式显示的那样,社会距离、听话人的相对权势和行为的强加程度三者分别增加的话,就会分别导致行为的相对面子威胁程度的增加。而且,当面子威胁程度增加时,说话人将会选择一个威胁程度低的策略。这一结构解释了为什么一个老板可以对雇员说"把门关上"(英文听话人权势低所以威胁程度低),但是反过来就不行(因为听话人权势高所以导致威胁程度高)。

对这三个独立变量已经有人做过实证研究。有些研究已经说明相对权势高的说话人比相对权势低说话人表达更多的面子威胁(礼貌程度低的)行为(Baxter,1984;Blum-kulka,Danet and Gherson,1985;Cansler and Stiles,1981;Holtgraves,Srull and Socall,1989;Leichty and Applegate,1991;Penman,1990;Holtgraves and Yang,1992;Holtgraves,1999)。

对社会距离的研究得出的结果正好相反。有些研究者发现在社会距离疏远的情况下出现的面子威胁程度低的(礼貌程度高的)行为(Holtgraves and Yang,1990),而有些人却发现熟悉度增加会导致面子威胁程度降低(礼貌程度提高)的言语行为(Baxter,1984;Leichty and Applegate,1991)。不同的言语行为中影响相对强加程度的变量是不同的,通常是由个人对言语行为威胁自己的自主和自由程度的认知决定的。通常来讲,当强加程度提高的时候,一个言语行为对面子的威胁程度就会提高(Brown and Gilman,1989;Holtgraves and Yang,1992;Holtgraves,1999;Jaszczolt,K. M. 2002)。

在语言使用中,这三个变量对选择面子威胁行为的策略的影响是社会心理学方面非常重要的一部分,也需要进一步验证和改进。首先,据我们所知,没有综合的实验来检验三者之间的互相影响。但是 Brown、Levinson 的理论可以预测,这三个变量是同时在起作用,而且他们的分量是平等的。但是之前的研究只能证明三个中的一个或者两个同时作用的情况。除此之外,对每个变量的检测只是在两个层面或者三个层面上进行的(Holtgraves and Yang,1990)。

另一个重要的问题是,这三个变量的影响是不是累加的。Brown、Levinson(1987)的理论假定为它们是累加的。也就是说,在所有因素中,熟悉度和强加程度在减少面子威胁的策略选择和使某些请求更加规约的这两方面,两者的作用是一样的。但是有一些研究似乎可以说明事实并非如此(Blum-Kulk et al. ,1985;Holtgraves and Yang,1990;Lim and Bowers,1991;Holtgraves,1999)。

相关研究(Holtgraves and Yang,1990)发现权势和距离两者之间的相互作用,指出只有在双方权势平等的时候而不是权势不平等时,距离才会产生预期的影响。而只有在距离疏远而不是距离亲密的时候,权势才会产生预期的影响。Blum-Kulka 等(1985)和 Lim、Bowers(1991)也提出过相似的观点。Gonzales 等(1990)和 Holtgraves(2000)研究了强加程度和权势的相互影响。我们期望从对社会地位、熟悉度和强加程度这三个变量的操作以及参与者对它们的认知来验证这些问题。我们把参与者对这些因素的认知作为自变量,把面子威胁行为对策略选择的影响作为因变量来分析这些问题。

根据 Brown、Levinson(1987)的理论,这个实验室要检验这三个因素对面子威胁行为的礼貌策略的选择的影响,以及礼貌策略使得某些行为成为恰当的规约请求,而另一些则不是。因此,我们的第一个预测是,听话人的地位、熟悉度(社会距离)和强加程度的增加将会增加对减少面子威胁的策略的选择。反之亦然。也就是说对听话人的地位、熟悉度(社会距离)和强加程度的认知的提高将会导致对比如消极礼貌等策略的选择,以使得请求变得更加规约或者非公开从而变得非规约。

对听话人的地位、熟悉度(社会距离)和强加程度的认知的提高将会导致对比如积极礼貌和公开威胁等策略的选择以使得某些请求变成非规约的或者规约的请求。本实验中两种问卷中采用的刺激因素只有请求行为,我们排除了所有其他的因素,比如表达形式和辅助话步等。而且当作出间接请求时,有一些习语会伴随构建请求的习语同时出现,比如,预请求("你现在忙吗?")、请求原因(比如,我有急事)等等。

因此,Brown、Levinson(1987)的研究就出现了几个问题。第一,Brown、Levinson 说过,当执行面子威胁行为时,说话者会从四个超级策略中选择一个。但是,当请求包含多个短语时,一个请求中这些短语在多大程度上能否体现一个潜在的策略?如果不能,就说明这个超级策略说需要进一步修改。第二,如果请求的各个组成部分不能体现出一个单独的超级策略,那么地位,熟悉度和强加程度能多大程度上同时影响这些组成部分。

或者说,当一个请求包含多个组成部分时,了解这些组成部分之间的关系是很重要的。因此,我们收集语料时,把请求的序列考虑进来来研究这些问题。因此,我们的第二个预测是,请求行为的句子中所反映出来的策略和请求的其他组成部分所反映出的策略,比如称呼语和辅助话步等,应该是一致的。

为了验证以上两个预测,证实假设七,即在某些特定的语境中,面子威胁行为的轻重使得某些礼貌策略变得对规约性的间接请求合适,而有些却不合适。还要验证从语用方面来讲,Brown、Levinson 的面子威胁行为能否解释构建间接请求的主动性以及在构建过程中有没有其他的因素的影响。这个实验中我们使用了两种问卷,即角色扮演多项选择问卷(从 10 个给定的句子中选出 6 个适合每一个语境的句子并排序)和角色扮演单一补全问卷来收集语料证实我们的推断。

第一种问卷共有 16 个情景,其中包括 8 个有强加程度的语境(4 个高强加,4 个低强加)和 8 个地位—熟悉度组合的语境(4 个地位高—低组合的和4 个熟悉度亲密—疏远组合的)。第二种问卷有 27 个情景,包含 9 个高强加社会地位和熟悉度不同的语境,9 个强加程度中等社会地位和熟悉度不同的语境和 9 个低强加社会地位和熟悉度不同的语境。

5.4.2 研究方法

5.4.2.1 受试者

为了研究需要,共有 30 名梅登黑德的受试者参加了角色扮演多项选择测试(从 10 个给定的句子中选出 6 个适合每一个语境的句子并排序)。其中有 2 名受试者的问卷因为没按要求或者没有完成问卷而被排除。因此 30人中只有 28 人(13 名男性,15 名女性)完成了问卷并参与了实验结果的分析。另有里丁大学的 34 人参加了角色扮演单一补全测试。其中 4 人的问卷因为没有按要求或者没有答完而被排除。因此 34 人中有 30 人(13 名男性,17 名女性)的问卷按要求完成并进入实验结果的分析。所有的受试者都是和实验一中描述的一样,是操有不同职业的英语本族语者,他们的年龄从 17到 64 岁不等(平均年龄 42 岁)。

5.4.2.2 自变量

Brown、Levinson(1989)的理论认为礼貌程度高是和强加程度高相联系的。基于这一理论,我们采用了 Brown、Levinson(1989)的强加程度和其他社会因素作为自变量的两个刺激因素(一个包含强加程度高的行为,一个包含强加程度低的行为)以及另外的三个刺激因素(一个包含强加程度高的行为,一个中等的,一个强加程度低的行为)作为影响实验任务的砝码。在角色扮演多项选择测试中,我们要求每一个受试者在给定的情节中从 10 个不同的句子中选出 6 个,然后根据他们在特定语境中作为请求的可能性大小把这些句子按照 1 至 6 的顺序排列。

根据面子威胁行为的程度,我们设计了两种不同的刺激因素状况,共有 16 个情景,其中 8 个情景是面子威胁程度低的行为。这两种层次的刺激条件构成了对面子威胁评价的两个因素。在角色扮演单一补全测试中,根据面子威胁程度(主要根据强加程度),我们设计了三个不同的刺激状况,共有 27 个情节,其中 9 个威胁程度高,9 个威胁程度中等,还有 9 个威胁程度低。我们要求每一名受试者写出在读了每一个情景后自己会说的话。这三种刺激因素构成了面子威胁程度评价的三个层次。面子威胁程度和两种问卷构成了前两个自变量。

虽然我们主要研究面子威胁程度的影响,笔者还通过增加三个独立的主要的社会因素计算了在构建间接请求时对不同策略的选择的一致性分值。我们设计的不同的社会因素主要为了达到结果的可信度效果。在第一种问卷中,面子威胁程度的每一个层面,我们都设置了强加程度以及地位—熟悉度组合来测量面子威胁的程度。

有一半受试者参加的是测量威胁程度高的高强加以及测量面子威胁程度低的地位—熟悉度组合,另一半受试者参加的是测量面子威胁程度低的低强加和测量面子威胁程度高的地位—熟悉度组合。在第二种问卷中,面子威胁程度的每一个层面上,我们都设置了三个类型强加程度和某种社会诋毁—不同的熟悉度来测量面子威胁行为的威胁程度。三分之一的受试者参加的是高强加高地位不同熟悉度、中等强加平等地位不同熟悉度以及低强加低社会地位不同熟悉度的情景。

另外三分之一的受试者参加的是高强加中等地位不同熟悉度、中等强加低社会地位不同熟悉度以及低强加高社会地位不同熟悉度的情景。还有三分之一的受试者参加的是高强加地位低不同熟悉度、中等强加地位高不同熟悉度和低强加种地地位不同熟悉度的情景。在两种问卷中还的每个层面还设置了所选择的策略。

策略限于 Brown、Levinson(1989)所划分的这四个超级策略(公开、积极礼貌、消极礼貌和非公开,排除了不作为这一策略)。这四个超级策略是我们的第三个变量。除此之外,实验中,这四个超级策略还可以被用来作为预测其他相关因素的线性回归分析的变量。

5.4.2.3　因变量

我们采用 SPSS11.5 中的 T 检验和单独的方差分析来研究三个自变量对两种问卷中的因变量的影响——在构建规约和不规约间接请求时策略的选择。除此之外,我们还采用了线性回归分析来研究一个自变量——请求句中所反映出的策略和因变量——在请求组成部分(比如上面提到过的称呼语和辅助话步)中所反映出的策略的选择之间的线性相关关系。

我们计算了面子威胁程度每个层面下规约和不规约的请求策略出现的平均次数,并归纳了线性相关分析结果,以此来验证我们的假设七,即在某些特定的语境中,面子威胁行为的轻重使得某些礼貌策略变得对规约性的间接请求合适,而有些却不合适。使用这些数据,我们还想验证假设三中 Faerch 和 Kasper 的自动和创造性处理过程以及假设一。

5.4.2.4　问卷材料

我们设计了两种问卷——角色扮演多项选择问卷和角色扮演单一补全问卷。第一种问卷中设计了包含两个层面的自变量。在这个实验中,第一种问卷为面子威胁程度高的层面设计的有 4 个包含高强加的情景和 4 个包含地位—熟悉度的情景(其中 2 个是地位高关系疏远的情景,2 个是地位低关系疏远的情景),为面子威胁程度低的层面设计的有 4 个包含低强加和 4 个包含地位熟悉度组合的情景(其中 2 个情景是地位低关系亲密的情景,2 个是关系亲密地位高的情景)。

每一个情景后面都有 10 个供受试者考虑的句子。受试者的主要任务时从 10 个随机排序的句中选择出 6 个请求的句子,然后再量表上根据他们在特定语境中被作为间接请求使用的可能性大小排序。这 10 个请求的句子是根据 Brown、Levinson(1987)的 4 个礼貌超级策略构建的。一个句子反映的是公开策略(例如,去拿些矿泉水来)。

这个策略是由一个直接请求完成的。因此在大多数情况下,不可能使用多于一个以上的短语。两个句子反映的是积极的礼貌策略,每一个都是根据特独特的积极礼貌策略形成的。其中一个反映的是"乐观"策略(比如,你会去拿矿泉水的,对吗?),另一个是"询问原因"策略(比如,为什么不去拿些矿泉水呢?)。5 个句子是基于消极礼貌策略构建的。

其中一个描述的是说话人对要执行的动作的渴望(比如,我想让你去拿一瓶矿泉水)。一个对听话人执行动作的能力提出疑问(你能去拿矿泉水吗?),一个对听话人是否愿意执行渴望的行为提出疑问(你愿意去拿矿泉水吗?),一个询问听话人是否允许说话人的请求被完成(例如,我可以让你去拿矿泉水吗?),最后一个是询问请求是否造成了对听话人的强加(比如,你介意去拿矿泉水吗?)。最后还有 2 个请求是非公开策略,两个都可以被看成是包含提出问题(比如"消极问题")的一个暗示,(比如,难道矿泉水还没有被喝完吗?)或者"对世界的陈述"(比如,矿泉水不应该被喝完了,我现在口渴了)。

在第二种问卷中,我们采用了 Brown、Gilman(1989)的包含三个层面的强加程度作为变量。第一层面有 9 个高强加程度、不同地位、不同熟悉度的情景,其中三个是有不同熟悉度(关系疏远、关系一般和关系亲密)高强加高地位情景,另外三个是有不同熟悉度(关系疏远、关系一般和关系亲密)高强加地位平等情景,还有三个是有不同熟悉度、高强加地位低的情景。

第二个层面是 9 个中等强加程度不同地位不同熟悉度的情景,其中三个是不同熟悉度的中等强加程度、高地位情景,另外三个是不同熟悉度的中等强加程度、平等地位的情景,还有三个是不同熟悉度的中等强加程度、地位低的情景。

同样地,第三个层面是 9 个强加程度低、地位高、不同熟悉度的情景,其中三个是不同熟悉度的强加程度低、高地位情景,另外三个是不同熟悉度的强加程度低、平等地位的情景,还有三个是不同熟悉度的强加程度低、地位低的情景。

受试者参与的一共有五类共 43 个书面情景(第一类问卷有 16 个有两个层面的面子威胁程度的情景,第二类问卷有 27 个有三个层面的面子威胁程度的情景)。每一个情景都是一个人正要向另外一个人作出间接请求的情景。每一个类型分别有 10 个或者 14 个受试者分别完成。第一种问卷有两类,第二种问卷有 3 类。

在角色扮演多项选择问卷中的第一类中有 4 个情景是面子威胁程度高强加程度高的情景,4 个是面子威胁程度低地位和熟悉度组合的情景,其中 2 个是地位低—关系亲密的情景,另外 2 个是关系亲密—地位高的情景。前 4 个是相对大的请求,比如问别人借数码录音机,让别人替自己上班,用别人的笔记本电脑或者借别人的车。没有任何说话人和听话人之间友谊的信息。

另外 4 个设置了地位和熟悉度两个因素,比如老板向下属借自行车,图书管理员让学生助理把恒温器的温度调高些,女儿让母亲帮自己带东西以及秘书让经理不要在办公室抽烟。角色扮演多项选择问卷中的第二类中有 4 个情景是面子威胁程度低强加程度低的情景,4 个是面子威胁程度高地位和熟悉度组合的情景,其中 2 个是地位高—关系疏远的情景,另外 2 个是关系疏远—地位低的情景。

前4个是相对小的请求,比如,借一些纸,问时间,让别人把球扔回来,或者让别人把门关上。并没有任何说话人和听话人之间友谊的信息。另外4个情景设置了地位和熟悉度这两个因素,比如,一位小姑娘问一名比自己年龄大的过路人怎样去火车站,一名年轻人让一名比自己大的人让路,一名年长的人让一个男孩子把音乐声音关小一点,一名经理让一名实习工人递盐。

在角色扮演单一补全测试的第一类问卷中,一共有三个包含不同熟悉度强加程度高地位高的情景,三个不同熟悉度强加程度中等地位平等的情景和三个不同熟悉度强加程度低地位低的情景。前三个的请求是比如一个年轻人让一名自己不认识的比自己大的人帮自己修车,一个女孩让一名自己碰到的但是不认识的女士借自己50英镑,一个秘书让经理的车周末借给自己。另外三个情景是一名年轻人让另一名自己不认识的年轻人把自行车借给自己一会儿,一名年轻女士让另一名自己碰到的但是不认识的女性捎自己一程,一名技工让自己的另一名技工朋友帮忙把沙发抬出办公室。还有三个情景是一名教授让一名自己不认识的学生告诉自己时间,一个老板向自己碰到的但是不认识的助理借一支笔,一名银行监工让自己的助理关上门。

在角色扮演单一补全测试的第二类问卷中,一共有三个包含不同熟悉度强加程度高地位平等的情景,三个不同熟悉度强加程度中等地位低的情景和三个不同熟悉度强加程度低地位高的情景。前三个的情景是一名年轻人让另一名自己不认识的年轻人帮忙修自己的车,一名男孩向自己遇到的但是不认识的女孩子借50英镑,一名技工想自己的技工朋友借车周末用。还有三个情景是教师向一名自己不认识的学生借自行车用会儿,一名老板让自己遇到的但是不认识的助理捎自己一程,一名银行监督员让自己的秘书帮忙把沙发挪出办公室。

另外三个情景是一名年轻人问比自己大但不认识的人告诉自己时间,一名年轻女士向自己碰到的比自己大但不认识的女士借一支笔,一名秘书让经理关门。

在角色扮演单一补全测试的第三类问卷中,一共有三个包含不同熟悉度强加程度高地位低的情景,三个不同熟悉度强加程度中等地位高的情景和三个不同熟悉度强加程度低地位平等的情景。

前三个情景是一名教授让一名自己不认识的学生帮自己修车,一个老板问自己遇到的但是不认识的秘书借给自己50英镑,一名银行监督员让自己的秘书周末把车借给自己。还有3个情景是一名年轻人向一个自己不认识的比自己大的人借自行车用一会儿,一名年轻女士让自己遇到的但是不认识的比自己大的女士捎自己一程,一名秘书让经理帮自己把沙发挪出办公室。另外三个情景是一名年轻人问另一名自己不认识的年轻人时间,一个男孩向一个自己不认识的女孩借一支笔,一名技工让自己的另一名技工朋友关门。

在这个实验中,我们对第一种问卷中面子威胁程度(两个层面)这一自变量和第二种问卷中面子威胁程度(三个层面)这一自变量都进行了设置。第一种问卷中设置了面子威胁程度的两个层面,即程度高和程度低。共设计了两种类型共 16 个情景。每一类型分别有 14 名受试者参加。

第一种类型包括 4+(2×2) 个问题,是面子威胁程度高强加程度高以及和面子威胁程度低地位—熟悉度组合的情景。第二类包括 (2×2)+4 个问题,是面子威胁程度高的地位—熟悉度组合情景以及威胁程度低强加程度低的情景。第二种问卷中有三种类型的面子威胁程度,即程度高,程度中等和程度低的。共设计有 3 个类型共 27 个书面情景。

每一种类型分别有 10 名受试者参加。第一种类型包括 3×3 个问题,分别是 3 个面子威胁程度高的不同熟悉度、强加程度高、地位高的情景,3 个面子威胁程度中等的不同熟悉度、强加程度中等、地位平等的情景,以及 3 个面子威胁程度低的、不同熟悉度、强加程度低、地位低的情景。第二种类型包括 3×3 个问题,分别是 3 个面子威胁程度高的不同熟悉度、强加程度高、地位平等的情景,3 个面子威胁程度中等的不同熟悉度、强加程度中等、地位低的情景,以及 3 个面子威胁程度低的、不同熟悉度、强加程度低、地位高的情景。

第三种类型包括 3×3 个问题,分别是 3 个面子威胁程度高的、不同熟悉度、强加程度高、地位低的情景,3 个面子威胁程度中等的、不同熟悉度、强加程度中等、地位高的情景,以及 3 个面子威胁程度低的、不同熟悉度、强加程度低、地位平等的情景。在第一种问卷中,这些设置是和两个组间类型中的每一个相交叉的,组间类型是通过把面子威胁程度交叉产生的 4 个列表,让受试者来填写。在第一种问卷中,是和 3 个组间类型中的每一个相交叉,组间类型是通过把面子威胁程度交叉后产生的 3 个列表来让受试者填写。这样,每一个受试者都可能会读到不同水平的强加、地位和熟悉度的脚本,每一个列表中的脚本都是按照随机的顺序排列的。

5.4.2.5　实验步骤

两种问卷分别由笔者的两位外国朋友发放给梅登黑德不同职业的 30 人和里丁大学不同职业的 34 人。受试者首先阅读答题规则,答题规则中解释说他们是每一种情景中的主角,并要像实际发生的情景那样去回答问题。梅登黑德那组的参与者,在读了角色扮演多项测试问卷时,要先阅读每个情节,每个情节后都有 10 个按随机顺序排列的句子。他们的任务是根据在某个特定语境中它们是否可能被用来作为间接请求的可能性大小,选出 6 个适合每一个语境的句子并在量表中排序(第一,最有可能,第二比第一个可能性小,第三比第二个可能性小……)。

里丁大学的参与者在参加角色扮演多项补全测试问卷时,要在每种情景下写出他们最可能说的能让另外一个人满足他的请求的句子。需要强调的是,他们要写出他们首先想到的那些请求,而不是简单地描述他们构建间接请求的方法。而且整个问卷要在 30 分钟之内完成。问卷在发放两周后由笔者的三个朋友在里丁大学和梅登黑德收回。

5.4.3　实验结果分析

在角色扮演多项选择问卷中一共选出了 168 套句子(168×6),在角色扮演单一补全测试中一共产生了 270 个句子。使用 4 个礼貌策略,我们对多项选择中句子的得分(从 10 个中选出 6 个有关面子威胁的句子并排序)进行了分析。对在补全问卷中所有情节下构建的句子,我们既把它们看作在某些社会因素条件下单独的句子又看作是句子组合,用 4 个礼貌策略对其进行分析。

在补全问卷中构建的每一个请求都是由两名英语本族语者根据他们适合的礼貌策略独立地进行编码。两名鉴定者先为请求组成部分出现的次数进行编码,我们对 Blum–Kulka 等(1989)的图式进行了修改以便和 Brown、Levinson(1987)的分类一致。也就是说,每一个请求都被分成了三个组成部分——称呼,行为(请求)和辅助性话步。我们要求两名鉴定者根据 Brown、Levinson 的理论对这些成分进行编码。

称呼语被编码为非正式(例如,名字),正式的(例如,头衔)或者没有称呼语的三种。在 Brown、Levinson(1989)的理论中,正式的称呼代表的是消极礼貌策略,非正式的称呼是积极礼貌测,行为代表着真正执行请求的句子,辅助性话步指的是任何附加在行为上的短语或者句子。这些话步被编码为积极礼貌或者消极礼貌。作为消极礼貌的话步说明请求者明白请求行为的强加性或者是试图要把强加性减到最小。这种话步的最普通的形式包括请求原谅(例如,我向你道歉,但是……),讲明不情愿(比如,我很讨厌问,但是……),说明请求原因(比如,我忘记带表了)。

积极礼貌的话步有暗含亲近或者试图引起亲近的短语或者句子。最普遍的作法就是闲聊,开玩笑,非正式文化以及提出或者承诺报答。所有的这些请求组成部分都是通过使用他们所在的语境进行编码的。礼貌策略是用和第一种问卷中相同的方法进行编码的。最初,两名鉴定者对6个请求行为和7个辅助性话步因该归入哪个礼貌策略的看法不同,进一步讨论后取得了一致的意见,并对第二种问卷进行计算和有效的分析。

我们用正交试验设计法来分析面子威胁行为的权重和礼貌策略选择二者之间的相互作用。A2(面子威胁行为的权重)×4(礼貌策略)方差分析说明多项问卷中的一致性分值对礼貌策略类型产生的一个重大的主要影响〔$F(3,223,)=3.153,p=.026$〕以及面子威胁权重和礼貌策略之间也有相互影响〔$F(3,224,)=128.937,p=.000$〕。A3(面子威胁权重)×4(礼貌策略)方差分析表明补全问卷中的一致性分值对礼貌策略产生了明显的重要影响〔$F(3,107)=10.055,p=.000$〕,以及面子威胁权重和礼貌策略之间也有重要影响〔$F(6,108)=19.420,p=.000$〕。

为了验证假设七,我们对每一个受试者在4个社会特征条件下的强加和社会地位—熟悉度组合情景(角色扮演多项选择问卷中在面子威胁程度高和程度低两个层面下)和四个礼貌策略一致的请求的级别以及在7个社会特征条件下的强加社会地位和熟悉度情景下(在角色扮演单一补全测试中强加程度高,强加程度中等和强加程度低)根据四个礼貌策略作出的请求数量进行了统计。通过对每一名受试者取平均值算出了和每一个礼貌策略相一致的6个请求的平均等级。

这些算出的分值被称为"一致性"分值。图5-9和5-10展示的是和四个超级礼貌策略相一致的请求等级的平均一致性分值之间的对比(在角色扮演多项选择测试中面子威胁程度有两种)以及和四个礼貌策略相一致的请求的平均一致性分值之间的对比(在角色扮演单一补全测试中面子威胁程度有三种)。

我们的预测一,即对听话人地位、熟悉度和强加程度的认知的增加将会导致对能减少面子威胁的请求策略的选择增加,以及使得某些请求更加规约,而另一些则不是。根据Brown、Levinson(1987),对能减少面子威胁的策略的选择仅仅指的是对消极礼貌和非公开策略的选择,但是对消极礼貌策略的选择会使得请求变成规约请求,而对非公开策略则不能。而且,对公开的或者积极礼貌策略的选择都不能使的请求变成规约请求。因此这个实验主要收集的语料主要是在不同面子威胁程度下对消极礼貌和非公开策略的选择。

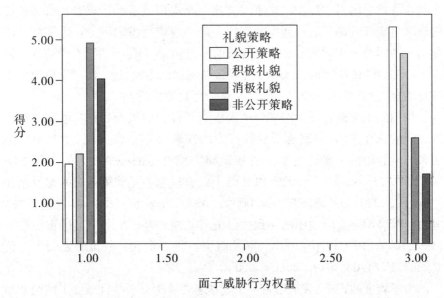

图5-9　请求等级平均一致性得分在两个面子威胁权衡条件中的比较

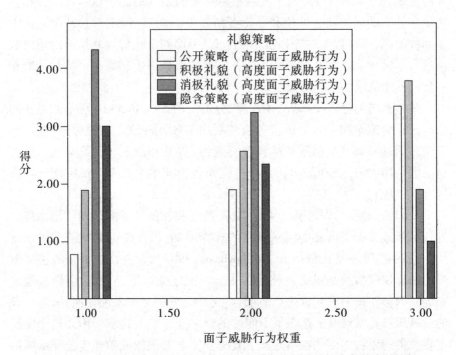

图5-10　请求构建数量平均一致性得分在三个面子威胁权衡条件中的比较

在第一种问卷中,当面子威胁程度包含程度高和程度低两种情景时,对消极礼貌策略的选择在前一情景(M＝4.9286)要明显高于后一情景下(M＝2.6071)。对于非公开策略(M＝1.7143)的选择在相同威胁程度下比对公开策略(M＝1.9643)和积极礼貌策略(M＝2.2143)的选择也要高。在对非公开策略选择的一致性上在前一情景下(M＝4.0357)比在后一情景下对非公开策略、消极策略和公开策略(M＝5.3214)的选择也要高,也比在相同面子威胁程度下对公开策略和积极礼貌策略的选择要高〔F(7,223)＝59.662,p＝.000〕(见表5-18)。

表 5-18　礼貌策略等级在两个面子威胁权衡条件下的平均差之间的多视角比较

依存变体:得分多重比较

(I)策略	(J)策略	平均差(I-J)	标准差	显著性
消极礼貌 (高度面子威胁行为)	公开策略(高度面子威胁行为)	2.9643 ∗	.26759	.000
	积极礼貌(高度面子威胁行为)	2.7143 ∗	.26759	.000
	隐含策略(高度面子威胁行为)	.8929	.26759	.139
	公开策略(低度面子威胁行为)	−.3929	.26759	.950
	积极礼貌(低度面子威胁行为)	.2679	.26759	.995
	消极礼貌(低度面子威胁行为)	2.3214 ∗	.26759	.000
	隐含策略(低度面子威胁行为)	3.2143 ∗	.26759	.000
隐含策略 (高度面子威胁行为)	公开策略(高度面子威胁行为)	2.0714 ∗	.26759	.000
	积极礼貌(高度面子威胁行为)	1.8214 ∗	.26759	.000
	消极礼貌(高度面子威胁行为)	−.8929	.26759	.139
	公开策略(低度面子威胁行为)	−1.2857 ∗	.26759	.002
	积极礼貌(低度面子威胁行为)	−.6250	.26759	.605
	消极礼貌(低度面子威胁行为)	1.4286 ∗	.26759	.000
	隐含策略(低度面子威胁行为)	2.3214 ∗	.26759	.000

注释:∗平均差在0.05水平是显著的。

表5-18揭示了当面子威胁程度高的时候,和公开策略和积极礼貌策略相比,受试者更愿意选择消极礼貌策略和非公开策略。当面子威胁程度低的时候,和消极礼貌策略和非公开策略相比,受试者更喜欢选择公开策略(M＝5.3214)和积极礼貌策略(M＝4.6607)。表格说明正是面子威胁的高

程使得在面子威胁程度高的情况下比在面子威胁程度低的情况下,消极礼貌策略和非公开策略比其他策略更受欢迎。

在面子威胁程度低时对公开策略的偏爱的显著性差异和在面子威胁程度高时对非公开策略偏爱的显著性差异同样说明在面子威胁程度高时选择了的非公开策略多,而在面子威胁程度低时选择的非公开策略少。因此,正是面子威胁的高程度使得受试者选择了消极礼貌策略和非公开策略,说明面子威胁程度越高,消极就会选择越多的消极礼貌策略和非公开策略来构建规约的或者不规约的请求。

当面子威胁行为包含高强加和低强加时,在强加程度高时(M=4.75)对消极礼貌策略的选择的一致性比在强加程度低时对消极礼貌的选择(M=2.50,MD=2.25)和非公开策略的选择(M=1.7143,MD=3.0357)的一致性要明显地高。也比在相同强加程度条件下对公开策略(M=2.3571,MD=2.3929)的选择和积极礼貌策略(M=2.2143,MD=2.5357)的选择要明显地高。

而且,在强加程度高时(M=4.7857)对非公开策略的选择比在强加程度低时对非公开策略(MD=3.0714)和消极礼貌策略(MD=2.2857)的选择的一致性也要明显地高。也比在相同强加程度条件下对公开策略(MD=2.4286)的选择和对积极礼貌策略(MD=2.5714)的选择也要明显地高〔F(7,111)=33.899,p=.000〕。

当在面子威胁程度高和低两种情况下,包含地位—熟悉度组合时,在面子威胁程度高时(M=5.1071)对消极策略选择的一致性比在面子威胁程度低时对消极礼貌策略(M=2.7143,MD=2.3929)和非公开策略(M=1.7143,MD=3.3929)的选择的一致性要明显地高。也比在地位—熟悉度相同高强加时对公开策略(M=1.5714,MD=3.5357),积极礼貌策略(M=2.2143,MD=2.8929)和非公开策略(M=3.2857,MD=1.8214)的选择的一致性要明显地高。

在面子威胁程度高时(M=3.2857)对非公开策略的选择比在面子威胁程度低时对非公开策略(MD=1.5714)的选择的一致性要明显地高,但是比对公开策略(MD=-1.8571)的选择要明显地小。也比在地位—熟悉度相同强加程度高的条件下对公开策略(MD=1.7143)的选择要明显地高,但是比对消极礼貌策略的选择要明显地低(MD=-1.8214)〔F(7,111)=32.918,p=.000〕。

在以上两种面子威胁程度下描述的一致性分值说明,当面子威胁行为有高强加和低强加时,在同样是高强加条件下,和其他策略相比,消极礼貌策略和非公开策略比在面子威胁程度低时这两种策略更受欢迎。这也说明当在高强加和低强加时包含地位—熟悉度组合时,在面子威胁程度高时和其他的策略相比对消极礼貌策略的选择更受欢迎,在面子威胁程度低时和其他三个策略相比对非公开策略的选择更受欢迎。

而且,在面子威胁程度高时对非公开策略的选择比在面子威胁程度低时对其选择要更受欢迎,也比在相同面子威胁程度下对公开策略的选择更受欢迎。但是在面子威胁程度低时对公开策略的选择和在强加程度高时对消极礼貌策略的选择比对非公开策略的选择要更受欢迎。在地位—熟悉度组合条件下当强加程度高时,对消极礼貌的选择比对非公开礼貌策略的选择更受欢迎。

因此,在地位—熟悉度组合条件下,面子威胁程度越高,和非公开策略相比,选择消极礼貌的频率就越高,同样和非规约的间接请求相比,构建的规约的间接请求就越多。这一实验结果和 Brown、Levinson 的理论,即一个情景中面子威胁程度越大,选择非公开策略就越多是不一致的。不管怎么样,这一发现说明面子威胁程度使得受试者选择消极礼貌策略来构建规约间接情景,而选择非公开策略来构建非规约间接请求。也就是说,间接请求行为的面子威胁程度越高,选择消极策略和非公开策略来构建规约或不规约的请求的频率就越高。

在第二种问卷中,当面子威胁行为在高强加、中等强加和低强加以及其他社会特征条件中时,在高强加加上其他条件下($M = 4.3333$)时对消极礼貌策略选择的一致性比在中等强加加上其他条件下对公开策略($M = 1.8889$,$MD = 2.4444$)和非公开策略($M = 2.3333$,$MD = 2.0000$)选择的一致性要明显地高。这也比在低强加加上其他条件下对消极礼貌策略($M = 1.8889$,$MD = 2.4444$)和非公开策略($M = 1.0000$,$MD = 3.3333$)的选择要高。

这也比在相同强加程度加其他条件下时对公开策略($M = .7778$,$MD = 3.5556$)和积极礼貌策略($M = 1.8889$,$MD = 2.4444$)的选择要明显地高。在高强加加上其他条件下($M = 3.0000$)时对非公开策略的选择的一致性比在低强加加上其他条件时对非公开策略($MD = 2.0000$)的选择要明显地高。也比在相同强加程度加上其他条件时对公开策略($MD = 2.2222$)的选择要明显地高。而且,在中等强加加上其他条件下($M = 3.2222$)对消极礼貌策略选择的一致性比在低强加加上其他条件下对非公开策略($M = 1.0000$,$MD = 2.2222$)选择的一致性要明显地高。

这种情况也比在高强加加上其他条件时对公开策略($M = .7778$,$MD = 2.4444$)的选要明显地高。但是,在中等强加加上其他条件时($M = 2.3333$)

对公开策略选择的一致性比在高强加加上其他条件下对消极礼貌策略的选择要明显地小(MD=-2.0000)〔F(11,107)=13.335,p=.000〕(见表5-19)。

表5-19 礼貌策略构建在三个强加加权衡条件下的平均差显著性的多视角比较

依存变体:得分多重比较

(I)礼貌策略	(J)礼貌策略	平均差(I-J)	标准差	显著性
消极礼貌(高强加+)	公开策略(高强加+)	3.5556 *	.41821	.000
	积极礼貌(高强加+)	2.4444 *	.41821	.001
	公开策略(中强加+)	2.4444 *	.41821	.001
	隐含策略(中强加+)	2.0000 *	.41821	.029
	消极礼貌(低强加+)	2.4444 *	.41821	.001
	隐含策略(低强加+)	3.3333 *	.41821	.000
隐含策略(高强加+)	公开策略(高强加+)	2.2222 *	.41821	.007
	隐含策略(低强加+)	2.0000 *	.41821	.029
消极礼貌(中强加+)	公开策略(高强加+)	2.4444 *	.41821	.001
	隐含策略(低强加+)	2.2222 *	.41821	.007
隐含策略(中强加+)	消极礼貌(高强加+)	-2.0000 *	.41821	.029

注释: * 平均差在0.05水平是显著的,同时,非显著平均差在该表中被排除在外。

表5-19中数据说明,当面子威胁行为在高强加加上其他社会因素时,选择的消极礼貌策略的数量比在中等和低强加加上其他因素时,非公开策略的数量要明显地多,也比在低强加加上其他因素时消极礼貌策略的数量要明显地多,也比在相同强加程度和中等强加程度加上其他因素时公开策略的数量要明显地多,也比在相同强加程度加上其他因素下积极礼貌策略的数量也明显地多。

(在高强加加上其他因素下消极策略和积极策略之间的,以及在中等强加加上其他因素条件下和在低强加加上其他因素条件下的公开策略之间的)平均一致性差异表明在高强加加上其他因素条件下对消极策略的选择以及在中等和低强加加上其他因素条件下对公开策略的选择直接并没有差异。虽然在高强加加上其他因素条件下对消极策略的选择的数量比在中等强加加上其他因素条件下对消极策略选择地数量要多,这一差异并没有达到显著性水平。

即便是这样,这一差异依然说明在高强加加上其他因素条件下使得对消极礼貌策略的选择比在中等强加加上其他因素条件下对消极礼貌的选择要多。在高强加加上其他因素条件下选择的非公开策略的数量比消极礼貌策略的数量明显要少,以及在高强加加上其他因素条件下消极礼貌策略的数量比在低强加加上其他因素下对非公开策略的选择要明显地多,也比在中等强加加上其他因素条件下公开策略的数量也要明显地多,这些说明正是高强加加上其他因素条件使得受试者选择消极礼貌策略二不是其他策略来构建规约的间接请求。

表5-19还可以说明,当面子威胁行为发生在高强加加上其他因素条件下时,非公开策略的数量比在低强加加上其他因素条件下时非公开策略的数量要明显地多,也比在相同强加条件下公开策略的数量要明显地多。这进一步证明在高强加加上其他因素条件下,对非公开策略的选择比在低强加加上其他因素条件下对非公开策略的选择频率要高。

虽然在高强加加上其他因素条件下对非公开策略的选择要比在中等强加加上其他因素条件下对非公开策略的选择要高,但这种差异没有达到明显性水平。即便是这样,强加程度的提高似乎会使非公开策略在构建非规约间接请求时更加合适。在高强加加上其他因素条件下非公开策略选择的频率比在相同条件下对公开策略的选择要明显地高,这也为我们的研究发现提供了强有力的证据。

当面子威胁行为发生的社会地位有高、平等和低三种加上其他社会因素时,在地位高加上其他因素条件下(M=3.5556)对策略选择的一致性比在地位平等加上其他因素条件下对消极礼貌策略(M=3.2222,MD=.3333)和非公开策略(M=2.0000,MD=1.5556)的选择的一致性要稍高一些。

这种一致性也比在地位低加上其他因素条件下对消极礼貌策略(M=2.6667,MD=.8889)和非公开策略(M=1.4444,MD=2.1111)的选择要稍微高一些。这也比在地位相同加上其他因素条件下对公开策略(M=1.3333,MD=2.2222)和积极礼貌策略(M=2.2222,MD=1.3333)的选择稍高一些。在地位高加上其他因素条件下对非公开策略(M=2.8889)的选择也比在地位相同加上其他因素条件下对非公开策略(MD=.8889)的选择要稍高一些。

这种一致性也比在地位低加上其他因素条件下对消极礼貌策略(MD=.2222)和非公开策略(MD=1.4444)的选择要稍高一些。也比在地位相同加上其他因素条件下对公开策略(MD=1.5556)和积极礼貌策略(MD=.6667)稍高一些,但是比在地位相同加上其他因素条件下对消极礼貌策略(MD=-.6667)的选择稍低一些。而且,在地位平等加上其他因素条件下对消极礼貌策略(M=3.2222)选择的一致性比在地位低加上其他因素条件下对消极礼貌策略(MD=.5556)和非公开策略(MD=1.7778)的选择稍微高一些。

这种一致性也比在地位相同加上其他因素条件下对公开策略(MD=1.2222)和积极礼貌策略(MD=.4444)的选择要稍高一些。相应地,在地位平等加上其他因素条件下对非公开策略(M=2.000)的选择的一致性比在地位低加上其他因素条件下(MD=.5556)对非公开策略的选择要稍高一些,和在地位相同加上其他因素条件下对公开策略(MD=.0000)的选择一致性是一样的,但是比在地位相同加上其他因素条件下对消极礼貌策略(MD=-1.2222)和积极礼貌策略(MD=-.7778)的选择要稍微小一些。

这同样也比在地位低加上其他因素条件下对消极礼貌策略(MD=-.6667),积极礼貌策略(MD=-1.2222)以及公开策略(MD=-.6667)的选择要稍微小一点。即使单因素方差分析说明显著性差异是存在的〔F(11,107)=3.048,p=.002〕,事后比较检验说明所有这些对策略选择的独立的平均差异都没有达到显著性水平(见图5-11)。

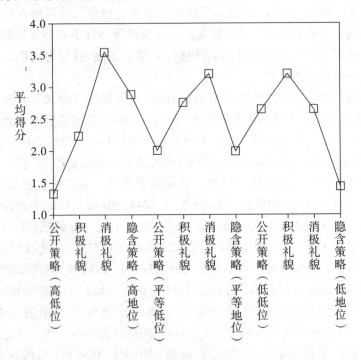

图5-11　三个地位+条件下平均一致性得分图式表征

　　图 5-11 说明,当面子威胁行为在地位高加上其他因素条件下,选择的消极礼貌策略数量比在地位相同、平等或者低加上其他因素条件下的其他策略的数量都要稍高一些。但是这种差异并没有达到显著性水平。这一差异并不否定这样的事实,即是地位高加上其他因素条件使得受试者更多选择消极礼貌策略来构建规约的间接请求。

　　而且,以上讨论表明在地位高加上其他因素条件下,非公开策略的选择比在地位相同、平等和地位低加上其他因素条件下对其他策略的选择要稍微高一些(除了在地位高和地位平等的情况下的消极礼貌策略)。这些发现说明,地位高加上其他因素条件时和其他策略相比,更倾向于选择消极礼貌和非公开策略,而消极礼貌比非公开策略更受欢迎。

　　当在地位平等加上其他因素条件下选择非公开策略的频率,只比在地位低加上其他因素条件下对非公开策略选择稍微高一些,和在地位相同加上其他因素条件下对公开策略的数量是一样的。但是比在地位平等和地位低加上其他因素时对公开策略的选择稍低一些。这些发现表明,在地位平等加上其他因素条件下,非公开策略并不比其他的策略受欢迎,在构建规约的间接请求方面,不如消极礼貌策略。这也许可以通过地位加其他因素条件下的影响得到解释。

　　当面子威胁行为在熟悉度疏远、中等和亲近加上其他因素条件下时,对策略选择的一致性在熟悉度疏远加上其他因素条件下对消极礼貌策略($M=3.5556$)的选择比在熟悉度中等加上其他条件下对消极礼貌策略($M=3.2222,MD=.3333$)和非公开策略($M=2.2222,MD=1.3333$)的选择要稍高一些。这一一致性也比在熟悉度亲密加其他因素条件下对消极礼貌策略($M=2.6667,MD=.8889$)和非公开策略($M=1.2222,MD=2.3333$)的选择要稍微高一些,也比在相同熟悉度加上其他因素条件下对公开策略($M=1.4444,MD=2.1111$)和积极礼貌策略($M=2.1111,MD=1.4444$)的选择要稍高一些。

　　在熟悉度疏远加其他因素条件下对非公开策略($M=2.8889$)选择的一致性比在熟悉度中等加其他因素条件下对非公开策略($MD=.6667$)的选择要稍微高一些,这种一致性也比在熟悉度亲近加其他因素条件下对消极策略($MD=.2222$)和非公开策略($MD=1.6667$)的选择要稍高一些。这也比在相同熟悉度加其他因素条件下对公开策略($MD=1.4444$)和积极礼貌策略($MD=.7778$)的选择稍高一些。

　　但是该情况比在熟悉度中等加其他因素条件下对消极礼貌($MD=-.3333$)的选择要稍低一些。而且,在熟悉度中等加其他因素条件下,对消极礼貌策略(M=3.2222)的选择的一致性比在熟悉度亲密加其他因素条件下对消极礼貌(MD=.5556)和非公开策略(MD=2.0000)的选择要稍高一些。这种一致性比在相同熟悉度加其他因素条件下对公开策略(MD=1.3333)和积极礼貌策略(MD=.5556)的选择要稍高一些。

在熟悉度中等加其他因素条件下,对非公开策略(M=2.000)的选择的一致性比在熟悉度亲密加其他因素条件下(MD=1.0000)稍微高些,也比在相同熟悉度加其他因素条件下对公开策略(MD=.3333)的选择稍高一些,但是比在熟悉度亲密加其他因素条件下对消极礼貌策略(MD=-.4444)的选择要稍微低一些,也比在相同熟悉度加其他因素条件下对积极礼貌策略(MD=-.4444)的选择稍微低一些。这些发现和在地位加其他因素条件下是一样的,虽然单因素方差分析表明显著性差异〔$F(11,107)=3.529$,$p=.000$〕是存在的,但是对这些策略选择的单个平均差异之间并没有达到显著性水平(见图5-12)。

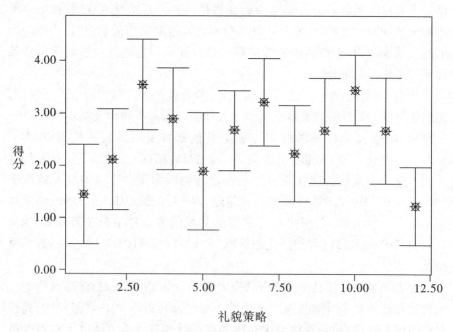

图5-12   三个熟悉+条件下平均一致性得分图式表征

图5-12说明,当面子威胁行为在熟悉度疏远加其他社会因素时,在熟悉度疏远、中等和亲密加其他社会因素条件下,消极礼貌选择的数量比其他策略要稍微多些,但所有这些差异均不具有统计学意义。虽然这些差异没

有达到显著性水平,但可以说明,是熟悉度疏远加其他社会因素条件使得消极礼貌策略成为构建规约间接请求的恰当的策略。

而且,以上图表还表明在熟悉度疏远加其他社会因素条件下,非公开策略的数量比其他策略在熟悉度疏远、中等和亲密加其他因素条件下的选择要稍高一些(除了在关系疏远和关系中等加其他因素条件下的消极礼貌策略以及在关系亲密加其他因素条件下的积极礼貌策略外)。

这些发现表明,是关系疏远加其他因素条件引起了对消极礼貌策略的选择比其他策略的选择要多些,但是在熟悉度中等加其他因素条件下,非公开策略不如消极礼貌策略那样更受欢迎,甚至还不如在关系亲密加其他因素条件下的积极礼貌策略那样受欢迎。

这说明,非公开策略不像在熟悉度加其他因素条件下的消极礼貌策略那样能使更多的间接请求成为规约请求,同时也说明熟悉度亲密这一因素在减少构建非规约间接请求的非公开策略选择上起着重要的作用。以上解释还说明当面子威胁行为在熟悉度中等加其他社会因素时,选择的消极礼貌策略的数量比在熟悉度相同和熟悉度地加其他因素条件下对其他策略的选择要稍微高些(除了比在熟悉度亲密加其他因素条件下的积极礼貌策略稍低一点)。

在熟悉度相同和熟悉度低加其他因素条件下,选择的非公开策略的数量比其他策略的数量稍微少一些(除了比在熟悉度相同加其他因素条件下对公开策略的选择稍高一点,和比在熟悉度低加其他因素条件下对非公开策略的选择也稍高一点外)。这些发现进一步证明熟悉度亲密可以减少面子威胁。

这些发现表明,地位加其他因素的情景在构建规约间接请求的消极礼貌和构建非规约间接请求的非公开策略之间的选择上起着很重要的作用。这说明地位加其他因素这一情景下在选择恰当策略从而减少对听话人面子威胁的过程中,消极礼貌策略比非公开策略更受欢迎。所有的这些发现还表明熟悉度加其他因素在选择策略时也起着一些其他的作用,熟悉度亲密加其他因素情景并不能减少面子威胁。而且,所有这些发现进一步说明强加程度加其他因素情景更喜欢选择构建规约请求的策略,强加程度越高的请求,也会更多的选择规约的间接请求。

这些发现部分地支持了 Brown、Levinson(1987)的面子威胁理论。他们认为执行面子威胁行为的这些策略根据他们对听话人面子关注的程度可以对它们的礼貌程度进行排序。我们对消极礼貌策略的这些发现和 Brown、Levinson(1987)的观点是非常一致的,除了非公开策略并没有作为最礼貌的构建规约间接请求的策略之外。

一方面,非公开策略因为可以被操作,所以其礼貌性有可能会丢失一些,这和我们的发现是一致的。另一方面,这一发现可以反映出一个在设计非公开策略时方法论上的困难。因此,受试者可能没有认为它是比消极礼貌策略更礼貌的策略,它有可能像一个不礼貌的消极礼貌请求那样发挥了作用,要是这样的话我们的发现和理论是一致的。因为这些可能性的存在,对于非公开策略对面子威胁的影响这一方面我们宁愿不去做任何的结论。

Brown、Levinson(1987)认为对某一个特定策略的使用将取决于行为的强加程度、熟悉度和地位这三个因素。我们的基于这一理论的假设收集的语料是混合的。和理论一致的是,最不礼貌的策略(公开和积极礼貌策略)在强加程度高加其他因素情景下比在强加程度低加其他因素情景下使用的可能性小很多。地位和熟悉度组合可以导致这样的结果。在当熟悉度亲密的大部分情况下地位可以达到这一预测效果,当地位低的大部分情况下熟悉度可以达到这一预测效果。

这就产生了这样一个问题:地位和熟悉的组合情况是不是选择构建规约间接请求的策略的最佳情景? 很明显对这个问题,我们还需要进行更多的研究。但是不管怎样,我们的研究结果似乎是支持了假设七,即在某些特定的语境中,面子威胁行为的程度大小使得某些礼貌策略变得对规约性的间接请求合适,而有些却不合适。我们的预测二认为,在请求行为上使用策略和在请求的其他组成部分,比如称呼语和辅助性话步等所使用的策略之间是非常一致的。

为了验证这一预测,我们进行了线性回归分析,把第二种问卷中收集的语料中的请求组成部分,比如称呼语和辅助性话步中使用的策略作为因变量,把请求行为中所使用的策略作为自变量来进行分析。Brown、Levinson(1987)的模式说明超级礼貌策略之间都是互相排斥的,即不可能是几个策略的混合体(例如,一个熟悉度称呼语加上消极礼貌策略)。

通过把请求行为中的策略类型与积极消极辅助性话步和不同称呼语中出现的策略交叉,我们对这一现象进行了分析。和 Brown、Levinson(1987)的模式相反的是,这些分析结果说明了几种策略频繁地被混合在一起(见表5-20)。积极和消极的辅助性话步,熟悉(积极礼貌)和正式(消极礼貌)的称呼语与不同的策略一起出现来构建请求行为。但是在更多情况下,消极辅助性话步和正式称呼语的分布随着请求行为的策略的不同而不同。也就是说,当面子威胁程度增加时,像请求中的辅助性话步和正式称呼语一样,请求行为的策略就会变得更加消极礼貌〔$X^2(20, N = 108) = 124.503$,

$p = .000$〕,〔$X^2(20, N=108)=80.379, p=.000$〕。(见表5-20)

表5-20 反映在请求成分中的请求策略案例及其比例数

请求成分		请求策略				
		公开	积极礼貌	消极礼貌	隐含策略	占比
支持性动机	积极	24	29	33	22	0.40
	消极	23	40	59	40	0.60
	占比	0.174	0.256	0.340	0.230	1.00
称谓形式	无	8	8	10	12	0.14
	熟悉	16	21	20	15	0.27
	正式	24	39	55	42	0.59
	占比	0.178	0.252	0.315	0.255	1.00

当强加程度加其他社会因素变量进入线性回归分析中时,我们发现辅助性话步使用的策略和请求行为使用的策略之间存在显著相关〔$R=.808$,$R^2=.653$,$F(1,107)=199.287$,$p=.000$〕。称呼语使用的策略和请求行为使用的策略之间也存在显著相关〔$R=.682$,$R^2=.465$,$F(1,107)=92.064$,$p=.000$〕。当地位加其他因素情景这一变量进入线性回归分析时,我们也发现辅助性话步使用的策略和请求行为使用的策略之间存在显著相关〔$R=.692$,$R^2=.479$,$F(1,107)=97.261$,$p=.000$〕,称呼语使用的策略和请求行为使用的策略之间也存在显著相关〔$R=.534$,$R^2=.285$,$F(1,107)=42.408$,$p=.000$〕。

当熟悉度加其他因素情景这一变量进入线性回归分析时,我们发现辅助性话步使用的策略和请求行为使用的策略之间的相关以及称呼语使用的策略和请求行为使用的策略之间的相关分别都具有了统计学意义〔$R=.659$,$R^2=.434$,$F(1,107)=81.170$,$p=.000$〕,〔$R=.504$,$R^2=.254$,$F(1,107)=36.079$,$p=.000$〕。当强加程度加其他因素情景这一变量进入线性回归分析时,数据表明了辅助性话步使用的消极礼貌策略和请求行为使用的消极礼貌策略之间的相关关系〔$R=.843$,$R^2=.710$,$F(1,26)=61.165$,$p=.000$〕,以及称呼语中使用的消极礼貌策略和请求行为中使用的消极礼貌策略之间也有相关关系〔$R=.634$,$R^2=.402$,$F(1,26)=16.840$,$p=.000$〕。

当地位加其他因素情景这一变量进入线性回归分析时,我们也发现辅助性话步使用的消极策略和请求行为使用的消极策略之间存在显著相关〔$R=.574$，$R^2=.330$，$F(1,26)=12.297$，$p=.002$〕，称呼语使用的消极策略和请求行为使用的消极策略之间也存在显著相关〔$R=.508$，$R^2=.259$，$F(1,26)=8.717$，$p=.007$〕。当熟悉度加其他因素情景这一变量进入线性回归分析时，我们发现辅助性话步使用的消极策略和请求行为使用的消极策略之间的相关和在地位加其他因素情景下的相关关系是一样的，以及称呼语使用的消极策略和请求行为使用的消极策略之间的相关也达到了统计学意义〔$R=.556$，$R^2=.309$，$F(1,26)=7.102$，$p=.008$〕。

当两种社会因素组合特征(在强加加其他因素下的请求行为策略×在地位加其他因素下的请求策略)进入线性回归分析后，数据表明辅助性话步使用的策略和请求行为使用的策略之间有明显相关〔$R=.694$，$R^2=.482$，$F(2,107)=96.05$，$p=.000$〕，称呼语使用的策略和请求行为使用的策略之间也有明显相关〔$R=.579$，$R^2=.335$，$F(2,107)=48.747$，$p=.000$〕。

当两种变量(在熟悉度加其他因素下的请求行为策略×在强加加其他因素下的请求策略)进入线性回归分析后，数据表明辅助性话步使用的策略和请求行为使用的策略之间也有明显相关〔$R=.808$，$R^2=.653$，$F(2,107)=14.731$，$p=.000$〕，称呼语使用的策略和请求行为使用的策略之间也有明显相关〔$R=.655$，$R^2=.429$，$F(2,107)=25.293$，$p=.000$〕。

但是，当两种变量(在地位加其他因素下的请求行为策略×在熟悉度加其他因素下的请求策略)进入线性回归分析后，数据表明辅助性话步使用的策略和请求行为使用的策略之间没有明显相关〔$F(2,107)=74.792$，$p=.772$〕，称呼语使用的策略和请求行为使用的策略之间也没有明显相关〔$F(2,107)=48.392$，$p=.508$〕。当三种变量组合(强加加其他因素条件下请求行为的策略×地位加其他因素条件下请求行为的策略×熟悉度加其他因素条件下请求行为的策略)进入线性回归分析后，数据也显示辅助性话步使用的策略和请求行为使用的策略之间没有明显相关〔$F(3,107)=198.752$，$p=.679$〕，称呼语使用的策略和请求行为使用的策略之间也没有明显相关〔$F(3,107)=91.083$，$p=.627$〕。

线性回归分析结果表明辅助性话步使用的策略和请求行为使用的策略之间以及称呼语使用的策略和请求行为使用的策略之间都存在明显相关。辅助性话步使用的消极策略和请求行为使用的消极策略之间以及称呼语使用的消极策略和请求行为使用的消极策略之间都存在明显相关。

这些只有在以下几种情况下，即强加程度加其他因素变量、地位加其他因素变量、熟悉度加其他因素变量、社会组合因素(比如强加程度)加其他因素变量×地位加其他因素变量,以及熟悉度加其他因素变量×强加程度加其他因素变量等这些变量分别进入线性回归分析时才会发生以上的相关关系。对每一种变量的程度增加都会导致对消极辅助性话步和正式称呼语组合的数量的增加,以及积极辅助性话步和正式称呼语组合数量的减少。在三种变量组合情况下和两种变量(地位加其他因素×熟悉度加其他因素)时,积极,消极辅助性话步和称呼语使用的策略与请求行为使用的策略之间没有显著相关关系。但是,结果显示,请求行为使用的策略和请求的其他组成部分比如称呼语和辅助性话步所使用的策略之间有明显相关。

在这一研究中我们对请求的组成部分之间进行了综合的测试。和Brown、Levinson(1987)的模式一致但是并不完全一样,我们预测并发现了对听话人地位、熟悉度和强加程度的认知的增加,会导致辅助性话步和称呼语中消极礼貌策略的选择也明显增加,会导致辅助性话步和称呼语中积极礼貌策略的选择会明显减少。

我们认为这是对请求中使用的三个变量的重要性的合乎情理的有力的支持。但是和 Brown、Levinson 的假设相反的是,实验中请求行为、辅助性话步和称呼语所使用的混合策略表明,在一个请求行为中选择的不同策略并不是一个纯粹的超级策略。把一个消极礼貌请求行为(例如,你能告诉我怎样去火车站吗?)和一个熟悉地称呼语和一个积极辅助性话步(例如,Hi,John,你最近怎样?)相结合的请求说明,这些请求不会像表 5–20 展示的那样能够反映一个纯粹的策略。

从一种情况上来说,要是把礼貌看作是一维的话,这种对策略的混合对于 Brown、Levinson(1987)的理论来讲是相对不成问题的。但是有些学者(Craig et al.,1986;Scollon and Scollon,1981 等)认为消极礼貌和积极礼貌之间是质的差异而不是量的差异(比如,消极礼貌不一定就比积极礼貌要礼貌些)。虽然在这个问题上我们没有直接证据,从某种角度,我们对辅助性话步和称呼语的研究结果和这个观点是一致的。

消极和积极辅助性话步以及称呼语的数量会分别受到变量之间的影响。在对请求组成部分的策略进行整体选择时,对强加程度和熟悉度的增加会导致更多的消极礼貌辅助性话步和消极礼貌称呼语的选择,从而导致更少的积极礼貌辅助性话步和积极礼貌称呼语的选择。积极礼貌辅助性话步和称呼语在熟悉度亲密时发生的频率更高一些。这就说明积极和消极礼貌之间可能是质的区别,这对 Brown、Levinson(1987)的理论来讲多少是有些问题的。

虽然在实验中,我们发现了这两个变量——强加加其他因素×地位加其他因素和熟悉度加其他因素×强加加其他因素之间的一致性,结果却显示,我们设置的这三个变量之间的影响却不是累积的(添加的)。特别是,地位加其他因素×熟悉度加其他因素对策略选择的影响表明不是累积的。线性回归分析结果表明,对于辅助性话步〔$R = .808$, $R^2 = .653$, $F(1, 107) = 199.287$, $p = .000$〕,称呼语〔$R = .682$, $R^2 = .465$, $F(1, 107) = 92.064$, $p = .000$〕而言,当请求的强加程度增加时,其他变量对策略的选择影响很小。

这和过去的许多研究是一致的,也说明我们现在有足够的证据可以抛弃 Brown、Levinson 模式中的累积效果假设。Gonzales 等(1993)和 Holtgraves、Yang(1992)也阐述过和本研究相似的发现。在他们的研究中,他们发现地位对消极礼貌的选择有预期的影响只发生在冒犯程度小(强加程度低)的时候而不是冒犯程度大(强加程度高)的时候。这就说明当一个请求行为变得非常威胁面子时,各个因素之间的影响就变得很小。

这一研究同样说明,当地位更高或者熟悉度更加疏远时,其他变量的影响就会减少。虽然在我们的实验中没有发现辅助性话步($p = .772$)和称呼语($p = .508$)之间有相似的相关关系,它们之间的不明显的一致性似乎也可以随着强加程度的提高而增加。简单地说,我们对这种一致性是这样理解的,当三个变量中的任何一个达到特别高的水平时,其他变量的影响将会减弱或者完全消除。例如,如果一个说话人已经执行了一个非常威胁面子的行为或者想要让别人帮更大一个忙时,他或她将会不顾两人之间的亲密程度,而选择一个礼貌最大化的策略(例如,消极礼貌策略或者非公开策略)。因此即便是我们说请求行为使用的策略和请求的其他组成部分如称呼语和辅助性话步等使用的策略是一致的,Brown、Levinson(1987)的模式也需要扩大到能够解释这些现象。

而且,在不同的情景中,各个变量程度的差异会导致对策略选择的差异。当面子威胁行为能够揭示说话人对人际交往情况的看法的时候(Goffman,1967;Holtgraves and Yang,1990),那么在一个情景中,面子威胁的不同程度将会提供对情景的不同认识,这就可能会导致误解。这种情况的发生是因为面子威胁行为是多个变量共同作用的结果。

比如,设想一个执行面子威胁行为的说话人,因为他或她认为双方的熟悉度相对亲密。听话人也许把说话人的面子威胁行为误解为是对双方关系中地位的更高认识。这也是一个不可忽略的问题。虽然我们的实验如此,但是 Brown、Levinson(1987)的面子威胁行为模式还是为我们提供了研究请求策略心理基础的理论框架。本研究的发现也部分地支持了他们的模式,但是也说明此模式需要进一步改进。虽然他们的模式很明显需要进一步验证和修改,他们整体方法为理解心理认知过程第一步,以及把间接请求转换为人们已经理解的某些符号代码方面提供了有用的框架。

5.5　综合讨论

以上四个实验已经构建了一个间接请求的基于多学科的心理计算的心理过程模式,用来帮助理解认知心理和计算领域中的信息产出过程,同时也可以用来进一步研究为人工智能导向系统间接提供机器可读信息方面的研究。通过检测间接请求构建的心理过程和弄清在微观计划过程之前人们心理发展的阶段我们构建了这一模式。前人对心理过程的研究没有一项是基于复式理论的。笔者尝试从理论视角和实证视角对这样问题进行研究。

我们可以基于这四个实验以及我们的理论框架把整个心理过程看作这样一个连续的过程:

第一阶段:当说话人想构建一个请求时,他将会在心中有个目标,分辨自己缺乏哪些信息,通过选择可能的来源(听话人)开始构建一个获取那个信息的计划。

第二阶段:当说话人决定来源时,他很可能开始宏观心理过程,即通过初次选择可能的言语行为来构建言语行为序列或者从包含许多预组合行为序列的模板中选出一个序列。

在这一阶段,言语行为序列的构建可能是通过即时决定的或者是通过对从即时过程中抽象出来的预组合序列的检索决定的。这个阶段中,言语行为序列的构建,不管是通过即时决定还是通过对预组合序列的检索来构建的,都会收到言语行为知识和话语知识的影响。

第三阶段:当说话者决定一个间接请求行为时,就开始选择构建这一行为的策略。怎样选择策略可能会受到来自听话人的障碍评价以及 Brown、Levinson(1987)理论中面子威胁程度大小的影响。

第四阶段:说话人决定选择哪个策略时,就开始选择一个语言机制。在这个阶段,请求内容、语境知识以及世界知识都会影响对语言机制的选择。

第五阶段:当说话人决定语言机制时,就开始他的第二个微观计划过程,其中信息形式通过句法结构和词汇结构被构建的。在这一阶段,构建间接请求的心理过程将会转化为包含所有必要特征的语前信息(Levelt,1989:110)。

在整个构建间接请求的心理过程中,我们从理论上或者实证上分析了某些语用因素,比如言语行为知识和话语知识(在第二阶段),Levinson 的面子威胁行为(可以解释构建间接请求起因,主要在第三个阶段),内容知识以及世界知识(第四阶段)。Levelt 的序列类型出现在整个心理过程中,Levelt 的平行结构体现在第二阶段,Farch、Kasper(1989)的自动和创造性过程体现在第三阶段。

所有这些说明间接请求的心理构建过程可以通过理论或者实证的方法进行解释。在第一阶段,如果一个说话人心中有一个目标,决定从听话人那里得到信息,那么这个过程涉及的不仅仅是得到信息这个目标。除此之外,还包括说话人的请求有可能让听话人以上到说话人需要信息。这就涉及听话人的意图认知目标(Levelt,1989:59)。

在这一点上,说话人通过对所有事物的判断,看谁最有可能知道这一信息,谁有空,最有可能对谁作出请求等来选择一个听话人。对听话人的选择涉及说话人对听话人某个特定行为的渴望,以及说话人的正当性。这就进一步论述到说话人让说话人执行这个行为的请求的权利(Levelt,1989),对听话人能力以及执行行为的意愿的评价等。如果说话人和听话人之间当前的情景和共同的点合适的话(听话人应该知道说话人想让他执行某一行为),说话人就开始他的请求行为的宏观计划的心理过程。

可以说,说话者对听话人的选择实际上取决于他或她对行为的渴望程度,他对请求行为合乎情理的认识,以及对听话人执行行为的意愿和能力的评价。在说话人选择听话人的过程我们没有进行任何的实验,因为在认知过程中涉及的许多因素是不太容易理解的。因此,第一阶段从语用和心理语言学视角方面,可以看作是构建间接请求的第一阶段。

为了验证第二阶段,我们进行了一个实验,看说话人是通过选择可能的言语行为来构建言语行为序列还是通过从包含预组合行为序列冲检索出一个序列,来找出决定说话人言语行为序列的因素,这一实验从认知的视角解释了两种可能性。一种是言语行为序列可能是即时构建的,另一种是言语行为序列可能是从长期记忆中被检索出来的。

即时的说法说明言语行为顺序的选择可能受到准入逻辑优先或者临时波动的影响。对预组合的检索一种说法说明言语行为序列可能是从长期储存中检索出的预组合言语行为序列按照从上到下的方式排列的。这个实验对第二种说法进行了验证。如果第二种说法是有根据的,第一种将是无根据的,或者也许我们的实验能说明两种选择都是有些根据的。

因此,我们的实验要证明这两个预测:一个预测是,在包含相同请求目标相同情景特征的情景中言语行为序列出现的次数比在包含相同请求目标不同情景特征的情景中出现的次数多。另外一个预测是,在相同请求目标不同情景特征中言语行为序列出现的次数比在不同目标不同情景特征中出现的次数要多。

我们的实验中验证了第二阶段中的中心序列限定为三个言语行为—请求前行为,请求行为和请求后行为。为了验证这两个预测,我们统计了每一个参与者在八个情景的各个层面中使用的相同言语行为序列的平均次数的最大值。结果并不支持第一个预测,因为通过两种情景(借东西—阻止和阻止—借东西)下,我们并没有发现在相同请求目标相同情景特征的情景中言语行为序列出现的次数比在包含相同请求目标不同情景特征的情景中出现的次数多。

相反,实验结果非常支持第二种预测。因为通过两种情景(借东西—阻止和阻止—借东西)下,我们发现在相同请求目标不同同情景特征的情景中言语行为序列出现的次数比在包含不同请求目标不同情景特征的情景中出现的次数多。把观察结果分成四类,我们发现相同言语行为序列在相同请求目标情景下比在不同请求目标下出现的频率要明显地高。

因此,请求目标似乎对言语行为一致性是一种更好的预测器。把受试者在相同情景下采用相同言语行为序列的程度这一因素考虑在内(虽然受试者平均使用的有些过量),数据并没有支持这一观点:在不同目标和固定相关社会因素情景下会一致采用相同言语行为序列。这些发现表明请求目标决定了说话者对言语行为序列的使用,但是不同的目标将会导致说话者使用不同的序列。不管怎样,这些观察结果充分证明了假设四,即在构建间接请求时,请求目标决定说话人言语行为序列。

有趣的是,在实验中我们观察到了心理过程第二阶段中言语行为序列使用的高频率和低频率的情况。高频率情况可以通过对预组合序列的选择得到解释,因为根据 Meyer(1994),预组合序列可能是在工作记忆中能够最大程度由请求情景图式所激活的最活跃的序列。高频率还可以这样解释,因为在反复使用同一言语行为序列之后,说话人将把这一经验存在他的长期记忆中,当这种经验在合适的请求情景下被激活时,他将从长期记忆中检索出这一序列来满足请求情景的需要。

这样,预组合序列的说法能够更好地解释相似言语行为中对其的频繁使用。低频率现象可以这样解释,即说话人计划中的言语行为序列更多是由即时决定的而不是由预组合序列决定的。如果情景图式同时给多个言语行为发送激活信号,恰好在信息构建之前,这一组言语行为(一个序列)被选择并排序的话,那么即时决定论似乎是有道理的。有最大优先权的言语行为将会受到准入时逻辑优先权和临时波动的影响。逻辑优先可以用话步来解释。言语行为序列可能包含一些可以使用但不会同时使用的行为,例如,A 通过让 B 判断出 A 想要 B 为 A 做某件事从而请求 B 做一件事情。

刚开始时,A 对 B 的请求将是请求做某一行为而不是道歉或者承诺。因此 M1 请求执行某个行为和 M2 道歉(甚至 M3 承诺)就组成了一个行为链,其中 M1 比 M2 或者 M3 具有"逻辑优先权",M3 和 M2 对 M1 来讲是"逻辑上非必然的"。我们可以推断出 M1 和 M2 或者 M1 和 M3 是这个链条上的第一个和最后一个行为。这个行为链的顺序是在构建请求之前由逻辑优先权决定的。准入时的临时波动可能是基于在某种情境下的物理刺激而发生的。

这一因素可能受到顺应或者关注的效率的影响,或者受到言语行为徐良及时决定的影响。实验结果似乎对言语行为序列的即时决定和预组合都是支持的,这就证明了 Levelt 的模式中允许构建的不同成分同时进入构建过程是正确的。Levelt 的模式说明在给定序列中,一个成分的阶段可能会和另一个成分同时发生。或者一个成分的阶段在前一成分完成后才开始。对言语行为序列选择的心理过程验证了假设三,即我们在构建间接请求过程中同时观察到了 Levelt 的序列和平行机制的出现。

高频率可以通过预组合序列的方法得到解释,低频率可以通过顺序的即时决定方法得到解释。这种方法在心理过程的第二个阶段中对相同言语行为序列的决定中得到了证实,也说明说话人组织自己对情境认知所使用的认知结构除了我们在试验中设置的三个相关社会因素外,还包含有其他的因素。

另外,对言语行为顺序的认知可能受到一些语用知识的影响,比如,言语行为知识、话语知识等。否则将不会有频率差异的出现。这也可以帮助解释为什么在相同目标相同特征情境下并没有别相同目标不同特征情境下的一致性高的原因了。如果说话人对情境的认知中包含有更多的特征,比如权力大小、说话人的个人利益、其他的利益等,那就说明,当第一种情境中包含更多因素(除了试验中的那三个之外的),而第二种情境包含只包含几个因素时,在第一种情境下的一致性可能就会比在第二章情境下要高。

如果说话人对言语行为序列的认知没有受到语用知识,比如言语行为知识、话语知识等的影响的话,那么就不会出现对言语行为选择的频率的差异了。这两种知识实际上是 Færch、Kasper(1984)所指的说明性的语用知识的两个组成部分。他们指出,言语行为知识是在一个给定的社区及其要件中有关可能使用的言语行为的知识。话语知识是关于言语行为序列及其相互特征的知识包括怎样构建连贯话语的知识(因为说话人知道特定话语的结构类型,比如开场语和结束语,还知道最终怎样修改言语行为,例如,通过预组合和其他的辅助性话步)。因此,对言语行为序列出现的不同频率也许可以通过说话人对情境认知的差异和说话人获取的这两类知识来解释。最后,这也证明了我们的假设二,即在间接请求构建过程中涉及一些语用因素。

为了验证第三阶段,我们进行了两个实验来证实当人们认知到间接言语行为时,是怎样选择策略和构建规约和不规约的间接请求的。第一个实验是检测影响规约和不规约间接请求构建的信息源对障碍的评价。第二个实验室检测的面子威胁行为的程度对构建间接请求的策略的影响。

在第一个实验中,解释了来自信息源的潜在的障碍以及障碍的心理有效性。障碍的观点实际上是从 Clark、Gibbs(1985)的理论,即人们是如何构建请求的这一理论中得来的。障碍的心理有效性实际上是和构建间接请求的心理过程有关的。这个实验主要是检测说话人是怎样构建那些对阻碍听话人完成请求的障碍进行描述的规约和非规约间接请求的。因此,我们假定了种情况——第一个预测,即说话人构建了和他的目标以及计划一致的间接请求,是为了描述障碍。第二个预测是说话人将那些障碍描述详细的间接请求看作是规约间接请求。

我们验证第三阶段而进行的第一个实验说明,在任何给定的情景下对障碍的描述会影响受试者构建请求的具体的句子的选择。数据首先说明,当每个语境中的语义范畴和特定的障碍相匹配的话,受试者使用相同策略的频率就会比在一个语义范畴和障碍不匹配的情景下使用相同策略的频率要高。进一步的实验证明受试者在具体障碍情景下构建的间接请求机制的种类比在明显没有障碍和不确定障碍情景下构建的间接请求机制要多。

这也说明,在某些和不确定障碍相匹配的语义类型中构建的间接请求比在明显没有障碍情景下构建的间接请求机制要多。这也说明在这个过程中构建的请求知识在规约方式上有差异,但是在规约形式上是没有差异的。所有这些分析结果充分证明我们的第一个预测,即说话人构建了和他的目标以及计划一致的间接请求,目的是描述障碍让听话人能够满足这些请求。这些分析同样也证明间接请求的明显的规约性部分程度上是由为了听话人能满足说话人的愿望而对出现的障碍描述的精确度决定的。

对第三阶段进行研究的第一个实验还说明在任何给定的语义类型中的障碍会深刻影响受试者对构建请求的句子的选择。那些描述障碍的间接请求的统计等级证明了受试者将那些最详细描述语境中出现的障碍的间接请求定为最规约的间接请求。但是也说明在每个特定语境下,人们认为某些间接请求方法比其他的方法更加规约。而且对于一个特定的语义类型,在不同的语境中受试者对规约等级的判断会有显著的差异,在一个情景下被人为的最规约的间接请求可能在另一个语境是是非规约的。

这表明,离开了特定的语境,我们很难去断定某个请求时规约的还是非规约的。人们似乎对每一个语境中听话人遇到的障碍非常的敏感,并将那些最精确描述障碍的请求看作是最规约的请求。实验说明对某个策略选择来讲,在一个语境下使用的间接请求在不同的语境下不一定会使用。因此第一个实验证明了假设六的正确性,即在特定的语境下,对障碍的描述使得一些正在发生的请求变成规约性的间接请求,而其他的请求却不能。同时也验证了 Færch、Kasper 的构建规约间接请求的自动过程和构建非规约请求的创造性过程,即假设三。

在对第三阶段进行的第二个实验中,我们检验了在构建间接请求时面子威胁对策略选择的影响。结果表明,人们在请求中实验复杂组合的策略来把对消极面子的威胁降到最小,同时提高积极面子。在这个实验中我们设计了 Brown、Levinson 的四个超级策略,不包括"无所行为"。

这个有等级的策略分类说明对策略的选择是基于说话人对面子威胁行为的程度的,而面子威胁程度是通过把相关的三个社会因素,即社会距离、相对权势和绝对强加程度相累加的结果。在语言使用中,这三个因素对选择策略的面子威胁程度的影响,是社会心理学中很重要的一部分。Brown、Levinson(1987)的理论认为这三个变量是同时起作用的,而且作用一样大,并且它们的影响是累加的。

基于 Brown、Levinson(1987)的理论,我们的第二个实验主要来检测在为规约的间接请求选择某个礼貌策略时,这三个变量对面子威胁程度的影响。因此,我们在第二个实验中有两个预测。第一,对听话人地位、熟悉度(社会距离)和强加程度的认知的提高将会导致对能够减少面子威胁的策略选择的明显增加,第二个假设是,在请求行为使用的策略和请求其他组成部分,比如称呼语和辅助性话步中使用的策略会有明显地一致性。根据 Brown、Levinson(1987)的观点,对减少面子威胁行为的选择仅仅指的是对消极礼貌策略或者非公开策略的选择。因此,我们的实验主要收集的是,在不同面子威胁程度下,对消极礼貌和非公开策略的选择。

对第三个阶段进行的第二个实验表明,在面子威胁的两个程度下(程度高和程度低),面子威胁程度高使得受试者选择了消极礼貌策略和非公开策略。这就说明面子威胁程度越高,选择消极礼貌和非公开策略构建规约和非规约请求的可能性就越大。在强加程度高和低两种情景下,消极礼貌和非公开策略比其他策略更受欢迎。在地位—熟悉度组合的高和低两种情景下,消极礼貌比非公开策略更受欢迎。面子威胁程度越高,消极礼貌策略的选择就会比非公开策略的选择越多。似乎是,是地位—熟悉度组合因素使得消极礼貌的选择比非公开策略选择要多。实验结果和 Brown、Levinson (1987)的模式中认为的面子威胁越大,非公开策略的选择就越多是不一致的。

对第三个阶段进行的第二个实验还表明,在面子威胁的三个情景下(程度高、程度中等和程度低),强加程度越高加其他因素的情景下,消极礼貌的选择比其他策略的选择要多。同样,当面子威胁行为在强加程度加其他因素情景下时,即便是消极礼貌比非公开策略更受欢迎,强加程度的提高使得受试者选择非公开策略来构建非规约间接请求。当面子威胁行为在地位加其他因素情景下时,数据表明地位高使得消极礼貌和非公开策略比别的策略更受欢迎,而消极礼貌比非公开策略更受欢迎些。

这些发现同样说明,在地位平等加其他因素情景下,非公开策略并没有比其他策略更受欢迎,在构建规约间接请求时,和消极礼貌是不平等的。对消极礼貌的选择比对非公开策略选择的多似乎可以由地位加其他因素情景的影响来解释。结果说明,当面子威胁行为在熟悉度加其他社会因素情景下,正是熟悉度加其他因素情景使得消极礼貌比其他策略更受欢迎,但是非公开策略不能像消极礼貌策略那样,使间接请求成为非规约的请求,这说明熟悉度加其他因素情景在减少非公开策略选择上起着非常重要的作用。

除此之外,是熟悉程度使得非公开策略的选择成为恰当的规约间接请求,而成为非规约间接请求则不合适。这些发现还说明地位加其他因素情景在选择消极礼貌和非公开策略之间起着非常重要的作用,地位加其他因素情景使得在选择恰当策略来减少对听话人面子威胁的心理过程中,消极礼貌比非公开策略更加受欢迎。

在面子威胁的两种情景(程度高和程度低)和三种情景(程度高、程度中等和程度低)下的发现部分地验证了 Brown、Levinson(1987)的模式。首先,我们的发现和模式的主要区别在于,非公开策略并没有像 Brown、Levinson (1987)的模式中那样被认为或者选为是最礼貌的策略来构建非规约间接请求。原因可能是在实验中,非公开策略因为具有可操作性而失去了一部分礼貌。

或者是我们的研究发现可能揭示了对非公开策略的研究方法论上的一个困难,或者是说明 Brown、Levinson(1987)的理论模式需要进一步改进。这些问题也许应该引起另外一个话题,那就是认为消极礼貌策略比非公开策略更礼貌的这一话题。第二,Brown、Levinson(1987)称,对某一种独特的策略的使用将会取决于行为的强加程度,熟悉度和地位。我们的研究发现,和他们的模式一致的是,最不礼貌的策略(公开策略和积极礼貌策略)被认为在强加程度高加其他因素情景下没有在强加程度低加其他因素情景下那样受欢迎。但是和模式不一致的是,只有在熟悉度亲密或者在地位低时,才会选择最不礼貌的策略。

对第三个阶段进行的第二个实验进一步验证了辅助性话步使用的策略和请求行为使用的策略之间,称呼语使用的策略和请求行为使用的策略之间,以及称呼语使用的消极策略和请求行为使用的消极策略之间分别都存在显著性相关关系。所有这些发现揭示了,请求行为使用的策略和请求的其他部分使用的策略之间存在明显的一致性。

这些发现和 Brown、Levinson(1987)的模式是一致的,但是并非完全相同。我们发现听话人地位、熟悉度和强加程度的提高会导致对辅助性话步和称呼语中使用的消极礼貌策略的明显提高,以及辅助性话步和称呼语中对积极礼貌策略使用的减少。这和 Brown、Levinson 的模式是完全一致的。但是跟他们的模式相反的是,在实验中的请求行为、辅助性话步和称呼语中使用的混合策略说明在一个请求行为之内使用的不同的策略并不是一个模式中描述的单纯的超级行为。

这些行为的混合可以被看作和 Brown、Levinson(1987)的模式有质的区别,而不是量的区别,或者在某种程度上他们的模式是存在问题的。除此之外,对第三阶段的研究表明,当一个请求行为变得非常威胁面子时,人际关系中的那些变量的作用就越小,当这三个变量中的任何一个达到非常的高度时,其他的变量对策略的选择基本上就没有什么影响。遗憾的是,Brown、Levinson(1987)的模式并没有对这一现象进行解释。虽然 Brown、Levinson(1987)的面子威胁模式需要进一步验证和改进,但它为我们研究请求策略的心理基础提供了重要的理论支持。

对第三个阶段进行的第二个实验主要说明,是面子威胁的程度决定选择消极礼貌策略来构建规约间接请求,是面子威胁程度决定非公开策略在构建非规约间接请求时更受欢迎。因此,这些都验证了假设七,即在某些特定的语境中,面子威胁行为的轻重使得某些礼貌策略变得对规约性的间接请求合适,而有些却不合适。根据 Færch、Kasper(1983)的理论,所有的智能过程要么是通过自动计划要么是通过临时构建计划完成的。换句话说,他们的观点认为计划中的有些过程有可能是自动的,而有些则是被创造性地构建的。

根据 Færch、Kasper(1983)的观点,第二个实验也验证了假设三,即对消极礼貌策略的选择可以被认为是一个现成的或者是自动的过程(存贮在说话人的陈述性知识中,随时准备被使用),对非公开策略的选择可以看作是一个创造性构建过程。同时,实验还验证了假设一,即 Brown、Levinson(1987)的面子威胁理论从语用方面解释了构建间接请求的动因。很明显,对第三阶段的两个实验都验证了 Færch、Kasper 的在选择消极礼貌策略构建雇员间接请求时自动或者现成的过程。以及 Færch、Kasper 的在选择非公开策略构建非规约间接请求时的创造性过程。

为了验证第四阶段,我们进行了一个实验试图找出在构建间接请求的心理过程中,说话人是如何决定使用哪个可能的语言机制的。一种观点认为,根据 Brown、Levinson 的五个超级策略,即积极礼貌,消极礼貌,非公开,公开以及无所行为,构建的语言机制是通过对许多语言机制所获得的激活信号使得它们可以使用从许多语言机制中选出来的。另一种观点认为,说话人使用许多规约的语言机制来构建间接请求,包括对听话人能力的提问,关于听话人意愿的提问,或者请求允许等。

通过整个对语言机制决定因素的实验,我们有理由认为,请求的内容或许会影响对语言机制的选择。因此,我们的一个假设是,语言机制或许会被构建间接请求内容和相关社会因素的图式所激活。通过对两个预测的验证来支持以上假设。一个认为在相同请求内容相同社会因素情景下,相同语言机制出现的平均次数比在相同请求内容不同因素情景下的平均次数要多。另一个预测是,在相同间接请求内容不同社会因素情景下,相同语言机制出现的平均次数比在不同请求内容不同社会因素情景下的平均次数要多。

在第四阶段的有关以上两个预测的研究发现表明更大程度影响相同语言机制的是,是否包含一个特定的内容,而不是匹配的或者不匹配的社会因素。这些发现说明间接请求内容和语言机制之间的关系是激活频率起作用的结果,而激活频率会使得间接请求的一种内容可能会比另一种内容出现得更加频繁。这些发现充分说明,不管间接请求的内容是什么,在构建间接请求的心理过程中,是间接请求的内容,而不是相关社会因素使人们选择某种语言机制。

但是所有的受试者在包含匹配间接请求内容的情景下都没有使用相同的语言机制的原因说明了影响他们对语言机制选择的因素是情景因素而不是请求内容。也许语用学可以解释这一现象。根据语用学,受试者对语言机制的选择部分地受到语境知识的影响(语境知识指的是在特定交际情景中出现的和语境决定因素有关的一些情景),部分是由世界知识(指世界上存在的事实、物体、关系等)所决定的。因此,目前的研究发现证验证了假设五,即在构建间接请求过程中,请求内容使得人们选择某种特定的语言机制。同时,这解释了影响语言选择的两个因素,即说话人习得的两种知识——语境知识和世界知识。这也验证了假设二,即在构建间接请求时涉及一些语用因素。

在第五阶段,构建间接请求的计划将进入微观计划的第二个过程,将话前信息形式构建成句法和词汇结构。根据 Levelt(1989)的观点,在第五阶段,"每一个言语行为的内容都应该进入具体的视角,应该表达的话题,中心或者新信息的特定的信息结构和分布必须被分配好,说话人应该知道某些信息需要满足的独特的语言要求"。因此,构建间接请求的心理过程将会在第五阶段暂时结束。

总的来讲,我们从理论上和实证方面讨论了构建间接请求的心理过程的第五阶段。这一讨论为我们提供了构建间接请求的一个流程图,并且验证了我们在上一章中提出的模式。这个流程图从最初的目标开始,通过宏观计划、微观计划,来构建一个循环图模型。这个图表描述了五个阶段。第一阶段计划选择一个可能的信息源(听话人)来实现目标和获得新信息,第二阶段选择言语行为序列,第三阶段选择礼貌策略,第四阶段计划语言机制来构建规约或者非规约的间接请求,第五阶段转到语前信息的下一个过程,起到结束宏观计划阶段和开始微观计划阶段的双重作用。

在流程图中,某些语用因素比如言语行为知识、话语知识、语境知识和世界知识等从理论上进行了解释。Brown、Levinson(1987)的面子威胁行为理论上来讲,也从语用方面解释了构建间接请求的起因。除此之外,Færch、Kasper(1983)的自动和创造性过程和 Levelt 的序列和平行模式在流程图里也有体现。所有理论和实证方面的例证最后构成了间接请求构建的心理过程的综合图。

第6章 结论

6.1 研究回顾

笔者尝试用一种新的方法——基于复式理论的跨学科方法,这一方法是在 Brown、Levinson(1987)的面子威胁理论,Levelt(1989)言语产出模式,Færch、Kasper(1986)言语产出模式,Meyer(1994)的言语行为构建过程的概念以及 Gibbs(1981,1986)的障碍假设等的基础上,从理论和实证上用跨学的方法来研究间接请求构建的心理过程。虽然之前的许多研究从语用和心理语言学方面试图构建一个间接请求的产出模式,但是他们的模式受到理论或者是实证的限制,而且他们所有的研究都没能进行跨学科的描述。为此,本研究使得笔者有机会从跨学科的角度对间接请求的构建进行研究。

在第二章的文献综述里我们主要对间接言语行为进行了理论的描述,其中包括目前的三个理论——Gordon、Lakoff 的理论,Searle、Morgan 的理论以及 Levinson 的理论;两种规约—语言规约和使用规约;间接请求的三个特征——目的性、冒险性和代价以及直接间接度;使用间接请求的六个目的以及除了基本的言语行为理论外最近发展的一个理论 ICMs。间接请求行为是从语用学、心理语言学和其他的学科方面发展的间接言语行为中更具体的言语行为,我们对间接请求行为的理论从六个方面进行了分析——哲学、语用学、跨文化交际、二语习得和外语教学、计算机、心理语言学——来构建一个理论和实证的框架以避免前人对间接请求行为研究的局限性。

根据第二章的文献综述以及第三章的理论框架,本人设计了四个实验,提出了四个问题并从实证方面验证了七个假设,同时,在第四章从理论方面对这些假设进行了解释。这四个实验分别是研究对言语行为序列的决定、对语言机制的决定、障碍分析以及面子威胁对策略选择的影响等四个问题。这些问题都和构建间接请求的心理过程有关系的。

这四个问题是:1)Brown、Levinson 的面子威胁行为能解释构建间接请求的原因吗? 2)在构建间接请求的过程中涉及哪些因素,此过程中处理模式是什么? 3)在构建间接请求的过程中,说话者是怎样选择言语行为序列采用哪种语言机制的? 4)为什么有些请求被构建为规约性的间接请求,而有些却不能?

其中的七个假设是:假设一,在 Brown、Levinson 的面子威胁行为从语用方面解释了构建间接请求的诱发原因;假设二,在构建间接请求的过程中涉及一些语用因素;假设三,在构建间接请求的过程中可以观察到 Faerch、Kasper(1983)的自动和创造性处理及其 Levelt 的序列和平行处理;假设四,在构建请求时,计划目标促使说话者确定言语行为序列;假设五,在构建间接请求时,采用哪些语言机制取决于请求的内容;假设六,在特定的语境下,对障碍的描述使得一些正在发生的请求变成规约性的间接请求,而其他的请求却不能;假设七,在某些特定的语境中,面子威胁行为的轻重使得某些礼貌策略变得对规约性的间接请求合适,而有些却不合适。为了验证这七个假设,笔者对四个实验中收集语料的问卷的设计和研究方法进行了探讨。对收集的语料在前面描述的那些理论的基础上对实验结果进行了讨论。本人认为此项研究将会对心理语言学方面作出一定的贡献。

6.2　主要研究结果

为了回答我们提出的四个问题和验证这七个假设,我们进行了四个实验并进行了彻底的分析以便得到显著的实验结果以及提供理论解释。我们对实验结果进行了分析以便从理论和实证方面来验证本研究的研究目的。

6.2.1　决定言语行为序列的实验结果

进行实验一的首要目的是找出说话人是怎样决定言语行为序列的。通过对实验结果的观察分析,我们发现,相同言语行为序列在相同请求目标情景下出现的频率比在不同请求目标情景下出现的频率明显要高。因此,请求目标似乎帮助说话人决定言语行为序列。我们从对两个预测的检验得到了这一结果,其中一个预测是,我们观察到的相同请求目标相同社会特征情景下相同言语行为序列出现的平均次数应该比在相同目标不同情景特征情景下出现的平均次数要多。

另一个预测是,我们观察到的相同请求目标不同社会特征情景下相同言语行为序列出现的平均次数应该比在不同目标不同情景特征情景下出现的平均次数要多。把相似的情景中使用相同言语行为序列的程度考虑在内,分析结果却并没有支持这一观点,即在不同目标(借东西目标下的一致性分值和阻止行为目标下的一致性分值不同)和相同社会因素情景下会一致使用相同言语行为序列。这一结果表明请求目标帮助说话人决定言语行为序列,但是不同的目标将会对一致性产生不同的影响。

第二个目的是要检测言语行为序列是不是由随机决定的(这可能受到准入时的逻辑优先和临时波动的影响),还是通过对预组合序列的检索决定的,预组合序列意味着言语行为的顺序是从长期记忆中检索的预组合言语行为序列按照从上到下的顺序决定的。在实验中,我们发现了决定相同言语行为的高频率和低频率的情况。

高频率可以通过预组合序列解释,因为根据 Meyer(1994)的观点,预组合序列是在工作记忆中由请求的情景图式激活的,能最大程度上被检索的一个序列。因此,预组合序列解释了相同言语行为序列可以更频繁地被选择。低频率可以通过言语行为序列,更多是由随机决定的而不是同预组合序列决定的这一观点进行解释。这一随机决定论解释了言语行为序列低的原因是在准入时它受到逻辑优先权和临时波动的影响,而逻辑优先权和临时波动在构建信息之前会影响言语行为序列的决定。言语行为序列高频率和低频率的实验结果似乎对随机决定和预组合言语行为序列都能够支持。

6.2.2 决定语言机制的实验结果

进行实验二的目的是找出说话人在构建间接请求的心理过程中,是怎样决定在许多可能的语言机制中选择哪一个语言机制的。通过整个对语言机制决定的实验,我们发现,相同语言机制的选更多受到情景中是否包含某种内容的影响,而不是相关社会因素是否匹配的影响。因此,不管间接请求的内容是什么,在构建间接请求的心理过程中,间接请求的内容促使人们采用某些语言机制。

这一结果是我们对两个预测检验的结果。第一个预测是,我们将得到的在相同间接请求内容相同社会特征情景下相同语言机制出现的平均次数比在相同间接请求内容不同社会特征情景下出现的平均次数要多。第二个预测是,我们将得到的在相同间接请求内容不同社会特征情景下相同语言机制出现的平均次数比在不同间接请求内容不同社会特征情景下出现的平均次数要多。研究结果也说明,间接请求的一种内容比另一种内容使用得更频繁一些。数据也支持了我们的研究结果,即在构建间接请求的心理过程中,间接请求的内容会促使对某种语言机制的使用,即使某种内容比另一种内容使用得更频繁。

6.2.3 障碍描述实验结果

进行实验三的第一个意图是找出说话人构建规约和非规约间接请求是不是为了描述那些阻碍听话人满足请求的障碍。这个实验是基于我们的预测,即说话人构建的请求有描述障碍的目标和计划。实验结果表明受试者在某些和具体障碍相匹配的语义类型情景下选择间接请求的相同策略比在另一个和出现的障碍不匹配的情景下使用的相同策略要多。

而且,实验结果还说明受试者构建的和具体障碍相一致的间接请求的比例比在明显没有障碍和不确定障碍条件下构建的间接请求要大。另外,实验结果还表明受试者在某个和不确定障碍相匹配的特定的语义类型中构建的间接请求比在相对明显没有障碍下构建的间接请求要多。因此,这些充分证明了我们的结论即说话者构建间接请求以便描述听话人在完成这些请求中所遇到的障碍。

第二个意图是确定说话人是怎样构建那些描述了阻碍听话人完成请求的障碍的规约和不规约的间接请求。为了这个目的,本实验是基于以下请求预测的,即说话人将会把那种明确描述障碍的请求定为最规约的间接请求。实验结果表明在任何语义类型中所描述的障碍都会严重影响受试者所构建的确切的句子。描述障碍的那些间接请求的统计等级验证了受试者将那些在特定语境下最精确描述障碍的间接请求评定为最规约的间接请求。

这个实验还说明,在特定语境下,人们将构建间接请求的某些方式看作是非常规约的,而在另外一个语境下,人们可能将相同的方式看作是不规约的。这就说明在一个语境下某个策略所使用的间接请求在另一个语境下不一定被选择,而且离开了语境,我们很难说一个特定的请求是规约的还是非规约的。因此,这个实验证实了这样的结论,即在特定语境下对障碍的描述使得某些正在发生的请求成为更加规约的请求而另外一些则不是。

6.2.4 面子威胁行为对策略选择影响的实验结果

进行实验四的首要目的是要检测在特定语境下面子威胁的程度是怎样使得某些礼貌策略成为构建规约间接请求的恰当方式,而另一些则不是。为了这个目的进行的实验是基于我们对 Brown、Levinson(1987)模式中的预测,即对听话人地位、熟悉度(社会距离)和强加程度的认知的提高会导致对减少面子威胁的策略的选择显著提高,反之亦然。实验显示了在以下三种情景中的两类面子威胁程度下的研究结果。

第一种情景,在面子威胁程度高和程度低的情况下,是威胁程度高使得受试者选择更多的消极礼貌和非公开策略。第二种情景,在强加程度高和低的情况下,消极礼貌和非公开策略比其他策略更受欢迎。第三种情景,在地位—熟悉度高和低的情况下,消极礼貌策略比非公开策略更受欢迎。面子威胁程度越高,和非公开策略相比,选择消极礼貌策略的可能性就越大。这也许说明了地位—熟悉度促使人们选择消极礼貌策略而不是非公开策略。也就是说,地位—熟悉度促使人们选择更多的规约间接请求而不是非规约间接请求。这个实验结果和 Brown、Levinson(1987)的模式不是完全相同的,他们认为,面子威胁程度越高,使用非公开策略就越多。

而且,为三个面子威胁程度(程度高、程度中等和程度低)设计的实验澄清了以下三个情景中的结果。第一,在强加程度加其他社会特征情景下,数据显示高强加程度或者跟高强加程度加其他因素情景使得消极礼貌策略和非公开策略比其他策略更受欢迎。第二,在地位加其他社会因素条件下,研究显示,地位高加其他因素情景舍得消极礼貌和非公开策略比其他策略更受欢迎,但是在相同地位和地位低加其他因素情景下对非公开策略的选择要少一些。这也许可以用以下事实得以解释,即地位加其他因素情景导致了非公开策略选择相对很少。第三,在熟悉度加其他因素情景下,实验结果显示,在任何熟悉度加其他因素情景下,非公开策略不能像消极礼貌策略那样使间接请求成为非规约的请求。这些结论揭示了熟悉度加其他因素情景在减少对非公开策略选择中起着非常重要的作用。

因此,在面子威胁行为的两种类型(程度高和程度低)以及三种类型(程度高、程度中等和程度低)下的研究结果部分地支持了 Brown、Levinson(1987)的面子威胁行为理论。这些结果和面子威胁行为理论的主要区别在于,非公开策略并没有像他们的模式中所描述的那样被作为或者选为最礼貌的策略。和他们的模式一致的是,在强加程度高加其他因素情景下,最不礼貌的策略(公开策略和积极礼貌策略)选择的可能性比在强加程度低加其他因素情景下选择的可能性明显要小。

第二个目的是要决定请求行为所使用的策略和请求的其他组成部分中所使用的策略是否一致。实验说明,在辅助性话步使用的策略和请求行为使用的策略之间,称呼语使用的策略和请求行为使用的策略之间,辅助性话步使用的消极策略和请求行为使用的消极策略之间,以及称呼语使用的消极策略和请求行为使用的消极策略之间都存在显著性相关关系。

这些显著性相关关系和 Brown、Levinson(1987)的模式是一致的,但不是完全相同的。听话人地位、熟悉度和强加程度的提高会导致辅助性话步和称呼语中对消极礼貌策略使用的明显提高,以及辅助性话步和称呼语中对积极礼貌策略使用的明显下降。这充分支持了 Brown、Levinson 的面子威胁行为模式。但是,跟他们的模式相反的是,实验中请求行为和辅助性话步或者称呼语中使用的混合策略(比如,一个请求中,请求行为选择消极礼貌策略,称呼语中使用亲近的策略)说明在一个请求中选择的不同策略可能不会像模式中描述的那样使一个纯粹的超级策略。因此,虽然请求行为使用的句子中所反映出的策略和请求其他成分中所反映出来的策略是显著一致的,但是这种一致性和 Brown、Levinson 的模式中描述的并不是完全一样的。

6.2.5 心理语言学视角的研究结果

进行这四个实验的目的之一就是决定在构建间接请求的心理过程中涉及哪些心理语言学因素。

第一,实验表明,在构建间接请求的心理过程中,出现了 Levelt 的序列和平行模式。Levelt 的序列类型在整个心理过程的五个阶段中都出现了。其中包括第一阶段选择可能的信息来源(听话人),第二阶段选择言语行为序列,第三阶段选择礼貌策略,第四阶段选择语言机制,第五阶段宏观计划阶段结束并转为下一个过程的语前信息。在第二阶段言语行为序列的心理过程中观察到 Levelt 的平行模式。

在这一阶段,观察结果说明,有两种决定言语行为序列的方式,并构成了一个平行模式。随机决定顺序和预组合序列。随机构建说明了言语行为顺序的选择可能受到准入时逻辑优先权和临时波动的影响。预组合检索说明言语行为序列将会由从长期记忆中检索的预组合序列从上到下的方式决定。这一平行模式可以完全对在构建间接请求的心理过程中对言语行为序列出现的高频率和低频率进行解释。

第二,实验表明在构建间接请求的心理过程中观察到了 Færch、Kasper 的自动和创造性处理模式。Færch、Kasper 的自动或者现成的处理模式出现在构建规约间接请求时,Færch、Kasper 的创造性处理模式出现在构建非规约间接请求时。根据 Færch、Kasper(1983),对消极礼貌策略的先按照可以归纳为是一个现成的或者自动的过程(存贮在说话人的陈述性知识里,随时准备被激活),对非公开策略的选择可以归纳为是一个创造性构建过程。很明显,实验证明了选择策略时的障碍描述和面子威胁行为,两者都证实了 Færch、Kasper 的自动或者现成的处理过程以及创造性处理过程。

6.2.6 语用学方面的结果

进行实验四的另外一个目的是检测在构建间接请求的心理过程中涉及哪些语用因素。

第一,我们想找出言语行为序列是否受到某些语用因素的影响,比如,除了我们实验中设置的那三个相关社会特征和请求目标之外的其他一些相关的社会特征和一些语用知识。

预组合序列对高频率的解释以及随机决定对低频率的解释说明说话人对情景感知的认知结构可能还受到除了实验中设置的这三个相关社会因素之外的其他因素的影响,而且言语行为序列的构建也许除了我们设置的请求目标之外,还受到了的语用知识的影响。否则将不会出现选择言语行为频率从差异了。如果说话人对情景的感知中还包含更多的因素,比如,权利、说话人的个人利益、其他代价等,那就说明在一个包含情景因素更多的情景下,言语行为使用的一致性会比在包含情景因素少的情景下一致性明显更高。

如果说话人最初构建的言语行为序列没有受到语用知识、比如言语行为知识、话语知识等的影响的话,那么言语行为使用的频率将不会有区别。因此,对言语行为序列选择的不同频率我们也许可以这样解释,即言语行为序列选择的不同频率可能是受到了语用因素的影响(比如说话人对情景认知的相关特征的差异),或者某些语用知识(比如说话人习得的言语行为知识和话语知识)的影响。

第二,我们想弄清楚,除了请求内容之外有哪些其他的语用因素会影响对语言机制的选择。虽然我们没有明显的证据,但是可能的解释是,情景特征而不是我们实验中设置的那些相关社会特征会影响对语言机制的选择。另一种可能的解释是,根据从 Færch、Kasper(1986)的理论发展而来的现有的语境知识的应用,受试者对语言机制的选择可能一定程度上受到了语境知识的影响,语境知识指的是在特定交际情景下出现的相关的特征,比如决定语境的因素,另外还在一定程度上受到社会知识的影响,社会知识指的是世界上的事实、物体、关系等等。因此,某些语用因素,比如其他的情景特征和语用知识—语境知识和社会知识而不是请求内容将会影响对语言机制的选择。

6.3 理论启示

在本研究中,我们采用了基于前面描述的语用学和心理语言学方面的理论构建的跨学科的研究方法研究构建间接请求的心理过程。研究说明这种方法可能会帮助解释之前的研究忽略了的构建间接请求的心理过程的某些阶段。正像本研究显示的那样,如果我们用这种方法来研究其他的间接言语行为的构建,研究结果可能会是不同的。因为不同的间接言语行为的认知过程和构建间接请求的认知过程有一些原型方面的相似性(Meyer,1994;Holtgraves,1992),因此,这个方法可以帮助解释许多这样的认知过程。

虽然我们研究的是构建间接请求的心理过程,但是这个成果对许多其他的认知领域都是有帮助的。我们的模式混合了语用学心理语言学的一些理论来生动地描述间接请求构建的心理过程。正像第三章描述的那样,此模式图和语用学、心理语言学方面构建的其他模式是很像的。我们的研究结果不仅可以解释间接请求的心理过程,还可以用在计算机心理语言学中,计算机心理语言学是研究通过估算模拟语言学的心理过程,以便构建一个合适的间接言语行为的构建模式。

其实,这个模式实质上也是一个基于复式理论的间接言语行为的心理估算处理模式,而且有可能会帮助我们理解认知心理学和计算学领域的信息处理过程。本研究通过为机器导向系统提供机器可读信息,检测构建间接请求构建的心理过程,以及通过便利地对其他间接言语行为的心理过程进行观察,也许还可以帮助我们进一步对人工智能领域进行研究,帮助人们弄清在微观计划过程执行之前人们的心智需要经历多少个阶段。所有这些构建过程都可以象征性地被表征,因为他们都是有相继的和可计算的(Gui,2000)。因此,本研究的模式因为其序列性和可计算性,可以用在许多其他的认知领域。

本研究的结论揭示了在构建间接请求的心理认知过程中,辅助性话步中使用的策略和请求行为中使用的策略之间,称呼语中使用的策略和请求行为中使用的策略之间都存在明显的相关关系。但是结果也解释了请求行为中和请求的其他部分中使用的混合策略并没有支持 Brown、Levinson(1987)的单一纯粹的超级策略模式。

实质上,Brown、Levinson(1987)的面子威胁模式没有将辅助性话步和称呼语包含在内,是一种累加假设的模式,因为他们对模式的描述只集中在行为本身和三个变量,即地位、熟悉度和强加程度的累加上了。本研究从间接请求行为到间接请求行为的其他组成部分,比如辅助性话步和称呼语方面等,包含了间接请求的整个序列,拓宽了他们的模式的视野。

根据 Holtgraves、Yang(1992)的观点,序列是非常重要的,有时候,在实现某些言语行为时,特别是对那些 Brown、Levinson 的术语中称谓的面子威胁行为来讲是不可或缺的。因此,我们的结论是一个构建间接请求以及间接言语行为的心理过程的整体的视角。

6.4　研究的不足之处

本研究用一种新的方法,基于复式理论的跨学科方法探索了构建间接请求的心理过程,也得到了一些新的发现,但是我们也要指出其局限性。

第一个局限性是受试者本身。虽然本研究中的受试者的职业、教育水平、社会地位、年龄、性别都不同是本研究的一个优势,但是他们的地理分布很窄。受试者都是生活在英国的梅登黑德和里根,只能代表某个地区的人们。如果从更多地方收集数据,那么结果的可信度就会更有代表性(Yan,2000)。而且,虽然每一个实验中受试者的总数达到了至少 28 人,但这个数量不是太充分。受试者的职业比例、教育水平、社会等级、年龄和性别等都没有具体的控制。

第二个局限性是自变量。实验一中使用的自变量相关社会因素只有两个类型—熟悉度亲近—低强加和熟悉度疏远—高强加。实验二中使用的相关社会因素也只包含实验一中的两个和另外一个不匹配的社会因素共三个。如果设计更多的相关社会因素自变量来分析两个实验中的数据的话,那么内容的效度可能会更高一些(Yan,2000)。而且,实验三中作为自变量的语义类型也只有四类——允许,能力,愿望和拥有。

实验四中作为自变量的社会因素只有三个变量——地位,熟悉度和强加程度。如果实验三中更多的语义类型作为自变量,比如,世界状态、只有名字等来收集和分析语料;如果实验四中有更多其他因素,比如,请求人的权利、被请求人的个人利益等来收集并分析语料的话,那么结果可能更有概括性,更令人信服。

这是因为考虑到实验的可行性问题,因此每个实验中并没有设计更多的变量。要是每个实验中有更多的自变量的话,还需要考虑每个实验中收集语料和分析语料的可行性问题。如果每个实验中设计更多的自变量,数据的统计,分析和讨论将会变得非常复杂和困难。因此,笔者认为,虽然我们必须承认实验中的自变量也许会限制结果的概括性,但是限制自变量的数量还是很明智的。

6.5 进一步研究的建议

我们为以后进一步研究提供两个方面的建议:一个是需要检验和研究的相关的话题,另一个是本研究中应该引起注意和需要进一步探索的一些研究结果。

虽然本研究提供了关于构建间接请求的心理过程的一些令人鼓舞的结果,但是仍然有一些话题是没有谈及需要进一步研究的。例如,理解间接请求心理过程的研究需要进一步探索。过去几十年的心理语言学研究以及积累了足够的证据证明人类对语言的理解过程,这些研究证明人们使用从上到下或者自下而上的方法去获取各种各样可利用的信息,来达到对输入信息的理解。

这些研究不仅在理解语言的理解过程方面有深刻的见解,而且在理解间接请求的理解过程方面也是非常重要的。相关的理论(Kasper,1997;Tyler and Tyler,1990)表明对理解过程的理解需要解释说话人是决定给句子分配一个字面意思还是有言外之意,什么因素能影响听话人的这些决定。

因此,以下是我们的建议:1)理解间接请求的初始过程能否用语用学原理进行解释;2)对间接请求的理解过程是否受到语言学和/或社会语境的影响;3)间接请求的理解过程是否需要一些推理加工;4)这个过程是不是以一种自动和/或被控制,序列和/或平行,自下而上和/或自上而下的方式进行的。所有这些话题需要进一步探讨,以便完全了解间接请求的理解过程。

本研究是综合性的,也应该被看作是对心理认知过程进行探讨迈出的第一步。本研究中提出的结论还需要进一步观察。比如,结果表明请求目标决定说话人的言语行为序列,但是多大程度上不同的目标会影响决定的一致性?对数据的分析表明,对非公开策略的选择和 Brown、Levinson(1987)的模式不太一样,但是,这一结论是否在所有的文化中都适合?因此,我们建议作进一步研究,以便在不久的将来能够实现对间接请求构建的心理过程的充分理解。

The Role-play Unitary Completion Questionnaires Designed for Experiment 1

Current(or used to be) occupation/profession:

Sex(Tick√) : Male   Female

Age(Tick√) :16–25   26–40   41–60   60–

Instruction:

Could you please read each of the following scenarios carefully, and imagine that you are the protagonist for each of the scenarios and act as you are in an actual situation. I'd like you to write below each scene, one request that you would likely say to another person. Please write the first things that come to your mind.

1. Peter is talking to his niece Jane who is the president of a student society. Without consulting anybody she has decided to raise the subscription for next year well above the amount all other societies have decided on. Peter wants to stop her to raise the subscription and says, (you are Peter)

2. Susan wants to apply for a new position in an electronic company. She is required to meet one of the office clerks working there for the manager is away now. The office clerk asks her to fill in a form. She doesn't have a pen, and needs to borrow a pen from the clerk, so Susan says, (you are Susan)

———————————

① 附录 1 援引原文。

3. Jane is on a bus with a child. There are plenty of seats on the bus but there are not any for two people together. Jane asks a passenger of old age who is sitting on his own on a two seater to change seats with her so that she can sit next to the child. Jane says to the passenger, (you are Jane)

4. Susan is talking to her friend Mary. She wants to borrow Mary rather nice car for the weekend since Mary will be away in France for 2 weeks, so Susan says to Mary, (you are Susan)

5. Mary has been working as a new assistant in a shop only for three days, where a colleague of hers she doesn't know quite well has been working there for many years. One day she wants to borrow an umbrella of her colleague's for a moment, so Mary says to her colleague, (you are Mary)

6. Alice is the head of a section of Company. She wants Bob, a member of the board who has been working in the company for two years, to do something for her. Now Alice comes into Bob's office and wants to stop his talking with a person, so Alice says, (you are Alice)

7. Rick, John's friend between generations, is the sort of person who cares less about his manners. One day while they are drinking in a pub, Rick puts his feet on one of the tables in front of them. John wants to ask him to take his feet off the pub table and says to Rick, (you are John)

8. Prince has been working as an assistant for a company for some time now. One of the new trainees has brought his laptop to work. Prince asks him to use it for a while. So she says to him, (you are Prince)

9. Scott is a passenger in a taxi, on a long journey across the City of Reading, he wants the taxi to stop for a minute so he can buy some cigarettes. He says to the taxi driver, (you are Scott)

10. Lyon is talking to his grandmother who is a superb painter. It is Lyon's girl friend's birthday in a month's time. He wants to ask her to paint a small portrait from a photo of his girl friend to give her as a present. So he goes to his grandmother and asks her, (you are Lyon)

11. John is at a meeting. He wants to take some notes, but he forgets to take the notebook with him and needs to borrow some papers instead. A person he doesn't know very well is sitting next to him and might have some extra papers, so John says to that person, (you are John)

12. Susan is spending her holidays with her daughter Mary in a weekend

cottage that belongs to a friend of hers. Her daughter is a bit of lazybones. She realizes her daughter has left the tap on in the bathroom and has caused a flood. Susan wants to ask her daughter to stop leaving the tap on and says, (you are Susan)

13. When Larry arrives at her place of work one morning, she realizes a manager she has seen once or twice has parked the car in an inconvenient place. She wants to ask the person to move the car so that the other people can drive in and out without much manoeuvring. So she says, (you are Larry)

14. Cole is talking to his colleague Mary. He wants to borrow her bike for a quarter of an hour to collect a film he had processed at a shop in the center of town, so he says to her, (you are Cole)

15. Peter is talking with his manageress Ann who has unusual and rather fixed views on an area of international trades Peter is very familiar with, Ann doesn't seem to change her mind no matter how much sound evidence is presented against her views. Now, Peter wants to ask her to reconsider her decision. So he says, (you are Peter)

16. A friend of John's has a house in the countryside. He wants to go on holiday somewhere relaxing for a week and he knows nobody is going to be in the house for at least two weeks. He meets his friend Bob and asks Bob to let him stay in his country house for a week. So he says, (you are John)

17. Tom is in a shoe shop and sees a pair of shoes that he likes. He wants to try on a pair, and he approaches a sales assistant and says, (you are Tom)

18. Johnston has received a lot of house bills that are due for payment. He has not got any money. He desperately needs to pay these bills otherwise he will not have any electricity, gas or telephone. He goes to one of the person he has a very good relationship with and asks for borrowing the money, and he says, (you are Johnston)

19. Steve has been put in charge of a project at work. One day he needs some documents to be typed for urgent use. He goes to the desk of the secretary of his and asks her to type for him. So he says, (you are Steve)

20. Rose is about to walk home from the shops when she sees one of her teachers Marry who is getting into her car. They live in the same residential area and she wants Marry to give her a lift. So Rose runs towards Marry and says to her, (you are Rose)

21. Susan is walking with her friend in a park. She feels like a cigarette, but she and her friend both do not have any matches. There is an old man sitting smoking on a bench nearby. She approaches and says, (you are Susan)

22. Brown is a postgraduate student in the University of Reading. He comes from overseas and has purchased a computer and a printer recently. Unfortunately, Brown cannot get the printer started. Despite all his efforts, he still cannot solve the problem. An old librarian Bill is good at managing the computer and printer. But Brown doesn't know Bill and he hesitates for a while and comes to Bill and says, (you are Brown)

23. Lily is trying to study in her room and she hears loud music coming from her new neighbor's room. Her neighbor is an old gentleman living alone who just moved there three days ago. She doesn't know him, but she decides to ask him to turn down the music and says, (you are Lily)

24. John and his family move to a new flat for three months. His neighbor Ellen is an old lady who lives there alone. John doesn't know her very well. One day the old lady comes to John and asks him to help her move some things out of her flat with John's car since she has not got a car and has no money either to hire someone who can help or to arrange transport. So Ellen says to John, (you are Ellen)

Item Specifications

Manipulated independent variable	Item numbers
1. Situations containing requests of borrowing	△2,4,5,8,11,14,16,18
2. Situations containing requests of stopping an action	◇1,6,7,9,12,13,15,23
3. Situations containing other kinds of requests	☆3,10,17,19,20,21,22,24

Manipulated relevant social features	Item numbers
1. Close familiarity and high imposition	△4,14,16 18;◇1,7,15;☆10,19,20
2. Distant familiarity and low imposition	△2,5,8,11;◇9,13,23;☆3,17,21
3. Close familiarity and low imposition	◇6,12
4. Distant familiarity and high imposition	☆22,24

Note：

△ marks the same request goal and same situation feature configurations

◇ marks the same request goal and different situation feature configurations

☆ marks the different request goal and different situation feature configurations

The Role-play Multiple Completion Questionnaires Designed for Experiment 1

Current(or used to be)occupation/profession:

Sex(Tick√):Male   Female

Age(Tick√):16-25   26-40   41-60   60-

Instruction:

Could you please read each of the following scenarios carefully, and imagine that you are the protagonist for each of the scenarios and act as you are in an actual situation. I'd like you to write below each scene, five different requests that you would likely say to another person (the meaning of five requests should be the same). Please write the first things that come to your mind.

1. Peter is talking to his friend Jane who is the president of a student society. Without consulting anybody she has decided to raise the subscription for next year well above the amount all other societies have decided on. Peter wants to stop her to raise the subscription and says, (you are Peter)

2. Susan wants to apply for a new position in an electronic company. She is required to meet the manager there. The manager asks her to fill in a form. She doesn't have a pen, and needs to borrow a pen from the clerk, so Susan says, (you are Susan)

---

① 附录 2 援引原文。

3. Jane is on a bus with a child. There are plenty of seats on the bus but there are not any for two people together. Jane asks a passenger of old age who is sitting on his own on a two seater to change seats with her so that she can sit next to the child. Jane says to the passenger, (you are Jane)

4. Susan is talking to her niece Mary. She wants to borrow Mary rather nice car for the weekend since Mary will be away in France for 2 weeks, so Susan says to Mary, (you are Susan)

5. Mary has been working as a new assistant in a shop only for three days. One day she wants to borrow an umbrella of her boss's for a moment, so Mary says to her boss, (you are Mary)

6. Alice works with Bob in a section of Company for two years. Alice wants Bob to go outside to do something with her, but Bob is now busy in talking with a customer in his office. She is tired of waiting and walks into Bob's office and wants to stop his talking with the customer, so Alice says, (you are Alice)

7. Rick, a friend of John's, is the sort of person who cares less about his manners. One day while they are drinking in a pub, Rick puts his feet on one of the tables in front of them. John wants to ask him to take his feet off the pub table and says to Rick, (you are John)

8. Prince has been working as a manageress for a company for some time now. One day, one of the new trainees has brought his laptop to work. Prince asks him to use it for a week. So she says to him, (you are Prince)

9. Scott is a passenger in a taxi, on a long journey across the City of Reading, he wants the taxi to stop for a minute so he can buy some cigarettes. He says to the taxi driver, (you are Scott)

10. Lyon is talking to his grandmother who is a superb painter. It is Lyon's girl friend's birthday in a month's time. He wants to ask her to paint a small portrait from a photo of his girl friend to give her as a present. So he goes to his grandmother and asks her, (you are Lyon)

11. John is a student at a meeting. He wants to take some notes, but he forgets to take the notebook with him and needs to borrow some papers instead. A school teacher he doesn't know very well is sitting next to him and might have some extra papers, so John says to the teacher, (you are John)

12. Susan is spending her holidays with Mary she meets there. They share a weekend cottage. Mary is a bit of lazybones. Susan realizes Mary has left the tap

on in the bathroom and has caused a flood. Susan wants to ask Mary to stop leaving the tap on and says, (you are Susan)

13. When Larry arrives at her place of work one morning, she realizes a person she has seen once or twice has parked the car in an inconvenient place. She wants to ask the person to move the car so that the other people can drive in and out without much manoeuvring. So she says, (you are Larry)

14. Cole is talking to his manager John. He wants to borrow his bike for a quarter of an hour to collect a film he had processed at a shop in the center of town, so he says to him, (you are Cole)

15. Peter is talking with his friend Ann who has unusual and rather fixed views on an area of international trades Peter is very familiar with, Ann doesn't seem to change her mind no matter how much sound evidence is presented against her views. Now, Peter wants to ask her to reconsider her decision. So he says, (you are Peter)

16. John's friend Bob, also his assistant, has a house in the countryside. He wants to go on holiday somewhere relaxing for a week and he knows nobody is going to be in the house for at least two weeks. He meets his friend Bob and asks Bob to let him stay in his country house for a week. So he says, (you are John)

17. Tom is in a shoe shop and sees a pair of shoes that he likes. He wants to try on a pair, and he approaches a sales assistant and says, (you are Tom)

18. Johnston has received a lot of house bills that are due for payment. He has not got any money. He desperately needs to pay these bills otherwise he will not have any electricity, gas or telephone. He goes to his new manager he doesn't know well and asks for borrowing the money, and he says, (you are Johnston)

19. Steve has been put in charge of a project at work. One day he needs some documents to be typed for urgent use. He goes to the desk of the secretary of his and asks her to type for him. So he says, (you are Steve)

20. Rose is about to walk home from the shops when she sees one of her friends Marry who is getting into her car. They live in the same residential area and she wants Marry to give her a lift. So Rose runs towards Marry and says to her, (you are Rose)

21. Susan is walking with her friend in a park. She feels like a cigarette, but she and her friend both do not have any matches. There is an old man sitting smoking on a bench nearby. She approaches and says, (you are Susan)

22. Brown is a student in the University of Reading. He comes from overseas and has purchased a mobile phone recently. Unfortunately, Brown doesn't know how to use it. He comes to his landlord Bill and says, (you are Brown)

23. Lily is trying to study in her room and she hears loud music coming from her new neighbor's room. Her neighbor is a man living by himself who just moved there three days ago. She doesn't know him, but she decides to ask him to turn down the music and says, (you are Lily)

24. John's neighbor Ellen is an old lady who lives there alone. John knows her very well. One day the old lady comes to John and asks him to buy a bottle of vinegar for her. So Ellen says to John, (you are Ellen)

Item Specifications

Manipulated independent variable	Item numbers
1. Situations containing requests of stopping an action	△1,6,7,9,12,13,15,23
2. Situations containing requests of borrowing	◇2,4,5,8,11,14,16,18
3. Situations containing other kinds of requests	☆3,10,17,19,20,21,22,24

Manipulated relevant social features	Item numbers
1. Close familiarity and high imposition	△1,6,7,15;◇4,14,16;☆10,19,20
2. Distant familiarity and low imposition	△9,12,13,23;◇2,5,11;☆3,17,21
3. Close familiarity and low imposition	☆22,24
4. Distant familiarity and high imposition	◇8,18

Note:

△ marks the same request goal and same situation feature configurations

◇ marks the same request goal and different situation feature configurations

☆ marks the different request goal and different situation feature configurations

The Role-play Unitary Completion Questionnaires Designed for Experiment 2

Current(or used to be)occupation/profession:
Sex(Tick√):Male Female
Age(Tick√):16–25 26–40 41–60 60–

Instruction:

  Could you please read each of the following scenarios carefully, and imagine that you are the protagonist for each of them and act as you are in an actual situation. I'd like you to write below each scene, one sentence that you would likely say to another person. Please write the first things that come to your mind.

  1. Peter is talking many times to his niece Jane who is the president of a student society for her raising the subscription for next year well above the amount all other societies have decided on. This time Peter decides to persuade her to cut the subscription and says, (you are Peter)

  2. Jane is on a bus with a child. There are plenty of seats on the bus but there are not any for two people together. Jane wants a passenger of old age who is sitting on his own on a two seater to change seats with her so that she can sit next to the child. Jane walks to the passenger and says, (you are Jane)

---

  ① 附录 3 援引原文。

3. Rick, John's friend between generations, is the sort of young person who cares less about his manners. One day while they are drinking in a pub, Rick puts his feet on and off one of the tables in front of them for many times. When Rick puts his feet on the table again this time, John decides to persuade him to care about his manners and says, (you are John)

4. Lyon is talking to his grandmother who is a superb painter. It is Lyon's girl friend's birthday in a month's time. He wants to ask her to paint a small portrait from a photo of his girl friend to give her as a present. So he goes to his grandmother and says, (you are Lyon)

5. Larry realizes a manager she does not know very well has parked the car in an inconvenient place for many times. When Larry arrives at her place of work this morning, she decides to persuade the manager to move the car so that the other people can drive in and out without much manoeuvring. So she walks to the manager and says, (you are Larry)

6. Peter is talking with his manageress Ann who has unusual and rather fixed views on an area of international trades Peter is very familiar with, Ann doesn't seem to change her mind no matter how much sound evidence is presented against her views. Now, Peter wants to ask her to reconsider her decision. So he says, (you are Peter)

7. Tom is in a shoe shop and sees many pairs of shoes suitable for him. He knows a sales assistant Mary in the shop very well. In Mary's explanation, he tries on them one by one and finally decides to buy a pair he likes most. Now he turns to Mary and asks for the pair he likes most. So he says, (you are Tom)

8. Johnston has received a lot of house bills that are due for payment. Although he has now got money he does not want to pay the bills in time. Jack, also his boss and friend, learns that and decides to persuade him to pay the house bills in time otherwise he will not have any electricity, gas or telephone. So Jack says, (you are Jack)

9. Steve has been put in charge of a project at work. One day he needs the titles of some documents to be typed for other use. He goes to the desk of the new secretary who just comes to work for a day and asks her to type for him. So he says, (you are Steve)

10. Rose is about to walk home from the shops when she sees one of her teachers Marry who is getting into her car. They live in the same residential area

and she wants Marry to give her a lift. So Rose runs towards Marry and says to her, (you are Rose)

11. Susan is walking with her friend in a park. She feels like a cigarette, but she and her friend both do not have any with them. There is a man of same age sitting smoking on a bench nearby. She approaches and asks for a cigarette. So she says, (you are Susan)

12. John is playing tennis at one tennis court one afternoon with a friend. Unfortunately, he is just a beginner and is not very good. At one point during the game, he accidentally hits the ball over the fence into the next court. He needs the ball back and so John says to one of the man, who is older than him, playing in the next court, (you are John)

13. After a hard day working, John decides to go over to the pub. All he wants to do is to drink a few beers. When he walks in and sits down at a table, a waitress comes over to get his order. John looks up at her and asks for a beer. So he says, (you are John)

14. John and White both work at the Thomson employment agency. John is White's superintendent and recently starts smoking cigarettes again after having quit for several months. Today John is smoking a lot and the room is getting very smoky. Mr. White turns to him and decides to persuade him to give up smoking. So Mr. White says, (you are White)

15. Jimmy is a real pinball wizard. His favorite machine is at the Ice Cream Hustler. This afternoon he goes there to play a few games. He discovers that all he has is a penny. He went over to his friend for ten pounds. So he says, (you are Jimmy)

16. Mason is busy copying an article he needs at the Library of Reading. The article is quite long but he really needs to have it. Right in the middle, the duplicating machine stops working. He tries to get it going again but can't. So, he goes over to the information desk and says to an older lady, (you are Mason)

17. Louise is applying to law school. She has four letters that she needs to mail. She goes over to the post office at Basingstoke Road. The problem is that she has no stamps. She goes in, and says to the man behind the counter for six stamps, (you are Louise)

18. Alice is the head of a section of Company. She realizes that Bob, a new junior member of the board, has not provided the information which is solid enough for her to come to a decision about launching a new product. Bob is

talking with one of his colleagues in his office when Alice comes in and asks him to resubmit the proposal at the next board meeting, (you are Alice)

19. Jack and Peggy often eat lunch together at a restaurant near their work place. Jack, Peggy's assistant, usually salts his food for he likes salty food. Peggy knows that too much salty food is not good for people's health. He decides to persuade Jack to avoid eating too much salty food and says, (you are Peggy)

20. John is a writer of the popular novel the Rising Star, which is sold for about a million of copies. Peter is John's neighbor and wants to ask John for a copy of the novel signed by John himself. So he says, (you are Peter)

21. Tim takes charge of a company for many years. One of the new trainees Scott bought a laptop three years ago and now the laptop often refuses to work regularly. Tim sees this strike happening for many times. This morning when he sees that the laptop stops working again he decides to persuade Scott to buy a new IBM laptop for its well-known brand, (you are Tim)

22. Mary is walking with her friend in a park. She sees a man who is younger than them sitting smoking on a bench with many dog-ends thrown on the ground about. She looks at the man for a long time and finds that he continues his smoking one cigarette after another. She hesitates for a while and decides to walk over to persuade the man to put the dog-ends into the bin. So she walks over and says, (you are Mary)

Item Specifications

Manipulated independent variable	Item numbers
1. Situations containing asking for some objects	△7,11,13,15,17,20
2. Situations containing persuading for sb. 's action	◇1,3,5,8,14,19,21,22
3. Situations containing other contents of requests	☆2,4,6,9,10,12,16,18

Manipulated relevant social features	Item numbers
1. Close familiarity and high imposition	△7,15,20; ◇1,3,8; ☆4,6,10
2. Distant familiarity and low imposition	△11,13,17; ◇5,21,22; ☆2,9,12
3. Close familiarity and low imposition	◇ 14,19
4. Distant familiarity and high imposition	☆ 16,18

Note：

△ marks the same request content and same situation feature configurations

◇ marks the same request content and different situation feature configurations

☆ marks the different request content and different situation feature configura-

tions

附录 4^①

The Role-play Multiple-choice Questionnaires
Designed for Experiment 2

Current(or used to be) occupation/profession:

Sex(Tick√): Male   Female

Age(Tick√): 16–25   26–40   41–60   60–

Instruction:

Could you please read each of the following scenarios carefully, and imagine that you are the protagonist for each of them and act as you are in an actual situation. I'd like you to choose from the nine sentences, one sentence that you would most likely say to another person. Please choose the first things that come to your mind.

1. Peter is talking many times to his friend Jane who is the president of a student society for her raising the subscription for next year well above the amount all other societies have decided on. This time Peter decides to persuade her to cut the subscription and says, (you are Peter)

2. Jane is on a bus with a child. There are plenty of seats on the bus but there are not any for two people together. Jane wants a passenger of old age who is sitting on his own on a two seater to change seats with her so that she can sit next to the child. Jane walks to the passenger and says, (you are Jane)

---

① 附录 4 援引原文。

3. Rick, John's friend, is the sort of person who cares less about his manners. One day while they are drinking in a pub, Rick puts his feet on and off one of the tables in front of them for many times. When Rick puts his feet on the table again this time, John decides to persuade him to care about his manners and says, (you are John)

4. Lyon is talking to his grandmother who is a superb painter. It is Lyon's girl friend's birthday in a month's time. He wants to ask her to paint a small portrait from a photo of his girl friend to give her as a present. So he goes to his grandmother and says, (you are Lyon)

5. Larry realizes a man she does not know very well has parked the car in an inconvenient place for many times. When Larry arrives at her place of work this morning, she decides to persuade the man to move the car so that the other people can drive in and out without much manoeuvring. So she walks to the man and says, (you are Larry)

6. Peter is talking with his manageress Ann who has unusual and rather fixed views on an area of international trades Peter is very familiar with, Ann doesn't seem to change her mind no matter how much sound evidence is presented against her views. Now, Peter wants to ask her to reconsider her decision. So he says, (you are Peter)

7. Tom is in a shoe shop and sees many pairs of shoes suitable for him. He knows a sales assistant Mary who is his daughter's friend in the shop very well. In Mary's explanation, he tries on them one by one and finally decides to buy a pair he likes most. Now he turns to Mary and asks for the pair he likes most. So he says, (you are Tom)

8. Johnston has received a lot of house bills that are due for payment. Although he has now got money he does not want to pay the bills in time. Jack, also his friend, learns that and decides to persuade him to pay the house bills in time otherwise he will not have any electricity, gas or telephone. So Jack says, (you are Jack)

9. Steve has been put in charge of a project at work. One day he needs the titles of some documents to be typed for other use. He goes to the desk of the new secretary who just comes to work for a day and asks her to type for him. So he says, (you are Steve)

10. Rose is about to walk home from the shops when she sees one of her

teachers Marry who is getting into her car. They live in the same residential area and she wants Marry to give her a lift. So Rose runs towards Marry and says to her, (you are Rose)

11. Susan is walking with her friend in a park. She feels like a cigarette, but she and her friend both do not have any with them. There is a man of older age sitting smoking on a bench nearby. She approaches and asks for a cigarette. So she says, (you are Susan)

12. John is playing tennis at one tennis court one afternoon with a friend. Unfortunately, he is just a beginner and is not very good. At one point during the game, he accidentally hits the ball over the fence into the next court. He needs the ball back and so John says to one of the people playing in the next court, (you are John)

13. After a hard day working, John, a man of old age, decides to go over to the pub. All he wants to do is to drink a few beers. When he walks in and sits down at a table, a younger waitress comes over to get his order. John looks up at her and asks for a beer. So he says, (you are John)

14. Rachel just comes to work at the Thomson employment agency for three days. He recently starts smoking cigarettes again after having quit for several months. Today Rachel forgets to bring the cigarettes with him, and in a great craving he turns to Ramon who is his director, and asks for a pack of Camels. So he says, (you are Rachel)

15. Jimmy is a real pinball wizard. His favorite machine is at the Ice Cream Hustler. This afternoon he goes there to play a few games. He discovers that all he has is a penny. He went over to his friend, also his assistant, Lee for ten pounds. So he says, (you are Jimmy)

16. Mason is busy copying an article he needs at the Library of Reading. The article is quite long but he really needs to have it. Right in the middle, the duplicating machine stops working. He tries to get it going again but can't. So, he goes over to the information desk and says, (you are Mason)

17. Louise is applying to law school. She has four letters that she needs to mail. She goes over to the post office at Basingstoke Road. The problem is that she has no stamps. She goes in, and says to an old man behind the counter for six stamps, (you are Louise)

18. Alice is the head of a section of Company. She realizes that Bob, a new

junior member of the board, has not provided the information which is solid enough for her to come to a decision about launching a new product. Bob is talking with one of his colleagues in his office when Alice comes in and asks him to resubmit the proposal at the next board meeting, (you are Alice)

19. Bill is invited to a birthday party for his friend, Robin. At the party, he sees Robin's wife, Beth, who is busy in serving the guests. Because Bill wants to have something to eat, he goes over to Beth and asks for some cake?

20. John is a writer of the popular novelthe Rising Star, which is sold for about a million of copies. Peter is John's neighbor but much younger than him and wants to ask John for a copy of the novel signed by John himself. So he says, (you are Peter)

21. Tim works in a company for many years. One of the new comers Scott bought a laptop three years ago and now the laptop often refuses to work regularly. Tim sees this strike happening for many times. This morning when he sees that the laptop stops working again he decides to persuade Scott to buy a new IBM laptop for its well-known brand, (you are Tim)

22. Mary is walking with her friend in a park. She sees a man sitting smoking on a bench with many dog-ends thrown on the ground about. She looks at the man for a long time and finds that he continues his smoking one cigarette after another. She hesitates for a while and decides to walk over to persuade the man to put the dog-ends into the bin. So she walks over and says, (you are Mary)

Samples of Given Sentencesin Different Semantic Devices

The nine sentences in different semantic devices given for the participants to choose in each scenario are sampled here in the following for the scenarios for No. 1, No. 2, No. 4 and No. 7. The given sentences in other scenarios are identical to these samples in form and omitted thereafter.

Speaker's asking for some objects (No. 7)

Can you tell me how much is this pair of shoes?

May I ask you to tell me how much is this pair of shoes?

This pair of shoes is suitable for me.

Will you tell me how much is this pair of shoes?

I would like you to tell me the price of this pair of shoes.

Would you mind tell me the price of this pair of shoes?

I was wondering if you could tell me the price of this pair of shoes?

How much is this pair of shoes?

The price.

Speaker's persuading for sb. 's action (No. 1)

Can you cut the subscription?

May I ask you to cut the subscription?

It's high for the subscription.

Will you cut the subscription?

I would like you to cut the subscription.

Would you mind cutting the subscription?

I was wondering if you could cut the subscription?

Have you got the subscription?

The subscription.

Other contents of requests

Change seats (No. 2)

Can you change seats with me?

May I ask you to change seats with me?

It's great to sit next to my child.

Will you change seats with me?

I would like you to change seats with me.

Would you mind changing seats with me?

I was wondering if you could change seats with me?

Is it your seat?

The seat.

Paint a small portrait (No. 4)

Can you paint a small portrait from this photo of my girl friend?

May I ask you to paint a small portrait from this photo of my girl friend?

It's my girl friend's photo.

Will you paint a small portrait from this photo of my girl friend?

I would like you to paint a small portrait from this photo of my girl friend.

Would you mind painting a small portrait from this photo of my girl friend?

I was wondering if you could paint a small portrait from this photo of my girl friend?

Do you have this photo of my girl friend?

The photo.

Item Specifications

Manipulated independent variable	Item numbers
1. Situations containing persuading for sb.'s action	△1,3,5,8,21,22
2. Situations containing asking for some objects	◇7,11,13,14,15,17,19,20
3. Situations containing other contents of requests	☆2,4,6,9,10,12,16,18

Manipulated relevant social features	Item numbers
1. Close familiarity and high imposition	△1,3,8;◇7,15,20;☆4,6,10
2. Distant familiarity and low imposition	△5,21,22;◇11,13,17;☆2,9,12
3. Close familiarity and low imposition	☆16,18
4. Distant familiarity and high imposition	◇14,19

Note：

△ marks the same request content and same situation feature configurations

◇ marks the same request content and different situation feature configurations

☆ marks the different request content and different situation feature configurations

附录 5[①]

The Role-play Unitary Completion Questionnaires
Designed for Experiment 3

Current(or used to be) occupation/profession:
Sex(Tick√) : Male   Female
Age(Tick√) :16-25   26-40   41-60   60-

Instruction:

Could you please read each of the following scenarios carefully, and imagine that you are the protagonist for each of them and act as you are in an actual situation. I'd like you to write below each scene, one sentence that you would likely say to another person. Please write the first things that come to your mind.

Permission

1. Harley was enrolled in a psychology class he hated. The teacher was terrible and the text boring. So, he decided to drop the class. In doing so, he needed to have his drop card stamped. He was sure it was permitted in his condition. He went into the Psychology department office. He walked over to the secretary behind the counter and said,

Harley was enrolled in a psychology class he hated. The teacher was terrible and the text boring. So, he decided to drop the class. He went into the Psychology

---

① 附录 5 援引原文。

department office and said to the secretary behind the counter,

Harley was enrolled in a psychology class he hated. The teacher was terrible and the text boring. So, he decided to drop the class. Because dropping the class needed to have the drop card stamped, he went into the Psychology department office. He walked over to the secretary behind the counter and said,

2. George was invited to a birthday party for his friend, John Smith. At the Smiths, he saw John's wife, Beth, serving the guests. George wanted to have something to eat, but he was not sure if he might have it. He went over to Beth and said,

George was invited to a birthday party for his friend, John Smith. At the Smiths, he saw John's wife, Beth, serving the guests. Because George wanted to have something to eat, he went over to Beth and said,

George was invited to a birthday party for his friend, John Smith. Atthe Smiths, he saw John's wife, Beth, serving the guests. Because George wanted to have something to eat, he went over to Beth. "Oh, hi, George. What would you like to have?" Beth asked. George said,

3. Joan was applying to law school. She had four letters that she needed to mail. She went over to the post office at Basingstoke Road. She was not sure if she might have the stamps. She went in, and said to the man behind the counter,

Joan was applying to law school. She had four letters that she needed to mail. She went over to the post office at Basingstoke Road. She went in and said to the man behind the counter,

Joan was applying to law school. She had four letters that she needed to mail. She went over to the post office at Basingstoke Road. The problem was that she had no stamps. She went in, and said to the man behind the counter,

Ability

1. Mack was a teacher for a psycholinguistics class. One day in section he was explaining a delicate point. However, people out in the hall were making a lot of noise. Mack looked at one student sitting near the door which is widely open and said,

Mack was a teacher for a psycholinguistics class. One day in section he was explaining a delicate point. However, people out in the hall were making a lot of noise. Mack looked at one student sitting near the door and said,

Mack was a teacher for a psycholinguistics class. One day in section he was explaining a delicate point. However, people out in the hall were making a lot of noise. This made him look at one student sitting near the door many times and finally said,

2. Sam was taking a statistics course from the mathematics department. One of the assignments was to analyze some data. To do this, students had to go over to the computer center. When Sam went there, he didn't know how to work the keypunch. He said to someone next to him who looked like that he knew what to do,

Sam was taking a statistics course from the mathematics department. One of the assignments was to analyze some data. To do this, students had to go over to the computer center. When Sam went there, he didn't know how to work the keypunch. He said to someone next to him,

Sam was taking a statistics course from the mathematics department. One of the assignments was to analyze some data. To do this, students had to go over to the computer center. When Sam went there, he didn't know how to work the keypunch. He hesitated for a while and said to someone next to him,

3. Mrs. Hansen asked her daughter, Shelley, to give her a ride to the airport. She had a lot of luggage on this trip. So, she wanted to get out of the car near the check – in counter. Unfortunately, a lot of cars were parked near the counter when they arrived at the airport. Mrs. Hanson finally found an open parking lot near the counter and said,

Mrs. Hansen asked her daughter, Shelley, to give her a ride to the airport. She had a lot of luggage on this trip. So, she wanted to get out of the car near the check–in counter. When they arrived there, Mrs. Hanson said,

Mrs. Hansen asked her daughter, Shelley, to give her a ride to the airport. She had a lot of luggage on this trip. So, she wanted to get out of the car near the check – in counter. Fortunately, no cars were parked near the counter when they arrived at the airport. Mrs. Hanson looked around and said,

Want/desire

1. Marlin hated to park off campus every day. He never could find a spot and always had to walk a long way. So, despite the fact that he had little money, he decided to break down and buy a parking sticker. To do this, he had to go the Cashier's office. When he went into the place, he did not want just a parking sticker, and he had to have a lock. He walked up and said to a lady working there,

Marlin hated to park off campus every day. He never could find a spot and always had to walk a long way. So, despite the fact that he had little money, he decided to break down and buy a parking sticker. To do this, he had to go the Cashier's office. When he went into the place, he walked up and said to a lady working there,

Marlin hated to park off campus every day. He never could find a spot and always had to walk a long way. So, despite the fact that he had little money, he decided to break down and buy a parking sticker. To do this, he had to go the Cashier's office. When he went into the place, he found that the lock was available there. He walked up and said to a lady working there,

2. Nick was a real cigarette fiend. One afternoon he discovered he was out of smokes. Since he was on the campus of Reading University, he went into the Lorry Store. He wanted to buy a pack of Camels, but he had to have a pack of matches. He walked up to the counter and said to the woman working there,

Nick was a real cigarette fiend. One afternoon he discovered he was out of smokes. Since he was on the campus of Reading University, he went into the Lorry Store. He walked up to the counter and said to the woman working there,

Nick was a real cigarette fiend. One afternoon he discovered he was out of smokes. Since he was on the campus of Reading University, he went into the Lorry Store. He looked around and finally walked up to the counter and said to the woman working there,

3. Clark had spent the whole week working. On Friday night, he and some friends went to the pub. All they wanted to do was to put down a few beers. When they sat down, a waitress came over to get their order. Clark looked up at her and said,

Clark had spent the whole week working. On Friday night, he and some friends went to the pub. When they sat down, a waitress came over to get their order. Clark looked up at her and said,

Clark had spent the whole week working. On Friday night, he and some friends went to the pub. When they sat down, a waitress came over to get their order. Clark looked over the menu and decided on what he wanted. He said to the waitress,

Possession

1. Brown was a real pinball wizard. His favorite machine was at the Ice Cream Hustler. One afternoon, he went there to play a few games. He discovered

that all he had was a pound bill. He had doubts about whether the cash register had the coins to change. He went over and said to the girl,

Brown was a real pinball wizard. His favorite machine was at the Ice Cream Hustler. One afternoon, he went there to play a few games. He directly went over to the cash register and said to the girl,

Brown was a real pinball wizard. His favorite machine was at the Ice Cream Hustler. One afternoon, he went there to play a few games. He discovered that all he had was a pound bill. He looked around and finally went over to the cash register and said,

2. Bach had a real tough exam coming up in apsychology course. He had done all the reading except for one article on reserve. One evening he went down to the Central to find if the article was available. He walked up to the reserve desk. He said to the person working there,

Bach had a real tough exam coming up in apsychology course. He had done all the reading except for one article on reserve. One evening he went down to Central. He walked up to the reserve desk. He said to the person working there.

Bach had a real tough exam coming up in apsychology course. He had done all the reading except for one article on reserve. One evening he went down to Central to read it. He learnt that many students wanted to read it too. He walked up to the reserve desk and said to the person working there,

3. Mariana and Sara were tired of eating Saga meals, so they went down to the mall to find something exciting to eat. They decided to go to Frasers'. Sara wanted an enchilada but she was afraid that they might be out of them. The waitress came up to take the order and Sara said,

Mariana and Sara were tired of eating Saga meals, so they went down to the mall to find something exciting to eat. They decided to go to Frasers'. When they went in, the waitress came up to take the order and Sara said,

Mariana and Sara were tired of eating Saga meals, so they went down to the mall to find something exciting to eat. They decided to go to Frasers'. Sara wanted an enchilada. The waitress came up to take the order and Sara said,

Note: In each semantic category, three types of sentences were designed for three obstacles. The first type was designed with specific obstacles, the second with no obstacles and the third with projected obstacles.

The Role-play Multiple-choice Questionnaires
Designed for Experiment 3

Current(or used to be) occupation/profession:

Sex(Tick√): Male   Female

Age(Tick√): 16-25   26-40   41-60   60-

Instruction:

Could you please read carefully each of the following scenarios, followed by ten different sentences as requests, and imagine that you are the protagonist for each of the scenarios and act as you are in an actual situation. I'd like you to choose from the ten sentences, six sentences which are appropriate to the given context of each scenario. The order of the sentences you choose should be arranged according to how likely they would be (No. 1 being highly likely and No. 2 less likely than No. 1, and No. 3 less likely than No. 2···). Could you please mark the number (① or ② or ③···) next to the end of the sentence.

Permission

1. Harley was enrolled in a psychology class he hated. The teacher was terrible and the text boring. So, he decided to drop the class. In doing so, he needed to have his drop card stamped. He was sure it was permitted in his condition. He went into the Psychology department office. He walked over to the

---

secretary behind the counter and said,

Harley was enrolled in a psychology class he hated. The teacher was terrible and the text boring. So, he decided to drop the class. Because dropping the class needed to have the drop card stamped, he went into the Psychology department office. He walked over to the secretary behind the counter and said,

2. George was invited to a birthday party for his friend, John Smith. At the Smiths, he saw John's wife, Beth, serving the guests. George wanted to have something to eat, but he was not sure if he might have it. He went over to Beth and said,

George was invited to a birthday party for his friend, John Smith. At the Smiths, he saw John's wife, Beth, serving the guests. Because George wanted to have something to eat, he went over to Beth. " Oh, hi, George. What would you like to have?" Beth asked. George said,

3. Joan was applying to law school. She had four letters that she needed to mail. She went over to the post office at Basingstoke Road. She was not sure if she might have the stamps. She went in, and said to the man behind the counter,

Joan was applying to law school. She had four letters that she needed to mail. She went over to the post office at Basingstoke Road. The problem was that she had no stamps. She went in, and said to the man behind the counter,

Ability

1. Mack was a teacher for a psycholinguistics class. One day in section he was explaining a delicate point. However, people out in the hall were making a lot of noise. Mack looked at one student sitting near the door which is widely open and said,

Mack was a teacher for a psycholinguistics class. One day in section he was explaining a delicate point. However, people out in the hall were making a lot of noise. This made him look at one student sitting near the door many times and finally said,

2. Sam was taking a statistics course from the mathematics department. One of the assignments was to analyze some data. To do this, students had to go over to the computer center. When Sam went there, he didn't know how to work the keypunch. He said to someone next to him who looked like that he knew what to do,

Sam was taking a statistics course from the mathematics department. One of the assignments was to analyze some data. To do this, students had to go over to the computer center. When Sam went there, he didn't know how to work the keypunch. He hesitated for a while and said to someone next to him,

3. Mrs. Hansen asked her daughter, Shelley, to give her a ride to the airport. She had a lot of luggage on this trip. So, she wanted to get out of the car near the check – in counter. Unfortunately, a lot of cars were parked near the counter when they arrived at the airport. Mrs. Hanson finally found an open parking lot near the counter and said,

Mrs. Hansen asked her daughter, Shelley, to give her a ride to the airport. She had a lot of luggage on this trip. So, she wanted to get out of the car near the check – in counter. Fortunately, no cars were parked near the counter when they arrived at the airport. Mrs. Hanson looked around and said,

Want/desire

1. Marlin hated to park off campus every day. He never could find a spot and always had to walk a long way. So, despite the fact that he had little money, he decided to break down and buy a parking sticker. To do this, he had to go the Cashier's office. When he went into the place, he did not want just a parking sticker, and he had to have a lock. He walked up and said to a lady working there,

Marlin hated to park off campus every day. He never could find a spot and always had to walk a long way. So, despite the fact that he had little money, he decided to break down and buy a parking sticker. To do this, he had to go the Cashier's office. When he went into the place, he found that the lock was available there. He walked up and said to a lady working there,

2. Nick was a real cigarette fiend. One afternoon he discovered he was out of-smokes. Since he was on the campus of Reading University, he went into the Lorry Store. He wanted to buy a pack of Camels, but he had to have a pack of matches. He walked up to the counter and said to the woman working there,

Nick was a real cigarette fiend. One afternoon he discovered he was out of smokes. Since he was on the campus of Reading University, he went into the Lorry Store. He looked around and finally walked up to the counter and said to the woman working there,

3. Clark had spent the whole week working. On Friday night, he and some friends went to the pub. All they wanted to do was to put down a few beers. When

they sat down, a waitress came over to get their order. Clark looked up at her and said,

Clark had spent the whole week working. On Friday night, he and some friends went to the pub. When they sat down, a waitress came over to get their order. Clark looked over the menu and decided on what he wanted. He said to the waitress,

Possession

1. Brown was a real pinball wizard. His favorite machine was at the Ice Cream Hustler. One afternoon, he went there to play a few games. He discovered that all he had was a pound bill. He had doubts about whether the cash register had the coins to change. He went over and said to the girl,

Brown was a real pinball wizard. His favorite machine was at the Ice Cream Hustler. One afternoon, he went there to play a few games. He discovered that all he had was a pound bill. He looked around and finally went over to the cash register and said,

2. Bach had a real tough exam coming up in a psychology course. He had done all the reading except for one article on reserve. One evening he went down to the Central to find if the article was available. He walked up to the reserve desk. He said to the person working there,

Bach had a real tough exam coming up in a psychology course. He had done all the reading except for one article on reserve. One evening he went down to Central to read it. He learnt that many students wanted to read it too. He walked up to the reserve desk and said to the person working there,

3. Mariana and Sara were tired of eating Saga meals, so they went down to the mall to find something exciting to eat. They decided to go to Frasers'. Sara wanted an enchilada but she was afraid that they might be out of them. The waitress came up to take the order and Sara said,

Mariana and Sara were tired of eating Saga meals, so they went down to the mall to find something exciting to eat. They decided to go to Frasers'. Sara wanted an enchilada. The waitress came up to take the order and Sara said,

Samples of Given Sentences in Different Semantic Devices

The ten given sentences classified in different semantic devices for the participants to choose in the scenario are sampled here in the following for four scenarios which are representative of four different categories of semantic devices. The given sentences in other scenarios are identical to these samples in form and omitted thereafter.

Permission（**No.** 3）

May I have four stamps?

Do you have four stamps?

Give mefour stamps.

I would like to get four stamps.

Can you give me four stamps?

Would you mind giving me four stamps?

Will you give me four stamps?

How about four stamps?

I was wondering if you could give me four stamps?

It would be better if you gave me four stamps.

Ability（**No.** 1）

Could you shut the door?

Let's cut the noise outside.

Shut the door.

I would like you to shut the door.

My I ask you to shut the door?

Would you mind shutting the door?

Will you shut the door?

How about shutting the door?

I was wondering if you could shut the door?

It would be better if you shut the door.

Want/desire（**No.** 3）

May I have a beer?

Can you bring me a beer?

Do you have a beer?

I was wondering if you could bring me a beer?

I would like a beer.

How about a beer?

Give me a beer.

I'm dying for a glass of beer.

Would you mind getting me a beer?

Will you bring me a beer?

Possession（**No.** 1）

Do you have change for a pound?

I would like to play some pinball.

Give me change for a pound.

Can you give me change for a pound?

My I ask you to give me change for a pound?

Would you mind giving me change for a pound?

Will you give me change for a pound?

How about giving me change for a pound?

I was wondering if you could give me change for a pound?

It would be better if you could give me change for a pound.

Note：The scenarios designed in this type of role-play multiple-choice questionnaires are identical with those in the type of role-play unitary completion questionnaires for both specific and projected obstacles used in the experiment.

The Role-play Multiple-choice Questionnaires Designed for Experiment 4

Current(or used to be) occupation/profession:

Sex(Tick√) :Male   Female

Age(Tick√) :16-25   26-40   41-60   60-

Instruction:

Could you please read carefully each of the following scenarios, followed by ten different sentences as requests, and imagine that you are the protagonist for each of the scenarios and act as you are in an actual situation. I'd like you to choose from the ten sentences, six sentences which are appropriate to the given context of each scenario. The order of the sentences you choose should be arranged according to how likely they would be (No. 1 being highly likely and No. 2 less likely than No. 1, and No. 3 less likely than No. 2…). Could you please mark the number (① or ② or ③…) next to the end of the sentence.

Weightiness of high-degree of FTA

High imposition

1. Rita was learning English. A couple of times a week she had to have her teacher's class recorded and reviewed it again after class. One day her recorder refused to work. She had to borrow one. Bruce had a digital – recorder. She

---

① 附录 7 援引原文。

asked him,

　　2. Mark worked in a company. He wanted to takeThursday and Friday off and needed to find someone to work his shift. So he decided to ask Barry to work for him. He went to Barry and said,

　　3. Rick worked in a company for a period of time. He was good at computing. One day he needed a lot of data to write into computer, but his computer stopped to work. Tony brought his brand new laptop. Rick wanted to use it for a while. So he walked to Tony and said,

　　4. A friend of Mason's had a house in the countryside. He wanted to go on holiday and relaxed for a week in his friend's house. It was thirty miles away. He had to drive there but his car broke down. He had to borrow a car. Mary bought a rather nice car last month. He went to Mary and said,

Status-familiarity combinations for high-degree of FTA

High status-distant familiarity

　　1. Li Ming was a Chinese girl studying in the University of Reading. He wanted to take the train to London one day. But she didn't know how to get to the railway station. Bewildering in the street, she walked up to an old passerby and asked,

　　2. Johnson was a young single man. One day he went shopping at the mall and bought a lot of things. Walking on a narrow pavement with carrying all the things he bought, he wanted to ask an old man ahead to give his way. So he said,

Low status-distant familiarity

　　3. Frank was an old man who was trying to go to sleep at night but he couldn't because of the loud music coming from his neighbor's room. His neighbor just moved there three days ago. Frank decided to knock his neighbor's door. When the door was open a boy came out. He asked the boy to turn down the music. So he said,

　　4. Ford was a manager in a company. One day he went to eat at a cafeteria. He usually salted his food. But he forgot to get salt from the counter. He saw a salt shaker in front of a worker-look-alike man sitting next to him. He wanted the man to pass the salt and said,

Weightiness of low-degree of FTA

Low imposition

　　1. John was at a meeting. He wanted to take some notes, but he forgot to take

the notebook with him and needed to borrow some papers instead. A person was sitting next to him and might have some extra papers, so John said to that person,

2. Susan was at the university one day and was trying to get to an appointment on time. However, she did not have a watch and so could not tell what time it was. She passed a young man in the hallway and decided to ask him what time it was,

3. Ann and Beth were learning how to play tennis. Every weekend they would go over to the courts to play. They were not very good. One time Beth hit the ball into the court next to theirs. A bit embarrassed she yelled to the person playing there to throw the ball back. So he said,

4. Betsy was giving a lecture about religion and philosophy in the lecture room of Reading Hall. However, people out in the hall were making a lot of noise. Betsy looked at one audience sitting near the door and said,

Status-familiarity combinations for low-degree of FTA

High status-close familiarity

1. Sara went shopping at the mall and bought a lot of things. When she arrived home, she saw her mother sitting on the terrace. Since she was already tired, she wanted her mother to carry some stuff for her. So Sara called to her mother and said,

2. John was the manager of Thomson employment agency. John recently started smoking cigarettes again after having quit for several months. Today John was smoking a lot and the office was getting very smoky. His secretary Jenny turned to him and said,

Low status-close familiarity

3. Cole was the boss of a company and was talking to his subordinate Larry. He wanted to borrow Larry's bike for a quarter of an hour to collect a film he had processed at a shop in the center of town, so he said to Larry,

4. Mary and Jane worked in Reading University library. Mary was the head reference librarian and Jane was one of her student assistants. This afternoon they were to catalog some books and they planed to do this in one of the workrooms. This room hadn't been used for a while and the thermostat was set for low. As a result it was very cold in the room. Soon after they started working Mary said to Jane,

Samples of Given Sentences in Four Politeness Super-strategies

The ten given sentences classified in four politeness super-strategies outlined by Brown and Levinson (1987) for the participants to choose in the scenario are sampled here in the following for four scenarios which are representative of the weightiness of both two degrees of FTA. The given sentences in other scenarios are identical to these samples in form and omitted thereafter.

Weightiness of high-degree of FTA

High imposition (No. 1)

Let me use your digital-recorder.

You'll lend me your digital-recorder, won't you?

Why don't you lend me your digital-recorder?

I'd like you to lend me your digital-recorder.

Could you lend me your digital-recorder?

Would you lend me your digital-recorder?

May I borrow your digital-recorder?

Would you mind lending me your digital-recorder?

Don't you bring your digital-recorder?

My recorder refused to work.

Status-familiarity combinations for high-degree of FTA (No. 1)

Tell me how to get to the railway station.

You'll tell me how to get to the railway station, won't you?

Why don't you tell me how to get to the railway station?

I'd like you to tell me how to get to the railway station.

Could you tell me how to get to the railway station?

Would you tell me how to get to the railway station?

May I ask you to tell me how to get to the railway station?

Would you mind telling me how to get to the railway station?

Don't you tell me how to get to the railway station?

I'm lost.

Weightiness of low-degree of FTA

Low imposition (No. 2)

Tell me the time.

You'll tell me the time, won't you?

Why don't you tell me the time?

I'd like you to tell me the time.

Could you tell me the time?

Would you tell me the time?

May I ask you to tell me the time?

Would you mind telling me the time?

Don't you tell me the time?

I haven't got a watch.

Status–familiarity combinations for low–degree of FTA（No. 2）

Stop smoking.

You'll stop smoking, won't you?

Why don't you stop smoking?

I'd like you to stop smoking.

Could you stop smoking?

Would you stop smoking?

May I ask you to stop smoking?

Would you mind stopping smoking?

Don't you stop smoking?

The room is smoky.

The Role-play Unitary Completion Questionnaires Designed for Experiment 4

Current(or used to be) occupation/profession:

Sex(Tick√):Male   Female

Age(Tick√):16-25   26-40   41-60   60-

Instruction:

Could you please read each of the following scenarios carefully, and imagine that you are the protagonist for each of them and act as you are in an actual situation. I'd like you to write below each scene, one sentence that you would likely say to another person. Please write the first things that come to your mind.

Weightiness of high-degree of FTA

1. After along hard day, Paul, a young man, was driving home. When he got at Frazier's, his car suddenly broke down. He turned the key time and again, but nothing happened. He was thinking what to do when he spotted an old man he did not know at all nearby. He walked up and asked the man to help him repair his car. So he said,

2. Stevens was a young girl and Lois was an old lady. They met somewhere before but were not well acquainted with. One day Stevens needed £ 50 to cover

---

her share with her roommates. She decided to go to Lois and asked her to loan £ 50 to her. So she said,

3. Sam was the manager of a company and Sarah was Sam's secretary. A friend of Sarah's had a house in the countryside. She wanted to go on holiday and relaxed for three days in her friend's house. It was thirty miles away. She had to drive there but her car was in the repair shop. She had to borrow a car. Sam bought a rather nice car last month. She went to Sam and said,

4. After a long hard day, Rachel, a young man, was driving home. When he got at Frazier's, his car suddenly broke down. He turned the key time and again, but nothing happened. He was thinking what to do when he spotted another young man he did not know at all nearby. He walked up and asked the man to help him repair his car. So he said,

5. Kent was a boy and Lois was a girl. They met somewhere before but were not well acquainted with. One day Kent needed £ 50 to cover his share with his roommates. He decided to go to Lois and asked her to loan £ 50 to him. So he said,

6. John and Bob were both technicians in the University of Reading. They were good friends. John had a house in the countryside. He wanted to go on holiday and relaxed for a week there. It was thirty miles away. He had to drive there but his car was in the repair shop. He had to borrow a car. Bob bought a rather nice car last month. He went to Bob and said,

7. After a long hard day, Mabel, a professor at the University of Reading, was driving home. When he got at the Queen's Drive, his car suddenly broke down. He turned the key time and again, but nothing happened. He was thinking what to do when he spotted a student he did not know at all playing football nearby. He walked up and asked the student to help him repair his car. So he said,

8. Parley was a boss of a company and Norma was an assistant in another company. They met somewhere before but were not well acquainted with. One day, Parley was to pay the things he bought in a shop but he found that he did not take enough money with him. Norma happened to be there. He decided to go to Norma and asked her to loan £ 50 to him. So he said,

9. John was a bank supervisor and Sarah was his secretary. John had a house in the countryside. He wanted to go on holiday and relaxed for a week there. It was thirty miles away. He had to drive there but his car was in the repair shop. He

had to borrow a car. Sarah bought a rather nice car last month. He went to Sarah and said,

Weightiness of medium–degree of FTA

1. Bob bought a bead necklace for his girl friend at John Louis. While he was walking home along the Basingstroke Road, he found that he left his bag at the counter. Seeing a young man of the likely same age standing beside the road with a bike, he came up and asked the man he did not know at all to borrow his bike for a moment. So he said,

2. The young lady Ann was about to walk home from the shops when she saw Susan another young lady who was getting into her car. They lived in the same residential area and met once before, but they were not well acquainted with. Ann wanted Susan to give her a lift. So Ann ran towards Susan and said to her,

3. John and Bob were both technicians in the University of Reading. They were very good friends as well. One day John was about to move to another office, he wanted Bob to help him move a sofa out of it. So he came to Bob and said,

4. Professor Richard bought a bead necklace for his wife at John Louis. While he was walking home along the Basingstroke Road, he found that he left his bag at the counter. Seeing a likely university student standing beside the road with a bike, he came up and asked the student he did not know at all to borrow his bike for a moment. So he said,

5. The boss Mary was about to walk home from the shops when she saw Allen an assistant who was getting into her car. They lived in thesame residential area and met once before, but they were not well acquainted with. Mary wanted Allen to give her a lift. So Mary ran towards Allen and said to her,

6. Palmer was a bank supervisor and Peel was his secretary. One day Palmer was about to move to another office, he wanted Peel to help him move a sofa out of it. So he came to Peel and said,

7. Nell bought a bead necklace for his girl friend at John Louis. While he was walking home along the Basingstroke Road, he found that he left his bag at the counter. Seeing an old man standing beside the road with a bike, he came up and asked the man he did not know at all to borrow his bike for a moment. So he said,

8. The young lady Marcia was about to walk home from the shops when she saw an old lady Lucia who was getting into her car. They lived in the same residential area and met once before, but they were not well acquainted with.

Marcia wanted Lucia to give her a lift. So Marcia ran towards Lucia and said to her,

9. Miller was a manager of a company and Maryann was his secretary. One day Maryann was about to move to another office, she wanted her manager Miller to help her move a sofa out of it. So she came to Miller and said,

Weightiness of low-degree of FTA

1. Lyon was a professor at the University of Reading. One day he was trying to get to an appointment on time. However, he did not have a watch and so could not tell what time it was. He passed a student he did not know at all in the hallway. He decided to ask him what time it was,

2. Steve was a boss in a company. He was at a meeting one day. He wanted to take some notes, but he forgot to take the pen with him and needed to borrow a pen instead. An assistant he met somewhere before but not well acquainted with was sitting next to him and might have a pen, so Steve said to the assistant,

3. Brown was a bank supervisor. One day he was invited to give a lecture about finance and economy in the lecture room of Reading Hall. However, people out in the hall were making a lot of noise. Brown looked at his secretary sitting near the door and said,

4. Jones was a young man. One day he was trying to get to an appointment on time. However, he did not have a watch and so could not tell what time it was. He passed an old man he did not know at all in the hallway. He decided to ask him what time it was,

5. Kaufman, a young girl, was at a meeting one day. She wanted to take some notes, but she forgot to take the pen with her and needed to borrow a pen instead. An old lady she met somewhere before but not well acquainted with was sitting next to her and might have a pen, so Kaufman said to the old lady,

6. Helen was Jack's secretary. One day Helen was invited to give a lecture about English writing in the lecture room of Reading Hall. However, people out in the hall were making a lot of noise. Helen looked at her manager Jack sitting near the door and listening to her, and said,

7. Faith was a young man. One day he was trying to get to an appointment on time. However, he did not have a watch and so could not tell what time it was. He passed another young man he did not know at all in the hallway. He decided to ask him what time it was,

8. The boy Galt was at a meeting one day. He wanted to take some notes, but he forgot to take the pen with him and needed to borrow a pen instead. A girl he met somewhere before but not well acquainted with was sitting next to him and might have a pen, so Galt said to the girl,

9. Fox was a technician. One day he was invited to give a lecture about lab management in the lecture room of Reading Hall. However, people out in the hall were making a lot of noise. Fox looked at his friend Halley, also a technician, sitting near the door and listening to him, and said,

参考文献^①

Abbs,B. ,Freebairn,I. 1980. Developing Strategies. Students' book. Harlow: Longman.

Abbs,B. , Freebairn, I. 1982. Opening Strategies. Students' book. Harlow: Longman.

Achiba,M. 2003. Learning to Request in a Second Language. Multilingual Matters Ltd.

Adegbua,E. 1988. "My friend, where is Mini?" Decoding the meaning of utterances. Journal of Pragmatics,12 (2):151-160.

Adjemian, C. 1976. On the nature of interlanguage systems. Language Learning,26 (2):297-320.

Allen,J. F. 1979. A plan-based approach to speech act recognition. Ph. D. Dissertation. Canada: University of Toronto.

Allen,J,F. 1983. Recognizing intentions from natural language utterances. In Brady and Berwick (eds). Computational Models of Discourse (pp. 107 - 166). MIT Press.

Allen,J,F. and Koomen,J. 1983. Planning using a temporal world model. In Proceedings of the 8th IJCAI (pp. 741-747).

Anderson,A. H. , Bader, M. , Bard,E. G. , Boyle,E. , Doherty, G. , Garrod, S. , Isard,S. , Kowtko,J. , McAllister,J. , Miller,J. , Sotillo,C. , Thompson,H. , and Weinert, R. (1991). The HCRC map task data. Language and Speech, 34 (4):351-366.

Andrew, G. 2000. Directness,indirectness and deference in the language of classroom management. International Review of Applied Linguistics in Language,

---

33 (3):267-285.

Applet, D. E. 1985. Planning English Sentences. Cambridge University Press.

Asher, N. and Lascarides, A. (2003). Logics of Conversation. Cambridge University Press.

Austin, J. L. (1962). How to Do Things With Words. Oxford: Oxford University Press.

Bach, K. and Harnish, R. M. (1979). Linguistic Communication and Speech Acts. Cambridge. Mass. : The MIT Press.

Bach, K. and Harnish, R. M. (1982). Linguistic Communication and Speech Acts. The MIT Press.

Bach, K. and Harnish, R. M. (1998). Indirect acts and illocutionary standardization. In Kasher, A. (ed.). Pragmatics: Critical Concepts, Volume IV (pp. 682-711). Routledge.

Bardovi-Harlig, K. (2001). Evaluating the empirical evidence: Grounds for instruction in pragmatics? In Rose, K. R. and Kasper, G. (eds.). Pragmatics in Language Teaching (pp. 13-32). Cambridge University Press.

Bardovi-HarligK. and Hartford, B. S. (1990). Congruence in native and nonnative conversations: status balance in the academic advising session. Language Learning, 40:467-501.

Bardovi-Harlig, K. and Hartford, B. S. (1993). Refining the DCT: Comparing open questionnaires and dialogue completion tasks. In Bouton, L. and Kachru, Y. (eds). Pragmntics and Language Learning, Vol. 4: Division of English as an International Language (pp. 143-165). Urbana-Champaign.

Bargiela-Chiappini, F. (2003). Face and politeness: new (insights) for old (concepts). Journal of Pragmatics, 35:1453-1469.

Bargiela-Chiappini, F. and Harris, S. (1996). Requests and status in business correspondence. Joumal of Pragmarics, 28:635-662.

Barron, A. (2002). Acquisition in Interlanguage Pragmatics. John Benjamins Publishing Company.

Beebe, L. M. (1985). Speech act performance: a function of the data collection procedure? Paper presented at the Sixth Annual TESOL and Sociolinguistic Colloquium at the International TESOL Convention, New York.

Beebe, L. M. and Curnmings, M. C. (1996). Natural speech act data versus written questionnaire data: how data collection method affects speech act performance. In In Gass, S. M. and Neu, J. (eds.). Speech Acts Across Cultures (pp. 65-88). Mouton de Gruyter.

Beebe, L. M. and Takahashi, T (1989). Do you have a bag?: Social status and patterned acquisition in second language acquisition. In Gass, S. , Madden, C. , Preston, D. and Selinker, L. (eds.) Second Language Acquisition. Volume 1: Discourse and Pragmatics (pp. 103-125). Clevedon: Multilingual Matters.

Berger, C. R. (1988). Planning, affect, and social action generation. In L. Donohew, H. E. Sypher and E. T. Higgins (eds.), Communication, Social Cognition and Affect (pp. 93-116). Hillsdale, NJ: Erlbaum.

Berger, C. R. and diBattista, P. (1993). Communication failure and plan adaptation: If at first you don't succeed, say it louder and slower. Communication Monograph, 60: 220-238.

Blum-Kulka, S. (1982). Learning to say what you mean in a second language: a study of the speech act performance of learners of Hebrew as a second language. Applied Linguistics, 3 (1): 29-59.

Blum-Kulka, S. (1987). Indirectness and politeness in requests: same or different? Journal of Pragmatics, 11 (2): 131-146.

Blum-Kulka, S. (1991). Interlanguage pragmatics: The case of requests. In Phillipson, R. , Kellerman, E. , Selinker, L. , Sharwood-Smith, M. and Swain, M. (eds.). Foreign/Second Language Pedagogy Research (pp. 255-257). Clevedon: Multilingual Matters.

Blum-Kulka, S. , Danet, B. and Gherson, R. (1985). The language of requesting in Israeli society. In J. Forgas (ed.) Language and Social Situations (pp. 113-139) NY: Springer-Verlag.

Blum-Kulka, S. , House, J. and Kasper, G. (1989). Cross-cultural Pragmatics: Requests and Apologies. Ablex Publishing Corporation.

Blum-Kulka, S. and Olshtain, E. (1984). Requests and apologies: a cross-cultural study of speech act realization patterns (CCSARP). Applied Linguistics, 5 (3): 196-213.

Blutner, R. and Zeevat, H. (2004). Optimality Theory and Pragmatics. Palgrave Macmillan Ltd.

Bock, J. K. (1982). Toward a cognitive psychology of syntax: Information processing contributions to sentence formulation. Psychological Review, 89:

1-47.

Brady, M. and Berwick, R. C. (1983). Computational Model of Discourse. The MIT Press.

Brown, R. and Gilman, A. (1989). Politeness theory and Shakespeare's major tragedies. Language in Society, 18:159-212.

BrownP. and Levinson, S. (1978). Universals in language usage: Politeness phenomena. In E. Goody (ed.) Questions and Politeness: Strategies in Social Interaction (pp. 56-285). Cambridge: Cambridge University Press.

BrownP. and Levinson, S. (1987). Politeness: Some Universals in Language Usage. Cambridge: Cambridge University Press.

Brownell, H. and Stringfellow, A. (1999). Making requests: Illustrations of how right-hemisphere brain damage can affect discourse production. Brain and Language, 68:442-465.

Cansler, D. and Stiles, W. (1981). Relative status and interpersonal presumptousness. Journal of Experimental Social Psychology, 17:459-471.

Caron, J. (1992). An Introduction to Psycholinguistics. University of Toronto Press.

Carrell, P. L. and Konneker, B. H. (1981). Politeness: comparing native and nonnative judgments. Language Learning, 31:17-30.

Carroll, D. W. (2000). Psychology of Language. Foreign Language Teaching and Research Press and Brooks/Cole/Thomson Learning Asia.

Carroll, S. E. (2001). Input and Evidence. John Benjamins Publishing Company.

Carston, R. (2002). Thoughts and Utterances. Blackwell Publishers Limited.

Cawsey, A. (1992). Explanation and Interaction. The MIT Press.

Cherry, R. D. (1988). Politeness in written persuasion. Journal of Pragmatics, 12 (1):63-81.

Christian, D. (1980). What do you mean by request for clarification? In Shuy, R. W. and Shnukal, A. (eds.) Language Use and Uses of Language (pp. 128-142). Georgetown University Press.

Christian, F. (1992). Temporal reasoning based on semi-intervals. Artificial Intelligence. 54(1-2):199-227.

Christiansen, M. H. and Chater, N. (2001). Connectionist

Psycholinguistics. London: Ablex Publishing.

Clark, E. V. (2003). First Language Acquisition. Cambridge University Press.

Clark, H. H. (1979). Responding to indirect speech acts. Cognitive Psychology, 11:430-477.

Clark, H. H. (1996). Using Language. Cambridge University Press.

Clark, H. H. and Lucy, P. (1975). Understanding what is meant form what is said: a study in conversationally conveyed requests. Journal of Verbal Learning and Verbal Behavior, 14:56-72.

Clark, H. H. and Schunk, D. H. (1980). Polite responses to polite requests. Cognition, 8:111-143.

Clark, H. H. and Schunk, D. H. (1981). Politeness in requests: a rejoinder to Kemper and Thissen. Cognition, 9:311-315.

Cody, M. J., Canary, D. J. and Smith, S. W. (1994). Compliance-gaining goals: An inductive analysis of actors' goal types, strategies and successes. In J. A. Daly and J. M. Wiemann (eds.), Strategic Interpersonal Communication (pp. 33-90). Hillsdale, NJ: Erlbaum.

Cohen, A. (1996). Investigating the production of speech act sets. In Gass, S. M. and Neu, J. (eds.). Speech Acts Across Cultures (pp. 21-44). Mouton de Gruyter.

Cohen, P. R. and Levesque, H. J. (1992). Rational interactions as the basis for communication. In Cohen, P. R., Morgan, J. and Pollack, M. E. (eds.). Intentions in Communication (pp. 221-256). The MIT Press.

Cohen, P. R. and Perrault, C. R. (1979). Elements of a plan-based theory of speech acts. Cognitive Science, 3 (3):177-212.

Cole, P. (1975). The synchronic and diachronic status of conversational implicature. In P. Cole and J. Morgan (eds.). Syntax and Semantics, Volume 3: Speech Acts. New York: Academic Press.

Cooper, R. P. (2002). Modeling High-level Cognitive Processes. Lawrence Erlbaum Associates, Inc.

Coulthard, M. (1981). An Introduction to Discourse Analysis. Harlow: Longman.

Cruse, A. (2000). Meaning in Language-an Introduction of Semantics and Pragmatics. Oxford University Press.

Crocker, M. W. (1996). Computational Psycholinguistics. Kluwer Academic Publishers.

Croddy, W. S. (2002). Performing illocutionary speech acts: an analysis. Journal of Pragmatics. 34:1113–1118.

Croft, W and Cruse, D. A. (2004). Cognitive Linguistics. Cambridge University Press.

Cruse, A. (2000). Meaning in Language. Oxford University Press.

Dascal, M. (1981). Contextulism. In Parret, H., Sbisà, M. and Verschueren, J. (eds.). Possibilities and Limitations of Pragmatics (pp. 153–178). John Benjamins B. V.

Dascal, M. (1983). Pragmatics and Philosophy of Mind. Amsterdam: John Benjamins.

Dascal, M. (1987). Defending literal meaning. Cognitive Science, 11: 259–281.

Davis, P. W. (1995) Alternative Linguistics: Descriptive and Theoretical Modes. John Benjamins Publishing Co.

Davis, W. A. (1998). Implicature: Intention, Convention, and Principle in the Failure of Gricean Theory. Cambridge University Press.

Davison, A. (1975). Indierct speech acts and what to do with them. In Cole, P. and Morgan, J. L. (eds). Syntax and Semantics, Volume 3: Speech Acts (pp. 143–185). NY: Academic Press.

Dechert, H. W. and Raupach, M. (1989). Transfer Language Production. Ablex Publishing Corporation.

Dell, G. S. (1986). A spreading–activation theory of retrieval in sentence production. Psychological Review, 93:283–321.

Devito, J. (1970). The Psychology of Speech and Language. Random House, Inc.

Diluzio, A., Günthner, S. and Orletti, F. (2001). Culture in Communication. John Benjamins Publishing Company.

Dillard, J. P., Segrin, C. and Harden, J. M. (1989). Primary and secondary goals in the production of interpersonal influence messages. Communication Monographs, 56:19–38.

Dimitrova, B. E. and Hyltenstam, K. (2000). Language Processing and Simultaneous Interpreting. John Benjamins Publishing Co.

Dirven,R. and Verspoor,M. (1998). Cognitive Exploration of Language and Linguistics. John Benjamins Publishing Co.

Duranti, A. (2002). Linguistic Anthropology. Peking University Press and Cambridge University Press.

Eckert, P. and Rickford, J. R. (2001). Style and Sociolinguistic Variation. Cambridge University Press.

Economidou–Kogetsidis, M. (2002). Requesting strategies in English and Greek:Observations from an airliner's call center. Nottingham Linguistic Cirlular, 17:17–32.

Edmondson,W. and House,J. (1981). Let's Talk and Talk About it:A Pedagogical Interactional Grammar of English. Munich:Urban and Schwarzenberg.

Edwards, D. (1997). Discourse and Cognition. London: AAGE Publications Ltd.

Eisenstein,M. and Bodman, J. (1993). Expressing gratitude in American English. In Kasper, G. and Blum–Kulka, S. (eds.). Interlanguage Pragmatics (pp. 64–81). Oxford University Press.

Ervin–Tripp, S. (1976). Is Sybil there? The structure of some American directives. Language in Society,4:25–66.

Eysenck, M. W. and Keane, M. T. (1995). Cognitive Psychology. Psychology Press.

Færch,C. and Kasper,G. (1983a). Plans and strategies in foreign language communication. In Færch,C. and Kasper,G. (eds.). Strategies in Interlanguage Communication (pp. 20–60). Longman Group Limited.

Færch,C. and Kasper,G. (1983b). On identifying communication strategies in interlanguage production. In Færch,C. and Kasper,G. (eds.). Strategies in Interlanguage Communication (pp. 210–238). Longman Group Limited.

Færch, C. and Kasper, G. (1984). Pragmatic knowledge: Rules and procedurres. Applied Linguistics 5:214–225.

Færch,C. and Kasper,G. (1989). Internal and external modification in interlanguage request realization. In Blumkulka S. , House, J. and Kasper, G. (eds.). Cross–cultural Pragmatics:Requests and Apologies (pp. 221–247). New Jersey:Ablex.

Fasold,R. (1990). The Sociolinguistics of Language. Oxford:Blackwell.

Field,J. (2004). Psycholinguistics:the Key Concepts. Routledge.

Fisher, B. A. (1987). Interpersonal Communication: Pragmatics of Human Relationships. Random House, Inc.

Fishman, J. A. (1970). Sociolinguistics: A Brief Introduction. Rowley, Mass. ; Newbury House.

Fodor, J. A. (1983). The Modularity of Mind: An Essay on Faculty Psychology. Cambridge: MIT Press.

Fodor, J. D. and Ferreira, F. (1998). Reanalysis in Sentence Processing. Kluwer Academic Publishers.

Foldi, N. A. (1987). Appreciation of pragmatic interpretations of indirect commands: Comparison of right and left hemisphere brain – damaged patients. Brain and Language, 31:88–108.

Foldi, N. S. (1998). Appreciation of pragmatic interpretations of indirect commands: Comparison of right and left hemisphere brain – damaged patient. In Kasher, A. (ed.). Pragmatics: Critical Concepts, Volume VI. (pp. 193–216). Routledge.

Fox, B. A., Jurafsky, D. and Michaelis, L. A. (1999). Cognition and Function in Language. CSLI Publications.

Franck, E. P. and Clark, H. H. (1985). How to make requests that overcome obstacles to compliance. Journal of Memory and Language, 24: 560–568.

Francois, R. (2004). Literal Meaning. Cambridge University Press.

Fraser, B. (1975). Hedged performatives. In Cole, P. and Morgan, J. L. (eds). Syntax and Semantics, 3(3): Speech Acts (pp. 187–210). NY: Academic Press.

Fraser, B. (1980). Conversational mitigation. Journal of Pragmatics, 4: 341–350.

Fraser, B. (1990). Perspectives on politeness. Journal of Pragmatics, 14 (2):219–236.

Fraser, B. and Nolan, W. (1981). The association of deference with linguistic form. The sociolinguistics of deference and politeness. Special issue of International Journal of the Sociology of Language, 27:93–111.

Fraser, C. and Scherer, K. R. (1982). Advanced in the Social Psychology of Language. Cambridge University Press.

Fukushima, S. (2000). Requests and Culture: Politeness in British English and Japanese. Peter Lang.

Garcia, C. (1989). Apologizing in English: Politeness strategies used by native and non-native speakers. Multilingua, 8:3–20.

Garcia, C. (1993). Making a request and responding to it: A case study of Peruvian Spanish speakers. Journal of Pragmatics 19:127–152.

Garman, M. (1990). Psycholinguistics. Cambridge University Press.

Garrett, M. F. (1980). Levels of processing in sentence production. In Butterworth, B. L. (ed). Language Production, Vol. 1: Speech and Talk. London: Academic Press.

Garrod, S. and Pickering, M. J. (1999). Language Processing. Psychology Press Ltd, Publishers.

Gass, S. M. and Neu, J. (1996). Speech Acts Across Cultures. Mouton de Gruyter.

Gauker, C. (1994). Thinking Out Loud. Princeton University Press.

Geis, M. L. (1995). Speech Acts and Conversational Interaction. Cambridge University Press.

Geis, M. L. and Harlow, L. L. (1996). Politeness strategies in French and English. In Gass, S. M. and Neu, J. (eds.). Speech Acts Across Cultures (pp. 129–154). Mouton de Gruyter.

Gernsbacher, M. A. (1994). Handbook of Psycholinguistics. Academic Press, Inc.

Gibbs, Jr. R. W. (1981). Memory for requests in conversation. Journal of Verbal Learning and Verbal Behavior, 20:630–640.

Gibbs, Jr. R. W. (1983). Do people always process the literal meanings of indirect requests? Journal of Experimental Psychology, 9:524–533.

Gibbs, Jr. R. W. (1986). What makes some indirect speech acts conventional? Journal of Memory and Language, 25:181–196.

Gibbs, Jr. R. W. (1987). Memory for requests in conversation revisited. American Journal of Psychology, 100 (2):179–191.

Giles, H. and Hewstone, M. (1982). Cognitive structures, speech and social situations: two integrative models. Language Sciences, 4 (2):187–219.

Gleason, J. B. and Rather, N. B. (1998). Psycholinguistics. Harcourt Brace College Publishers.

Goffman, E. (1967). Interaction Ritual: Essays on Face to Face

Behavior. Garden City, NJ: Anchor Books.

Goffman, E. (1971). Relations in Public: Microstudies of the Public Order. New York: Basic.

Gonzalez, D. G. (1993). Grice, relevance and speaker's meaning. UCL Working papers.

Gordon, D. and Lakoff, G. (1971). Conversational postulates. In Papers From the Seventh Regional Meetiong, Chicago Linguistic Society, 63–84.

Gordon, D. and Lakoff, G. (1975). Conversational postulates. In P. Cole and J. Morgan (eds.). Syntax and Semantics Volume 3: Speech Acts (pp. 83–106). New York: Academic Press.

Gottschalk, L. A. (1995) Content Analysis of Verbal Behavior: New Findings and Clinical Applications. Lawrence Erlbaum Associates, Inc.

Grabowski-Gellert, J. and Winterhoff-Spurk, P. (1989). Your smile is my command: interaction between verbal and nonverbal components of requesting specific to situational characteristics. In Graumann, C. F. and Hermann, T. (eds.), pp. 71–84.

Graumann, C. F. and Hermann, T. (1989). Speakers: The Role of the Listener. Clevedon/ Philadelphia: Multilingual Matters.

Green, G. M. (1975). How to get people to do things with words: The whimperative question. In P. Cole and J. Morgan (eds.) Syntax and Semantics, Volume. 3: Speech Acts (pp. 107–141). New York: Academic Press.

Green, N. L. (1994). A computational model for interpreting and generating indirect answers. Ph. D. Dissertation. Technical Report, No, 95–05. University of Delaware.

Greene, J. O. (1984). A cognitive approach to human communication: An action-assembly theory. Communication Monographs, 51:289–306.

Greene, J. O. and Lindsey, A. E. (1989). Encoding processes in the production of multiple-goal messages. Human Communication Research, 16:120–140.

Greene, J. O., McDaniel, T. L., Buksa, K. and Ravizza, S. M. (1993). Cognitive processes in the production of multiple-goal messages: Evidence from the temporal characteristics of speech. Western Journal of Communication, 57:65–86.

Grice, P. (1975). Logic and conversation. In P. Cole and J. Morgan (eds.)

Syntax and Semantics:Volume 3. Speech acts (pp. 41-58). New York:Academic.

Grove,T. G. (1991). Dyadic Interaction:Choice and Change in Conversation and Relationships. Wm. C. Brown Publishers.

Gumperz, J. J. (1982). Discourse Strategies. Cambridge: Cambridge University Press.

Hancher,M. (1979). The classification of cooperative illocutionary acts. Language in Society,8 (1):1-14.

Harley, T. A. (1995). The Psychology of Language:From Date to Theory. Erlbaum (UK) Taylor and Francis.

Harley, T. A. (2001). The Psychology of Language:From Date to Theory. Psychology Press Limited.

Hartsuiker,R. J. and Kolk,H. H. J. (2001). Error monitoring in speech production: a computational test of the perceptual loop theory. Cognitive Psychology,42:113-157.

Hassall,T. (2001). Modifying requests in a second language. IRAL, 39, 259-283.

Hernández,L. P. and Mendoza, F. J. R. (2002). Grounding, semantic motivation,and conceptual interaction in indirect directive speech acts. Journal of Pragmatics. 34:259-284.

Hinkel,E. (1997). Appropriateness of advice:DCT and multiple choice data. Applied Linguistics,18:1.

Holmes,J. (1982). The functions of tag questions. English Language Journal,3:40-65.

Holmes,J. (1983). The structure of teachers' directives. In Richards,J. C. and Schmidt,R. W. (eds.),pp. 89-115.

Holmes,J. (1986). Compliments and compliment responses in New Zealand English. Anthropological Linguistics,28 (4):485-506.

Holmes,J. (1991). A review of S. Blum-Kulka,J. House and G. Kasper's (eds.) Cross-cultural pragmatics:requests and apologies. Language in Society, 20:119-126.

Holtgraves,T. (1986). Language structure in social interaction:perceptions of direct and indirect speech acts and interactants who use them. Journal of Personality and Social Psychology,51 (2):305-314.

Holtgraves,T. (1994). Communication in context:effects of speaker status on the comprehension of indirect requests. Journal of Experimental Psychology,20 (5):1205–1218.

Holtgraves, T. (1997a). Politeness and memory for the wording of remarks. Memory and Cognition,25 (1):106–116.

Holtgraves, T. (1997b). Styles of language use: individual and cultural variability in conversational indirectness. Journal of Personality and Social Psychology,73 (3):624–637.

Holtgraves, T. (2002). Language as Social Action: Social Psychology and Language Use. London: Lawrence Erlbaum Associate, Publishers.

Holtgraves,T. and Srull,T. K. (1989). Conversation memory: the effects of speaker status on memory for the assertiveness of conversation remarks. Journal of Personality and Social Psychology,56 (2):149–160.

Holtgraves,T. and Yang,J. (1990). Politeness as universal: cross–cultural perceptions of request strategies and inferences based on their use. Journal of Personality and Social Psycholoty,59 (4):719–729.

Holtgraves,T. and Yang,J. (1992). Interpersonal underpinnings of request strategies: general principles and differences due to culture and gender. Journal of Personality and Social Psychology,62 (2):246–256.

Hoppe–Graff, S. , Herrmann, T. , Winterhoff–Spurk, P. and Mangold, R. (1985). Speech and situation: a general model for the process of speech production. In Forgas,J. P. (ed.) pp. 81–95.

Horn,L. R. and Ward,G. (2004). The Handbook of Pragmatics. Blackwell Publishing Ltd.

Horn, L. R. (1988). Pragmatic theory. In Newmeyer (ed.) Vol. 1, 113–145.

House,J. and Kasper,G. (1987). Interlanguage pragmatics: requesting in a foreign language. In Lorscher,W. and Schuize,R. (eds.), pp. 1250–1288.

Hudson, T. , Detmer, E. and Brown, J. D. (1995). Developing Prototypic Measures of Cross–cultural Pragmatics. University of Hawai.

Iwanska,L. M. and Shapiro,S. C. (2000). Natural Language Processing and Knowledge Representation: Language for Knowledge and Knowledge for Language. American Association for Artificial Intelligence.

Jacobs,S. and Jackson,S. (1983). Strategy and structure in conversational influence attempts. Communication Monographs,50:285–304.

Janssen, T. and Redeker, G. (1999). Cognitive linguistics: foundations, scope and methodology. Journal of Experimental Psychology, 9 (3):524–533.

Jaszczolt, K. M. (2002). Semantics and Pragmatics: Meaning in Language and Discourse. Longman.

Johnston, B. (2002). Discourse Analysis. Blackwell Publishers.

Johnston, B., Kasper G. and Ross, S. (1998). Effect of rejoinders in production questionnaires. Applied Linguistics, 19 (2):157–182.

Kasher, A. (1998a). Pragmatics: Critical Concepts, Vol. 5. London and New York: International Ltd., Padstow Cornwall.

Kasher, A. (1998b). Pragmatics: Critical Concepts, Vol. 6. London and New York: International Ltd., Padstow Cornwall.

Kasper, G. (1976). Errors in speech act realization and use of gambits. Canadian Modern Language Review, 35:395–406.

Kasper, G. (1982). Teaching – induced aspects of interlanguage discourse. Studies in Second Language Acquisition, 4 (2):99–113.

Kasper, G. and Dahi, M. (1991). Research methods in interlanguage pragmatics. Studies in Second Language Acquisition, 13:215–247.

Kasper, G. and Kellerman, E. (1997). Communication Strategies: Psycholinguistic and Sociolinguistic Perspectives. London and New York: Addison Wesley Longman Ltd.

Kautz, H. (1992). A Circumscriptive theory of plan recognition. In Cohen, P. R., Morgan, J. and Pollack, M. E. (eds.). Intentions in Communication (pp. 105–134). The MIT Press.

Keenan, J. M., MacWhinney, B., and Mayhew, D. (1977). Pragmatics in memory: a study of natural conversation. Journal of Verbal Learning and Verbal Behavior, 16:549–560.

Kelly, D. K. and Barr, D. J. (1999). Offering a hand to pragmatic understanding: the role of speech and gesture in comprehension and memory. Journal of Memory and Language, 40:577–592.

Kemper S. and Thissen D. (1981). Memory for the dimensions of requests. Journal of Verbal Learning and Verbal Behavior, 20:552–563.

Kempson, R. M. (1988). Mental Representations: the Interface Between Language and Reality. Cambridge University Press.

Kitao, S. K. (1990). A study of Japanese and American perceptions of politeness in requests. Dushita Studies in English,50:178-210.

Kitao, S. K. (1995). Theory and Application in Engish Language Teaching. Eichosha Co. ,Ltd.

Koike,D. A. (1989). Requests and the role of deixis in politeness. Journal of Pragmatics,13:187-202.

Koike, D. A. (1994). Negation in Spanish and English suggestions and requests:Mitigating effects. Journal of Pragmatics,21:513-526.

Koike,D. A. (1996). Transfer of pragmatic competence and suggestions in Spanish foreign language learning. In Gass, S. M. and Neu,J. (eds.). Speech Acts Across Cultures (pp. 257-286). Mouton de Gruyter.

Kreckel,M. (1981). Communicative Acts and Shared Knowledge in Natural Discourse. London:Academic Press.

Kurhila,S. (2001). Correction in talk between native and non-native speaker. Journal of Pragmatics. 33:1083-1110.

Labov,W. and Fanshel,D. (1977). Therapeutic Discourse. New York: Academic press.

Lakoff,G. (1972). Hedges:A study of meaning criteria and the logic of fuzzy concepts. In Papers From the Eighth Regional Meeting of the Chicago Linguistics Society (pp. 183-228). Chicago:Chicago Linguistics Society.

Lakoff,R. (1973). The Logic of politeness:Or,minding your p's and q's. In Papers From the Ninth Regional Meeting of the Chicago Linguistic Society (pp. 292-305). Chicago:Chicago Linguistic Society.

Lass,N. J. (1980a). Speech and Language:Advances in Basic Research and Practice,Vol. 2. London:Academic Press,Inc.

Lass,N. J. (1980b). Speech and Language:Advances in Basic Research and Practice,Vol. 4. London:Academic Press,Inc.

Lav and era,B. R. (1988). The study of language in its socio-cultural context. In Newmeyer,F. J. (ed.),pp 1-13.

Laver,J. (1991). The Gift of Speech:Papers in the Analysis of Speech and Voice. Edinburgh University Press.

Leech,G. N. (1983). Principles of Pragmatics. London:Longman.

Lesser,R. and Milroy,L. (1993). Linguistics and Aphasia:Psycholinguistic and Pragmatic Aspects of Intervention. Longman Group UK Ltd.

Levelt,W. J. M. (1989). Speaking From Intention to Articulation. The MIT

Press.

Levelt, W. J. M. (1993). Speaking From Intention to Articulation. The MIT Press.

Levinson, S. C. (1983). Pragmatics. Cambridge: Cambridge University Press.

Levinson, S. C. (2003). Space in Language and Cognition. Cambridge University Press.

Lewis, D. K. (1969). Convention. Harvard University Press.

Li, D. (1998). Expressing needs and wants in a second language: an ethnographic study of Chinese immigrant women's requesting behavior. Unpublished Doctoral Dissertation, Teachers College, Columbia University, New York.

Li, D. (2000). The pragmatics of making requests in the L2 workplace: a case study of language socialization. Canadian Modern Language Review, 57: 23-31.

Lim, T and Bowers, J. W. (1991). Facework: Solidarity, approbation, and tact. Human Communication Research, 17:415-450.

Litman, D. J. and Allen, J. F. (1987). A plan recognition model for subdialogues in conversation. Cognitive Science, 11:163-200.

Litman, D. J. and Allen, J. F. (1992). Discourse processing and commonsense plans.

In Cohen, P. R. , Morgan, J. and Pollack, M. E. (eds.). Intentions in Communication (pp. 365-388). The MIT Press.

LoCastro, V. (2003). An Introduction to Pragmatics. The University of Michigan Press.

Lwanga - Lumu and Christine, J. (1999). Politeness and indirectness revisited. South African Journal of African Languages, 19:83-93.

Lycan, W. (1977). Conversation, politeness, and Interruption. Papers in Linguistics, 10:23-53.

Lyons, J. (1968). Introduction to Theoretical Linguistics. Cambridge: Cambridge University Press.

Markee, N. (2000). Conversation Analysis. Lawernce Erlbaum Associates, Publishers.

Marmaridou, S. S. A. (2000). Pragmatic Meaning and Cognition. John

Benjamins Publishing Co.

　　Matlin,M. W. (1983). Cognition. New York:Holt,Rinehart and Winston.

　　Matsui,T. (2000). Bridging and Relevance. John Benjamins Publishing Co.

　　McDonald,S. (1992). Differential pragmatic language loss after closed head injury: ability to comprehend conversational implicature. Applied Psycholinguistics,13:295-312.

　　McDonald, S. and Pearce, S. (1998). Requests that overcome listener reluctance: Impairment associated with executive dysfunction in brain injury. Brain and Language,61:88-104.

　　McLeod, P. , Plunkett, K. and Rolls, E. T. (1998). Introduction to Connectionist Modeling of Cognitive Processes. Oxford University Press.

　　McNeill,D. (1987). Psycholinguistics:A New Approach. New York:Harper and Row Publishers.

　　Meier,A. J. (1995). Passages of politeness. Journal of Pragmatics, 24: 381-392.

　　Meier,A. J. (1997). Teaching the universals of politeness. ELT Journal,51: 21-29.

　　Mey,J. L. (1993). Pragmatics:An Introduction. Oxford:Blackwell Publishers.

　　Mey, J. L. (1994). Pragmatics. In Encyclopedia of Language and Linguistics,Volume 3. Oxford:Pergamon.

　　Mey,J. L. (2001). Pragmatics:An Introduction. Oxford:Blackwell Publishers.

　　Meyer, J. R. (1990). Cognitive processes underlying the retrieval of compliance - gaining strategies:An implicit rules model. In James P. Dillard (eds.),pp. 57-73.

　　Meyer,J. R. (1992). Fluency in the production of requests. Effects of degree of imposition, schematicity and instruction set. Journal of Language and Social Psychology,11:232-251.

　　Meyer,J. R. (1994). Formulating plans for requests:an investigation of retrieval processes. Communication Studies,45 (2):131-144.

　　Miller,G. A. ,Galanter,E. and Pribram,K. (1960). Plans and the Structure of Behaviour. New York:Holt Rinehart and Winston.

　　Milroy,L. (1984). Comprehension and context:successful communication and communicative breakdown. In Trudgill (ed.) ,pp. 7-31.

Milroy, L. (1987). Observing and Analysing Natural Language. Oxford: Blackwell.

Mitrano-Neto,N. (1989). The sociopragmatics of interlanguage:indirection in the production of requestive strategies by Brazilian EFL learners. Report on Phase 1. Reading:Department of Linguistic Science,The University of Reading.

Morgan,J. L. (1975). Some interactions of syntax and pragmatics. In Cole, P. and Morgan, J. L. (eds). Syntax and Semantics, Volume 3: Speech Acts (pp. 289-304). NY:Academic Press.

Morgan,J. L. (1978). Two types of convention in indirect speech acts. In Cole,P. (ed.) ,pp. 261-180.

Munro, A. (1979). Indirect speech acts are not strictly conventional. Linguistic Inquiry,10:353-356.

Nattinger, J. R. (1977). Sociolinguistics and classroom English. English Teaching Forum,15 (1):20-22.

Norrick,N. R. (2000). Conversational Narrative: Storytelling in Everyday Talk. John Benjamins Publishing Co.

Nunberg, G. (1981). Validating pragmatic explanations. In P. Cole (ed.). Radical Pragmatics (pp. 198-222). New York:Academic Press.

O'keefe, B. J. and Shepherd, G. J. (1987). The pursuit of multiple objectives in face - to - face persuasive interactions: Effects of construct differentiation on message organization. Communication Monographs, 54: 396-419.

Oleksy,W. (1983). Pragmatic equivalence in contrastive studies:requests in Polish and English. In Sajavaara,K. (ed.). pp. 79-93.

Olshtain, E. and Blum - Kulka, S. (1985). Degree of approximation: nonnative reactions to native speech act behaviour. In Gass,S. M. and Madden, C. G. (eds.) ,pp. 303-325.

Olshtain, E. and Cohen, A. (1989). Speech act behavior across languages. In Dechert,H. W. and Raupach,M. (eds.) ,pp. 53-67.

Olshtain,E. and Weinbach,L. (1987). Complaints: A study of speech act behaviour among native and nonnative speakers of Hebrew. In Jef Verschueren and Marcella Bertuccelli - Papi (eds.). The Pragmatic Perspective: Selected Papers from the 1985 Interrntional Pragmatics Conference, (pp. 195 - 208).

Amsterdam:John Benjamins.

Owen, M. (1983). Apologies and Remedial Interchanges. Berlin: Mouton Publishers.

Paulson, G. D. and Roloff, M. E. (1997). The effect of request form and content on constructing obstacles to compliance. Communication Research, 24 (3):261-291.

Penman, R. (1990). Facework and politeness:multiple goals in courtroom discourse.

Journal of Language and Social Psychology 9(1/2):15-38.

Perrault, R. and Allen, J. (1980). A plan-based analysis of indirect speech acts. American Journal of Computational Linguistics, 6:167-182.

Person, R. F. (1999). Structure and Meaning in Conversation and Literature. University Press of America, Inc.

Poyatos, F. (1972). The communication system of the speaker-actor and his culture:a preliminary investigation. Linguistics, 83:64-86.

Rehbein, J. (2001). On fluency in second language speech. In Rose, K. R. and Kasper, G. (eds.). Pragmatics in Language Teaching (pp. 97-106). Cambridge University Press.

Reiter, R. M. (2000). Linguistic Politeness in Britain and Uruguay. John Benjamins Publishing Company.

Richards, J. C. and Schmidt, R. W. (1983). Language and Communication. London:Longman.

Richards, J. C. and Sckwiwat, M. (1983). Language transfer and conversational competence. Applied Linguistics, 4(2):113-125.

Ringbom, H. (1987). The Role of the First Language in Foreign Language Learning. Clevedon:Multilingual Matters.

Rintell, E. M. (1981). Sociolinguistic variation and pragmatic ability:a look at learners. International Journal of the Sociology of Language, 27:11-34.

Rintell, E. M. and Mitchell, C. J. (1989). Studying requests and apologies: an inquiry into method. In Blum-kulka, S., House, J. and Kasper, G. (eds.). Cross-cultural Pragmatics:Requests and Apologies (pp. 248-272). New Jersey:Ablex Publishing Corporation.

Roberts, R. M., and Kreuz, R. (1994). Why do people use figurative language. Psychological Science, 5, 159-163.

Robert, Y. (1996). Intercultural Communication: Pragmatics, Genealogy, De-construction. Clevedon: Multilingual Matters.

Rose, K. R. (1992). Method and scope in cross – cultural speech acts research: A contrastive study of requests in Japanese and English. Unpublished Doctoral Dissertation, University of Illinois at Urbana–Champaign.

Rose, K. R. (1992). Speech acts and questionnaires: The effect of hearer response. Journal of Pragmatics, 17, 49–62.

Rose, K. R. and Kasper, G. (2001). Pragmatics in Language Teaching. Cambridge University Press.

Ross, J. R. (1970). On declarative sentences. In Jacobs and Morgan (eds.) pp. 72–222.

Sadock, J. M. (1970). Whimperatives. In Sadock, J. M. and Vanek, A. (eds.). Studies Presented to Lees R. B. by His Studies (pp. 223–238). Edmonton.

Sadock, J. M. (1974). Towards a Linguistic Theory of Speech Acts. New York: Academic Press.

Sadock, J. M. (1978). On testing for conversational implicature. In Cole, P. and Morgan, J. L. (eds.). Syntax and Semantics (pp. 281 – 297). NY: Academic Press.

Sadock, J. M. (1988). Speech act distinctions in grammer. In F. J. Newmeyer (ed.) pp. 99–183.

Sasaki, M. (1998). Investigating EFL students' production of speech acts: a comparison of production questionnaires and role – plays. Journal of Pragmatics, 30: 457–484.

Sbisà, M. (1995) Speech act theory. In Verschueren, J., Ostman, J. and Blommaert, J. (eds.). Handbook of Pragmatics Manual (pp. 495 – 506). Amsterdam: John Benjamins.

Schank, R. C. (1982). Dynamic Memory: A Theory of Reminding and Learning in Computers and People. Cambridge: Cambridge University Press.

Schegloff, E. (1968). Sequencing in conversational openings. American Anthropologist, 70: 1075–1095.

Schumann, J. H. (1976). Distance as a factor in second language acquisition. Language Learning, 26 (1): 135–143.

Searle, J. R. (1968). Austin on locutionary and illocutionary acts. The Philosophical Review, 77 (4) :405-424.

Searle, J. R. (1969). Speech acts. An Essay in the Philosophy of Language. Cambridge: Cambridge University Press.

Searle, J. R. (1975a). Indirect speech acts. In Cole, P. and Morgan, J. (eds.) , pp. 59-82.

Searle, J. R. (1975b). A taxonomy of illocutionary acts. In Gunderson, K. (ed.) , pp. 344-369.

Searle, J. R. (1976). A classification of illocutionary acts. Language in Society, 5 (1) :1-23.

Searle, J. R. , Kiefer, F. and Bierwisch, M. (1980). Speech act theory and pragmatics, Vol. 10. Synthesis Language Library, Dordrecht: Reidel.

Shames, G. H. and Rubin H. (1986). Stuttering Then and Now. Charles E. Merrill Publishing Co.

Shapiro, A. M. (1993). Can you answer a question for me? processing indirect speech acts. Journal of Memory and Language, 32 :211-229.

Simon, G. and Martin J. P. (1999). Language Processing. Psychology Press Ltd, Publishers.

Sperber, D. and Wilson, D. (1995). Relevance—Communication and Cognition (2nd ed.). Cambridge: Cambridge University Press.

Stemmer, B. (1994). A pragmatic approach to neurolinguistics: Requests (re)considered. Brain and Language, 46 :565-591.

Stemmer, B. , Giroux, F. and Joanette, Y. (1994). Production and evaluation of requests by right hemisphere brained damaged individuals. Brain and Language, 47 :1-31.

Taguchi, N. (2002). An application of relevance theory to the analysis of L2 interpretation processes: the comprehension of indirect replies. IRAL, 40 : 151-176.

Takahashi, S. and Roitblat, H. L. (1994). Comprehension process of second language indirect requests. Applied Psycholinguistics, 15 :475-506.

Talmy, L. (2003). Concept structuring systems in language. In Tomasello, M. (ed.) The New Psychology of Language: Cognitive and Functonal Approaches to Language Structure. Volume, 2 (pp. 15-46). Lawrence Erlbaum Associates, Publishers.

Tanaka, N. (1986). An investigation of politeness: Two request situations in

English and Japanese. Unpublished MA Field Study Report,University of Canberra.

Tannen,D. (1981). Indirectness in discourse:ethnicity as conversational style. Discourse Processes,4:221-238.

Tannen,D. (1984). The pragmatics of cross - cultural communication. Applied Linguistics,5 (3):189-195.

Taylor,T. J. and Cameron,D. (1987). Analyzing Conversation. Rules and Units in the Structure of Talk. Oxford:Pergamon.

Thomas,J. (1983). Cross-cultural pragmatic failure. Applied Linguistics,4 (2):91-112.

Thomas, J. (1995). Meaning in Interaction: An Introduction to Pragmatics. London:Longman Group Limited.

Thomas, J. (1996). Meaning in Interaction: An Introduction to Pragmatics. London:Longman Group Limited.

Trosborg,A. (1987). Apologystrategies in natives/non - natives. Journal of Pragmatics 11:147-167.

Trosborg,A. (1995). Interlanguage Pragmatics:Requests, Complaints and Apologies. Berlin/New York:Mouton de Gruyter.

Trudgill,P. (ed.) 1984. Applied Sociolinguistics. London:Academic Press.

Tsui,A. B. M. (1994). English Conversation. Oxford University Press.

Turner, K. (1996). The principal principles of pragmatic inference: politeness. Language Teaching,2:1-13.

Turner, K. (1999). The Semantics/Pragmatics Interface From Different Points of View. Oxford:Elsevier.

Tyler,I. and Tyler, M. (1990). Psycholinguistics:Learning and Using Language. Prentice-Hall,Inc.

Ungerer, F. and Schmid, H. (1996). Introduction to Cognitive Linguistics. Addison Wesley Longman Ltd.

Upadhyay,S. R. (2003). Nepali requestive acts:Linguistic indirectness and politeness reconsidered. Journal of Pragmatics,35:1651-1677.

Valdes, G. (1981). Codeswitching as deliberate verbal startegy: a microanalysis of direct and indirect requests among bilingual Chicano speakers. In Durán,R. P. (ed.),pp. 95-107.

Van Dijk,T. A. (1977). Text and Context:Explorations in the Semantics and Pragmatics of Discourse. London:Longman.

Van Dijk, T. A. (1979). Pragmatic connectives. Journal of Pragmatics,3:447-456.

Van Valin, R. D., Jr. (1980). Meaning and interpretation. Journal of Pragmatics,4:213-231.

Vanderveken,D. and Kubo,S. (2001). Essays in Speech Act Theory. John Benjamins Publishing Co.

Verschueren,J. (1999). Understanding Pragmatics. London:Edward Arnold Publishers.

Walters, J. (1979). Strategies for requesting in Spanish and in English: structural similarities and pragmatic differences. Language Learning, 29 (2): 277-293.

Watts,R. J. (2003). Politeness. Cambridge University Press.

Wei,H. (1998). Request Patterns in Chinese and German. Lincom Europa.

Wei,L. (2000). The Bilingualism. London and New York:Routledge.

Weizman,E. (1989). Requestive hints. In Blum-kulka,S. ,House,J. and Kasper,G. (eds.). Cross-cultural Pragmatics:Requests and Apologies (pp. 71-95). New Jersey:Ablex Publishing Corporation.

West,C. (1990). Not just 'doctors' orders:directive-response sequences in patients' visits to women and men physicians. Discourse and Society,1 (1): 85-112.

Wheeldon, L. (2000). Aspects of Language Production. East Sussex: Psychology Press.

Whitney,P. (1998). The Psychology of Language. Houghton Mifflin Company.

Wierzbicka, A. (1985). Different cultures, different languages, different speech acts. Journal of Pragmatics,9 (2):145-178.

Wierzbicka, A. (1987). English Speech Act Verbs. A Semantic Dictionary. Sydney:Academic Press.

Wildner - Bassett, M. E. (1990). Coexisting discourse worlds: the development of pragmatic competence inside and outside the classroom. In: VanPatten,B. and Lee,J. F. (eds.),pp. 140-152.

Wheeldon, L. (2000). Aspects of Language Production. East Sussex: Psychology Press.

Wingfield, A., Alexander, A. H. and Cavagelli, S. (1994). Does memory constrain utilization of top – down information in spoken word recognition? Evidence from normal aging. Language and Speech, 37:221–235.

Wittgenstein, L. (1953). Philosophical Investigation. New York: MacMillan.

Wolfson, N., Marmor, T. and Jones, S. (1989). Problems in the comparison of speech acts across cultures. In Blum – kulka, S., House, J. and Kasper, G. (eds.). Cross–cultural Pragmatics: Requests and Apologies (pp. 174–196). New Jersey: Ablex Publishing Corporation.

Wood, L. A. and Kroger, R. O. (1991). Politeness and forms of address. Journal of Language and Social Psychology, l0(3):145–168.

Wood, L. A. and Kroger, R. O. (1994). The analysis of face – work in discourse: review and proposal. Journal of Language and Social Psychology, 13: 248–277.

Yates, L. (2000). Softening short requests. Unpublished Doctoral Dissertation, LaTrobe University, Bundoora, Victoria, Australia.

Yeung, Lorrita, N. T. (1997). Polite requests in English and Chinese business correspondence in Hongkong. Journal of Pragmatics, 27:505–522.

Yli – Jokipii, H. (1994). Requests in Professional Discourse: A Cross – cultural Study of British, American and Finnish Business Writing. Helsinki: Suomalainen tiedeakatemia.

Yli–Jokipii, H. (1996). An approach to contrasting languages and cultures in the corporare context: Finnish, British and American business letters and telefax messages. Multilittgtta, 15 (3):305–328.

Young, L. (1990). Language as Behaviour, Language as Code: A Study of Academic English. Amsterdam: J. Benjamins.

桂诗春（2000）《新编心理语言学》，上海外语教育出版社

桂诗春、宁春岩（1997）《语言学方法论》，外语教学与研究出版社

金志成、何艳茹（2002）《心理实验设计及其数据处理》，广东高等教育出版社

李绍山（1999）《语言研究中的统计学》，西安交通大学出版社

秦晓晴（2003）《外语教学研究中的定量数据分析》，华中科技大学出版社

严辰松（2000）《定量型社会科学研究方法》，西安交通大学出版社